古典文獻研究輯刊

三六編

潘美月・杜潔祥 主編

第 6 冊

群書校補（三編）
——傳世文獻校補（第四冊）

蕭 旭 著

國家圖書館出版品預行編目資料

群書校補（三編）——傳世文獻校補（第四冊）／蕭旭 著 --
初版 -- 新北市：花木蘭文化事業有限公司，2023〔民112〕
目 4+180 面；19×26 公分
（古典文獻研究輯刊 三六編；第 6 冊）
ISBN 978-626-344-264-1（精裝）
1.CST：古籍 2.CST：校勘
011.08   111022049

ISBN-978-626-344-264-1

古典文獻研究輯刊
三六編 第六冊   ISBN：978-626-344-264-1

群書校補（三編）
——傳世文獻校補（第四冊）

作　　者　蕭旭
主　　編　潘美月、杜潔祥
總 編 輯　杜潔祥
副總編輯　楊嘉樂
編輯主任　許郁翎
編　　輯　張雅淋、潘玫靜　美術編輯　陳逸婷
出　　版　花木蘭文化事業有限公司
發 行 人　高小娟
聯絡地址　235 新北市中和區中安街七二號十三樓
　　　　　電話：02-2923-1455／傳真：02-2923-1452
網　　址　http://www.huamulan.tw 信箱 service@huamulans.com
印　　刷　普羅文化出版廣告事業
初　　版　2023 年 3 月
定　　價　三六編 52 冊（精裝）新台幣 140,000 元

群書校補（三編）
——傳世文獻校補（第四冊）

蕭旭 著

《韓詩外傳》校補

《韓詩外傳》10卷，西漢初年燕人韓嬰編撰。

清人始有疏證校釋之作，大約有以下數種：陳士珂《韓詩外傳疏證》將與《外傳》相關的材料排比羅列在一起〔註1〕。周廷寀、周宗杬《韓詩外傳校注附拾遺》〔註2〕，趙懷玉《韓詩外傳校本》〔註3〕，此二書是對《外傳》全書的校正。吳棠據周本、趙本重作《韓詩外傳校注》合校本〔註4〕。另有札記數種，王

〔註1〕陳士珂《韓詩外傳疏證》，收入《四庫未收書輯刊》第9輯第1冊，第400～633頁。

〔註2〕周廷寀《韓詩外傳校注》，附其佺周宗杬《韓詩外傳校注拾遺》1卷，民國21年安徽叢書編印處據歙黃氏藏營道堂刊本影印。

〔註3〕趙懷玉《韓詩外傳校本》，收入《龍溪精舍叢書》。嚴元照云：「先生（引者按：指盧文弨。）所校書，自付梓者，《逸周書》、《白虎通》等是也；它人出貲者，則不自署名。若《荀子》則嘉善謝，《呂覽》則鎮洋畢，《韓詩外傳》則武進趙，唯以書之流播為樂，不務以劉向、楊雄自詡也。」嚴元照曾向盧抱經問學，當知此事之原委，則趙氏此書實出盧文弨之手也。又顧廣圻《與趙味辛論〈韓詩外傳〉誤字書》云：「前索拙校《詩外傳》，率檢送呈。其中鄙見所及，大抵略記一二語，未詳言所以然，並有全未記出者。」趙懷玉字億孫，號味辛（見王昶《湖海詩傳》卷37，三泖漁莊刻本；又見徐世昌《晚晴簃詩匯》卷102，民國退耕堂刻本）。然則趙書中當亦有顧廣圻校語矣。嚴元照《又書盧抱經先生札記後》，收入《悔菴學文》卷8，陸心源輯《湖州叢書》本。石光瑛《新序校釋》誤作「嚴氏《悔學厂集》」，中華書局2001年版，第80頁。顧廣圻《思適齋集》卷6，收入《續修四庫全書》第1491冊，上海古籍出版社2002年版，第54頁。

〔註4〕吳棠《韓詩外傳校注》，望三益齋刻本；收入《叢書集成初編》第524～525冊，中華書局1985年影印。

紹蘭《讀書雜記‧韓詩外傳》〔註5〕，牟庭《校正韓詩外傳》〔註6〕，朱亦棟《群書札記》卷11〔註7〕，許瀚《韓詩外傳校議》〔註8〕，俞樾《讀韓詩外傳》〔註9〕，孫詒讓《韓詩外傳札迻》〔註10〕。

近人及今人著作亦有數種：劉師培《韓詩外傳書後》〔註11〕，趙幼文《〈韓詩外傳〉識小》〔註12〕，趙善詒《韓詩外傳補正》〔註13〕，許維遹《韓詩外傳集釋》〔註14〕，賴炎元《韓詩外傳校勘記》、《韓詩外傳今注今譯》〔註15〕，朱季海《韓詩外傳校箋》〔註16〕，屈守元《韓詩外傳箋疏》〔註17〕，徐宗元《韓

〔註5〕 王紹蘭《讀書雜記‧韓詩外傳》，收入《叢書集成續編》第18冊，新文豐出版公司1988年印行，第122頁。

〔註6〕 牟庭《校正韓詩外傳》，余未見，許維遹《韓詩外傳集釋》有迻錄，本文引用牟庭說轉引自許書。

〔註7〕 朱亦棟《群書札記》卷11，收入《續修四庫全書》第1155冊，上海古籍出版社2002年版，第147〜148頁。

〔註8〕 許瀚《韓詩外傳校議》，《攀古小廬雜著》卷2，收入《續修四庫全書》第1160冊，上海古籍出版社2002年版，第657〜670頁；又收入《攀古小廬全集（上）》，齊魯書社1985年版，第102〜143頁。本文引用依據《全集》。

〔註9〕 俞樾《讀韓詩外傳》，收入《春在堂全書》，《曲園雜纂》卷17；又收入《諸子平議補錄》卷16（李天根輯），中華書局1956年版，第131〜139頁。

〔註10〕 孫詒讓《荀子札迻》，收入《札迻》卷2，中華書局1989年版，第31〜34頁。

〔註11〕 劉師培《韓詩外傳書後》，《左盦集》卷1，收入《劉申叔遺書》，江蘇古籍出版社1997年版，第1207〜1208頁。

〔註12〕 趙幼文《〈韓詩外傳〉識小》，《金陵學報》第8卷第1、2期合刊，1938年版，第105〜119頁。

〔註13〕 趙善詒《韓詩外傳補正》，長沙商務印書館1938年版。

〔註14〕 許維遹《韓詩外傳集釋》，中華書局1980年版。郝懿行、聞一多說皆轉引自許書。

〔註15〕 賴炎元《韓詩外傳校勘記》，（香港）《聯合書院學報》第1期，1962年版，第1〜107頁。賴炎元《韓詩外傳今注今譯》，臺灣商務印書館1979年第3版。本文引用《校勘記》標示出處。趙幼文的正確意見，幾乎全為賴氏所竊取。賴炎元《校勘記》第34頁讀發為廢，又校「亡生」作「忘先」，第47頁校「愚民」作「寫人」，第57頁讀彼為彼，讀恨為很，皆竊自趙說。第37頁謂「固禮猶厚禮」，以駁趙懷玉改作「因禮」不當；其實趙懷玉說是，賴氏竊其文而不能辨其誤也。不備舉。

〔註16〕 朱季海《韓詩外傳校箋》（卷1〜卷6），《學術集林》第5卷，上海遠東出版社1995年版，第156〜193頁。朱季海《韓詩外傳校箋》（卷7〜卷10），《學術集林》第6卷，上海遠東出版社1995年版，第44〜93頁。又收入《初照樓文集》，中華書局2011年版，第68〜190頁。本文引用依據《文集》。

〔註17〕 屈守元《韓詩外傳箋疏》，巴蜀書社1996年版。

詩外傳札記》〔註18〕。另外，瞿紹汀《韓詩外傳校釋》、王雪真《韓詩外傳校補》余未見〔註19〕。

　　日人著作余僅見伊東倫厚《韓詩外傳校詮》（一、二）二篇論文〔註20〕。岡本保孝《韓詩外傳考異》、吉田照子《韓詩外傳注釋》則未見〔註21〕。

　　余所知博士論文有賴炎元《韓詩外傳考徵》〔註22〕。所知碩士論文有三篇，瞿紹汀《韓詩外傳校釋》，潘丕秀《韓詩外傳新注》〔註23〕。以上三種皆未見。另有一篇近年的碩士論文，通篇的考訂按語多係鈔襲而成，無所發明，本文不作徵引。

　　余所見《韓詩外傳》版本有元至正十五年嘉興路儒學刻明修本、嘉靖十八年歷下薛氏芙蓉泉書屋刊本〔註24〕、四部叢刊景明嘉靖沈氏野竹齋本、津逮秘書本（毛晉刊本）、漢魏叢書本（程榮刻本）、早稻田大學藏寶曆本〔註25〕、四庫全書本、美國國會圖書館藏本（書首有「唐琳玉林甫序」，當即唐本）。分別簡稱作「元本」、「薛本」、「沈本」、「毛本」、「程本」、「寶曆本」、「四庫本」、「唐本」。元本以下，沈本最佳，本文以沈本作底本。

　　余多年前作有《韓詩外傳補箋》〔註26〕，今如無補訂，則不再重出，以避重複。

〔註18〕 徐宗元《韓詩外傳札記》，《文史》第 26 輯，中華書局 1986 年版，第 350～353 頁。

〔註19〕 瞿紹汀《韓詩外傳校釋》，學生書局 1977 年影鈔本。王雪真《韓詩外傳校補》，《孔孟學報》1961 年第 2 期，第 175～231 頁。

〔註20〕 伊東倫厚《韓詩外傳校詮》（一），《北海道大學文學部紀要》第 26 卷 1 號，1977 年 12 月出版，第 1～66 頁。伊東倫厚《韓詩外傳校詮》（二），《北海道大學文學部紀要》第 26 卷 2 號，1978 年 3 月出版，第 1～48 頁。二文乃《外傳》前二卷校詮，其餘 8 卷余未見。

〔註21〕 吉田照子《韓詩外傳注釋》（卷 1～10），《福岡女子短大紀要》第 39～48 期，1990～1994 年版。《紀要》為半年刊。

〔註22〕 賴炎元《韓詩外傳考徵》，國立臺灣師範大學國文研究所 1962 年博士學位論文。《臺灣師範大學國文研究所叢書》第 1 輯，1963 年版。

〔註23〕 瞿紹汀《韓詩外傳校釋》，（臺灣）中國文化學院 1977 年碩士學位論文。潘丕秀《韓詩外傳新注》，北京大學 2009 年碩士學位論文。

〔註24〕 余所見東京大學藏薛本僅殘存前五卷，未見全本。

〔註25〕 此書每卷下皆題「皇和　南越鳥宗成校」。鳥山宗成，別名鳥山崧嶽，字世章，是江戶時代中期（？～1776）儒學者。南越指福井縣。

〔註26〕 蕭旭《韓詩外傳補箋》，《文史》第 57 輯，2001 年第 4 期，第 53～69 頁；又收入《群書校補》，廣陵書社 2011 年版，第 448～466 頁。

卷第一校補

（1）曾子仕於莒，得粟三秉

按：屈守元曰：「卷 7 謂『祿不過鐘釜』。《莊子・寓言篇》亦云：『曾子再仕而心再化，曰：吾及親仕，三釜而心樂；後仕三千鍾不洎，吾心悲。』與此『三秉』之數皆不合。據《小爾雅》云：『釜二有半謂之藪，藪二有半謂之缶，缶二謂之鍾，鍾二謂之秉。』則『三秉』之數過於『鐘釜』遠矣。疑此有誤。然《禮記・檀弓上》《正義》所引已與今本相同，是舊來相傳。」《小爾雅》尚有「秉，十六斛」四字，亦當徵引。「三秉」不誤，不當據卷 7 疑此文有誤。《冊府元龜》卷 751 引「三秉」作「三稟」〔註 27〕。「稟」即「秉」形誤〔註 28〕。《呂氏春秋・觀世》：「鄭子陽令官遺之粟數十秉。」〔註 29〕《論語・雍也》：「冉子與之粟五秉。」《集解》引馬融說謂十六斛為秉。《儀禮・聘禮》：「十斗曰斛，十六斗曰籔，十籔曰秉。」鄭注：「秉，十六斛。」皆與《小爾雅》合。《御覽》卷 830 引《風俗通》：「斛者，角也。庾，三斛四斗。秉，二十四斛。」與馬、鄭說不同。至其語源，《六書故》卷 22：「秉、把同聲，實一字。古無把字，所秉曰秉，去聲，今作柄。」王念孫曰：「秉之言方也。方者，大也，量之最大者也。」〔註 30〕王說是也。張國銓曰：「《禮記・聘義》云：『米三十車，禾三十車。』『乘』字亦可通。」陳茂仁說同〔註 31〕。張、陳說非是，古籍「數詞+乘」，「乘」指一車四馬的古兵車，或指四丘一乘（面

〔註 27〕《冊府元龜》據殘宋本，四庫本形誤作「三乘」。

〔註 28〕敦煌寫卷 P.2443V：「稟尸羅而凜凜，行接波離。」P.2915：「秉尸羅而〔凜凜〕，行接蹤（波）離。」是其相譌之例。

〔註 29〕《新序・節士篇》、皇甫謐《高士傳》卷中、《冊府元龜》卷 805「秉」作「乘」。張白珩曰：「乘，倭本據《呂覽》改『秉』。」石光瑛、趙仲邑、王叔岷、武井驥、梁容茂、蔡信發並謂「乘」當從《呂氏》作「秉」。諸說皆是也。《御覽》卷 507 引《高士傳》已誤作「乘」。張白珩《新序校注補正》，四川省立圖書館《圖書集刊》1945 年第 6 期，第 105 頁。石光瑛《新序校釋》，中華書局 2001 年版，第 934 頁。趙仲邑《新序校證》，《中山大學學報》1961 年第 4 期，第 89 頁。王叔岷《莊子校釋》卷 5，臺灣中央研究院歷史語言研究所專刊之二十六，臺灣商務印書館 1993 年版，本卷第 9 頁。武井驥、梁容茂、蔡信發說並轉引自陳茂仁《新序校證》，花木蘭文化出版社 2007 年版，第 477 頁。

〔註 30〕王念孫《廣雅疏證》，收入徐復主編《廣雅詁林》，江蘇古籍出版社 1992 年版，第 680 頁。

〔註 31〕張國銓《新序校注》，轉引自趙仲邑《新序詳注》，中華書局 1997 年版，第 213 頁。陳茂仁《新序校證》，花木蘭文化出版社 2007 年版，第 477 頁。

積單位），不指車載。

（2）傳云：「不逢時而仕，任事而敦其慮，為之使而不入其謀，貧焉故
也。」

按：趙幼文曰：「不入其謀，『不』語詞。入，與也。此言為之使而與其
謀，正與上文『任事而敦其慮』句協。」〔註32〕許維遹曰：「敦，迫也。」
賴炎元曰：「敦，竭盡的意思。」屈守元曰：「『敦』上疑奪一『不』字。『事』
與『使』同義。『慮』與『謀』同義。二句語正相偶。敦者，致也（《淮南子‧
兵略篇》高注）。入者，納也。不敦其慮，不入其謀，謂不為之主謀畫策耳。」
岡本保孝曰：「敦，厚也。『敦』上恐脫『不』字。」川目氏曰：「敦，『孰』
字訛，讀為熟。」伊東倫厚據二氏說，校作「不孰其慮」，引《荀子‧議兵》
「凡慮事欲孰」為證〔註33〕。「事」當讀如字。任事，猶言任其事，謂擔當
其事，今言做事也。敦，讀為鈍，字亦借「頓」為之，猶言遲鈍、愚鈍、不
敏捷。敦其慮，猶言拙其謀慮。「敦」上不當補「不」字。《淮南子‧兵略篇》：
「敦六博，投高壺。」敦亦投也，投擲也。許慎注「敦者，致也」（非高誘
注），非是〔註34〕。不入其謀，不進其謀也，猶言不獻計。「不」非語詞。

（3）守死不往

按：周廷寀曰：「守，疑當從《〔列女〕傳》作『必』。」許維遹、屈守元
從其說，是也。必，猶雖也。《列女傳》卷6：「貞女一禮不備，雖死不從。」

（4）孔子南遊適楚，至於阿谷之隧，有處子佩瑱而浣者

按：趙善詒曰：「《御覽》卷826引『浣』作『澣』。『澣』為『瀚』之俗，
『浣』為『瀚』之重文。」屈守元曰：「『澣』字《說文》作『𣵽』，『濯衣垢
也，從水𦎟聲』，『浣』為『𣵽』之或體。」「𣵽」當作「瀚」，「𦎟」當作
「𦎟」。「澣」為「瀚」俗字。《公羊傳‧莊公三十一年》何休注：「無垢加功
曰漱，去垢曰浣，齊人語也。」是「浣」為齊方言。有，猶見也。《列女傳》

〔註32〕趙幼文《〈韓詩外傳〉識小》，《金陵學報》第8卷第1、2期合刊，1938年版，
　　　　第105頁。
〔註33〕伊東倫厚《韓詩外傳校詮》（一），《北海道大學文學部紀要》第26卷1號，
　　　　1977年12月出版，第8頁。
〔註34〕參見王念孫《淮南子雜志》，收入《讀書雜志》卷14，中國書店1985年版，
　　　　本卷第70頁。

卷 6 正作「見」。郭店楚簡《語叢二》：「未又（有）善事人而不返者，未又（有）嘩（華）而忠者。」上博楚簡（五）《弟子問》「有」作「見」。《晏子春秋·諫上》：「公夢見二丈夫立而怒。」銀雀山竹簡本「見」作「有」。《淮南子·道應篇》：「佽非謂枻舡者曰：『嘗有如此而得活者乎？』對曰：『未嘗見也。』」「有」、「見」異字同義，《呂氏春秋·知分》「有」作「見」。《論衡·吉驗》：「父出應之，不見人，有一木杖植其門側，好善異於眾。」「有」、「見」異字同義，《御覽》卷 361 引「有」作「見」。

（5）抽觴以授子貢曰

按：許維遹曰：「『抽觴』與下『抽琴』一例。《御覽》卷 74 引『抽』作『執』。『執』為『摰』之壞字。《呂氏春秋·節喪篇》：『涉血摰肝以求之。』高注：『摰，古抽字。』蓋《御覽》所據本作『摰』，今本作『抽』，此古今字也。」屈守元曰：「《御覽》卷 74 引『抽觴』作『執觴』。《說文》：『搯，引也。』『抽』為『搯』之籀文。作『執觴』者，以意刊改耳。」抽觴，《書鈔》卷 159、《類聚》卷 9、《御覽》卷 826、《容齋續筆》卷 8 引同，《列女傳》卷 6 亦同。《呂氏》「摰」作「蟄」，「蟄」是「摰」俗譌字。但《呂氏》蟄當讀為蹈，踐履也〔註35〕。高誘注「摰，古抽字」無據，許說雖辯，未可信。

（6）將南之楚，逢天之暑，思心潭潭；願乞一飲，以表我心

按：《列女傳》卷 6 作「自北徂南，將欲之楚，逢天之暑，我思譚譚，願乞一飲，以伏我心」。郝懿行曰：「《外傳》作『潭潭』，蓋皆『燂燂』之借音耳。《說文》：『燂，火熱也。』疑作『燂』是。」〔註36〕梁端、蕭道管、陳壽祺、趙善詒、許維遹、賴炎元皆從郝說〔註37〕。屈守元曰：「郝氏臆說，不足據。潭、譚蓋皆覃之借字……字又作憛……此思心潭潭，謂思心深長。」二氏所說，各得一偏。覃、醰為味之長，燂為火之長，潭為水之深，憛為憂

〔註35〕 參見蕭旭《呂氏春秋校補》，花木蘭文化出版社 2016 年版，第 159 頁。
〔註36〕 郝說轉引自王照圓《列女傳補注》，收入《續修四庫全書》第 515 冊，上海古籍出版社 2002 年版，第 719 頁。
〔註37〕 梁端《列女傳校注》卷 6，臺灣廣文書局 1979 年版，本卷第 4 頁。蕭道管《列女傳集注》，清光緒 34 年刻本。陳壽祺《韓詩遺說考》卷 1《韓詩國風一》（陳喬樅述），收入《續修四庫全書》第 76 冊，上海古籍出版社 2002 年版，第 521 頁。

之深，譚謂言之大〔註38〕，其義一也。「譚譚」、「潭潭」謂憂思之深〔註39〕。北大漢簡（四）《妄稽》：「潭潭哀哀，誠審思故。」伏，安定。此作「表」者，亦「伏」字音轉〔註40〕。

（7）阿谷之隧，隱曲之氾

按：許瀚曰：「『氾』、『海』、『子』韻。」屈守元曰：「《列女傳》『氾』作『地』。王照圓以為誤。王校是也。《說文》：『氾，水別復入水。』『氾』與下文『海』字為韻。」《書鈔》卷159引形譌作「氾」，作「氾」則失韻。《廣雅》：「氾，厓也。」《淮南子·道應篇》高誘注：「氾，水厓也。」班固《幽通賦》曹大家注同。本字作「㳅」〔註41〕，《說文》：「㳅，水厓也。」

（8）迎流而挹之，奐然而棄之；促流而挹之，奐然而溢之

按：趙懷玉據《御覽》、《列女傳》改「促」作「從」，陳壽祺、賴炎元、屈守元從其說〔註42〕，屈氏並指出《御覽》未引此文。周廷寀曰：「奐然，《〔列女〕傳》作『投』。下『奐然』，《傳》作『滿』。」朱季海曰：「奐讀若渙。《說文》：『渙，流散也。』劉必盡去二『奐然』字，而分別以『投』、『滿』代之，知時已無此語也。嬰之書或承舊文，或漢初燕語有之。」賴炎元曰：「奐，水盛多的樣子。」岡本保孝曰：「奐讀為渙。《鄭風·溱洧篇》毛傳：『渙渙，春水盛也。』」〔註43〕奐然，字亦作「渙然」，《新序·雜事三》：「君臣上下之間，渙然有離德者也。」《韓詩外傳》卷3作「突然」，《荀子·議兵篇》作「滑然」。奐（渙）、突、滑並音之轉。音轉又作「忽然」，狀疾速之貌〔註44〕。

〔註38〕《玉篇》：「譚，大也。」又「譚，誕也。」
〔註39〕參見蕭旭《〈史記〉校札》，收入《群書校補（續）》，花木蘭文化出版社2014年版，第1995頁。
〔註40〕古「表」、「服」相通，參見白于藍《戰國秦漢簡帛古書通假字彙纂》，福建人民出版社2012年版，第126頁。「服」、「伏」同音。
〔註41〕參見朱駿聲《說文通訓定聲》，武漢市古籍書店1983年版，第169頁。
〔註42〕陳壽祺《韓詩遺說考》卷1《韓詩國風一》（陳喬樅述），收入《續修四庫全書》第76冊，第521頁。
〔註43〕岡本說轉引自伊東倫厚《韓詩外傳校詮》（一），《北海道大學文學部紀要》第26卷1號，1977年12月出版，第17頁。
〔註44〕參見蕭旭《荀子校補》，花木蘭文化出版社2016年版，第305～306頁。

（9）坐置之沙上

按：劉師培曰：「《書鈔》卷 159 所引上有『跪』字。」〔註45〕許維遹曰：「《御覽》卷 74 引『坐』上有『跪』字，《列女傳》作『跪置沙上』。案古人跪、坐不分，此疑校者據《列女傳》注『跪』字於『坐』旁，《御覽》誤合之耳。」屈守元曰：「《書鈔》卷 159、《御覽》卷 74 引『坐』上並有『跪』字。劉師培謂有者為是。坐亦跪也，是『跪』、『坐』二字不當重。」古人有複言「跪坐」者，《書鈔》、《御覽》未必誤也。《莊子‧在宥》：「乃齊（齋）戒以言之，跪坐以進之。」《文子‧精誠》：「跪坐而言之。」

（10）嚮子之言，穆如清風，不悖我語，和暢我心

按：朱季海曰：「悖、拂一聲之轉。『我語』疑本作『不寤』。『私復』、『私（和）暢』字形亦近〔註46〕，疑《列女傳》得之。」屈守元曰：「《列女傳》作『不拂不寤，私復我心』。』王照圓云：『寤，觸啎也。拂、寤，皆乖違之意。』王說蓋讀寤為啎。《說文》：『啎，逆也。』此文『不悖我語』，疑當作『不悖不語』，語亦借為啎。『不悖不語』與『不拂不寤』義相同。」朱、屈說是也，「悖」、「拂」並讀為咈，《說文》：「咈，違也。」《史記‧韓非傳》：「大忠無所拂悟。」《正義》：「『拂悟』當為『咈忤』，古字假借耳。咈，違也。忤，逆也。」「拂悟」即「拂寤」。「私復」為「和暢」形誤。

（11）敢置之水浦

按：許維遹曰：「《列女傳》作『願注之水旁』。《說文》：『浦，水瀕也。』《呂氏春秋‧召類篇》：『丹水之浦。』〔註47〕高注：『浦，岸也，一曰崖也。』浦、旁聲轉義同。」屈守元曰：「此以『楚』、『浦』為韻，若作『水旁』，於韻為不諧矣。」屈說誤，「旁」亦合韻。水瀕即水濱，亦即水邊之音轉〔註48〕。《廣雅》：「浦，匡也。」王念孫曰：「浦者，旁之轉聲，猶言水旁耳。」〔註49〕

〔註45〕劉師培《韓詩外傳書後》，《左盦集》卷 1，收入《劉申叔遺書》，江蘇古籍出版社 1997 年版，第 1208 頁。

〔註46〕朱氏原文筆誤作「私暢」，《初照樓文集》整理者一承其誤，下條「去」誤作「玄」亦然，中華書局 2011 年版，第 69 頁。

〔註47〕引者按：應是《召數篇》。

〔註48〕《中論‧審大臣》「其文王乎畋於渭水邊」，P.3722、S.1440《治道集》卷 4 引「渭水邊」作「渭濱」。

〔註49〕王念孫《廣雅疏證》，收入徐復主編《廣雅詁林》，江蘇古籍出版社 1992 年版，

字亦音轉作「方」，《詩・蒹葭》：「在水一方。」《石鼓文》：「出于水一方。」言在水一旁也。注，讀為置。字亦作鉒，《廣雅》：「鉒，置也。」王念孫《疏證》正引《列女傳》為證〔註50〕。《晏子春秋・內篇雜上》：「紀有此言，注之壺，不亡何待乎？」《御覽》卷896、《事類賦注》卷21引「注」作「藏」，置亦藏也。敢，猶願也〔註51〕。

（12）客之行差遲乖人

按：趙懷玉曰：「句有譌。《御覽》卷819引作『行客之人嗟然永久』，《列女傳》同。」許瀚曰：「《御覽》引是也。『久』與下文『鄙』、『子』、『矣』韻。」許維遹亦校作「嗟然永久」。屈守元曰：「蘇本、沈本、薛本、毛本『差然乖久』皆作『差遲乖人』，今從元本。《御覽》卷819引『客之行』作『行客之行』，亦不與《列女傳》作『行客之人』者相同。『人』字顯是訛文，當依元本定為『久』。但『嗟然永久』、『差然乖久』語皆不可解，存疑可也。」寶曆本亦作「差遲乖人」。當據元本作「差然乖久」，「永」是「乖」形譌，「人」是「久」形譌，「嗟」是「差」增旁誤字。「差」讀去聲，差然，狀其行之乖違。本書卷5：「而是子猶為之，而無是須臾怠焉、差焉。」

（13）居處不理，飲食不節，勞過者，病共殺之

按：趙善詒曰：「《孔子集語》引『居』作『寢』，『理』作『時』，《說苑》、《家語》並同。」屈守元說同。《管子・形勢解》：「起居不時，飲食不節。」《素問・太陰陽明論篇》：「食飲不節，起居不時。」《廣雅》：「理，順也。」此文謂順其時。《外傳》卷1：「凡用心之術，由禮則理達，不由禮則悖亂。」理亦順也。

（14）居下而好干上，嗜慾無厭，求索不止者，刑共殺之

按：劉師培曰：「《說苑・雜言篇》作『上忏其君』，『干』為『午』之挩。」趙幼文曰：「劉師培云云。案『干』字本通，不煩據改。《說文》：『干，犯也。』」〔註52〕崔垂言校《說苑》曰：「『忏』當作『干』，與下文『求』字相

應。《韓詩外傳》卷 1、《家語・五儀解》，《御覽》卷 548 引本書，字並作『干』，當據改。」劉文典說同崔氏〔註53〕。屈守元曰：「《說苑》作『居下位而上忤其君』，《家語》作『居下位而上干其君』。劉師培謂此『干』字為『午』字之捝。案《說文》云云，不煩改字。」崔垂言、劉文典說是。

（15）少以敵眾，弱以侮強，忿不量力者，兵共殺之

按：馬王堆漢墓帛書《稱》：「天下有三死：忿不量力死，嗜欲無窮死，寡不避眾死。」可與此文相印證。趙善詒曰：「《集語》引『敵』作『犯』，犯者侵人也，以少侵眾，故謂忿不量力，與下『侮』字相對，當據正之，《說苑》、《家語》、《文子》俱作『犯』，可證。」許維遹從趙說。屈守元曰：「諸本『獲』皆作『敵』，此從元本，《集語》引『獲』字作『犯』，《說苑》同。《家語》作『以少犯眾』。」余舊說云：「元本作『獲』，是其舊本。《廣雅》：『獲、羞、恥，辱也。』又『薆、辱，汙也。』王念孫《疏證》：『獲與薆義相近。』又引《史記・屈原傳》『不獲世之滋垢』為證。此文『獲』、『侮』對舉，『獲』字正『侮辱』、『羞侮』義，尤為佳證。《說苑》等書作『犯』，別一義，各從本書，明本改作『敵』，以不知『獲』義臆改。」〔註54〕頃見吳闓生曰：「至舊刻之所以為貴者，如『少以敵眾，弱以侮強』，元刊『敵』作『獲』，《廣韻》：『獲，辱也。』故以與『侮』對言。《國策》『葉公子高身獲于表薄』，《史記・屈原傳》『不獲世之滋垢』，是也。獲之為辱，古書所見已鮮，不知者改『獲』為『敵』，則此義益淪亡矣。」〔註55〕時余年少，見聞亦寡，不知吳氏有此說，今既知之，亟當表而出之，不敢欺心也。但當指出，吳氏所引二個例證亦本於前人。《史記》例是王念孫說〔註56〕，《戰國策》例是金正煒說〔註57〕，

〔註53〕崔垂言《說苑斠錄》，《清華週刊》第 39 卷第 11～12 期，1933 年版，第 1105頁。劉文典《說苑斠補》，收入《劉文典全集（3）》，安徽大學出版社、雲南大學出版社 1999 年版，第 269 頁。

〔註54〕蕭旭《韓詩外傳補箋》，《文史》第 57 輯，2001 年第 4 期，第 53～54 頁；又收入《群書校補》，廣陵書社 2011 年版，第 449 頁。

〔註55〕北江（吳闓生）《與李杏南論〈韓詩外傳〉書》，北京《雅言》1941 年第 6 期，第 13 頁。

〔註56〕王念孫《史記雜志》，收入《讀書雜志》卷 3，中國書店 1985 年版，本卷第 1頁。王念孫《廣雅疏證》，收入徐復主編《廣雅詁林》，江蘇古籍出版社 1992年版，第 214 頁。

〔註57〕金正煒《戰國策補釋》卷 3，收入《續修四庫全書》第 422 冊，上海古籍出版社 2002 年版，第 496 頁。

並非吳氏創見。獲（濩）訓污辱，乃「汙」字音轉，此則諸家所未及。《說文》：
「檴，木也。檴，或從蒦。」馬王堆帛書《養生方》：「勿令獲面，獲面養（癢）
不可支殹（也）。」整理者曰：「獲，讀為汙。」〔註58〕馬王堆漢簡《十問》：
「君欲練色鮮白，則察觀尺汙。」整理者括注「汙」為「蠖」。又「尺汙之食，
方（旁）通於陰陽，食蒼則蒼，食黃則黃。」《晏子春秋・外篇》、《說苑・君
道》作「尺蠖」，銀雀山漢簡本《晏子》作「斥汙」，整理者曰：「汙與蠖，古
音相近可通。」〔註59〕馬王堆漢簡《合陰陽》：「三曰斥（尺）蠖。」馬王堆
漢簡《天下至道談》作「尺打」。馬王堆帛書《陰陽五行》甲篇：「築郭池濩。」
整理者引范常喜等說讀濩為汙〔註60〕。皆其相通之證也。《說苑》、《家語》、
《文子》作「犯」者，讀作氾，亦汙也。我舊說「別一義」，非是。《廣雅》：
「氾、濩、辱，汙也。」王念孫曰：「漢《博陵太守孔彪碑》云：『浮斿塵埃
之外，矚然氾而不俗。』是氾為污也。」〔註61〕

（16）天不能殺，地不能生，當桀、跖之世不之能汙也

按：趙幼文曰：「《荀子・儒效篇》曰：『天不能死，地不能埋。』與此文
同。疑此『生』字為『埋』字之殘脫而誤。」〔註62〕岡本保孝曰：「川目氏云：
『生恐埋。』孝按：《荀子・儒效》『生』作『埋』。」伊東倫厚從岡本說〔註63〕。
賴炎元曰：「殺，減損。生，孳長，增加。」屈守元曰：「此以『殺』、『生』對
言，殺當訓死。」三說皆非是。郭店楚簡《太一生水》：「此天之所不能殺，地
之所不能釐。」《荀子・儒效》：「天不能死，地不能埋，桀跖之世不能汙。」
《淮南子・繆稱篇》：「天弗能殺，地弗能薶也。」《公羊傳・哀公十二年》漢
何休注：「天不能殺，地不能理。」諸文並可參證。此文「生」當為「里」之
誤。釐、里、理，並讀為薶，俗作埋字，亦汙也〔註64〕。

〔註58〕《馬王堆漢墓帛書〔肆〕》，文物出版社1985年版，第103頁。
〔註59〕《銀雀山漢墓竹簡〔壹〕》，文物出版社1985年版，第105頁。
〔註60〕《長沙馬王堆漢墓簡帛集成》第5冊，中華書局2014年版，第84頁。
〔註61〕王念孫《廣雅疏證》，收入徐復主編《廣雅詁林》，江蘇古籍出版社1992年版，
第214頁。
〔註62〕趙幼文《〈韓詩外傳〉識小》，《金陵學報》第8卷第1、2期合刊，1938年版，
第105頁。
〔註63〕伊東倫厚《韓詩外傳校詮》（一），《北海道大學文學部紀要》第26卷1號，
1977年12月出版，第30頁。
〔註64〕參見蕭旭《淮南子校補》，花木蘭文化出版社2014年版，第253～255頁。

（17）正冠則纓絕，振襟則肘見，納履則踵決

按：周廷寀曰：「振，《新序》作『衽』。履，《新序》作『屨』。」周宗杭曰：「振襟，《莊》作『捉衿』。」趙善詒曰：「《莊子・讓王篇》作『捉衿而肘見』，『衿』、『襟』古作『裣』。『振』、『捉』形近義通。《新序》『振』作『衽』，當誤。」石光瑛曰：「《說文》：『衽，衣裣也。』『襟』亦俗字，當作『裣』。《說文》『裣，交衽也。』此『衽』字與上『冠華冠』、『杖藜杖』之第一字同，謂舉起其裣即見肘耳。《外傳》作『振』，振，舉也。振、衽聲相似。一曰本文當作『振衽』，無『襟』字，校者以《外傳》文注『襟』於旁，遂誤入正文，又落去『振』字耳。此說存參。」〔註65〕賴炎元曰：「正，與『整』字通。振，拂拭。」屈守元曰：「《莊子》作『正冠而纓絕，捉衿而肘見，納履而踵絕』〔註66〕。《新序》作『衽襟』，當有訛誤。疑『衽』即『襟』之異文而衍者（《方言》卷4：『衽，衣襟也。』），宜刪去其一，更從《莊子》補『捉』字，或從此書補『振』字。」《類聚》卷67、《記纂淵海》卷125引《莊子》作「斂襟」〔註67〕，《御覽》卷686《莊子》引作「斂衿」，《御覽》卷507引皇甫謐《高士傳》作「斂衽」。《白氏六帖事類集》卷7、《事類賦注》卷11引《莊子》「衿」作「襟」，「履」作「屨」〔註68〕。《書鈔》卷106、136、《御覽》卷388、485、571、697、《記纂淵海》卷71引《莊子》「屨」作「履」。皇甫謐《高士傳》卷上：「正冠而纓絕，捉衿而肘見，納履而踵決。」〔註69〕《素履子》卷下：「正冠而纓斷，納履而踵決，整襟而肘見。」「衽」與「裣（衿、襟）」古音相轉，《說文》「裣」、「衽」互為聲訓。「正」讀如字。振，收斂義。《莊子》作「捉」，劉釗等說是「緊攓」、「緊緊擠壓」的意思〔註70〕。《新序》「衽襟」當衍「襟」字，「衽」上脫「振」或「斂」字，張白珩謂「倭本『衽』作『振』」〔註71〕，是也。《漢語大字典》云：「衽，整理衣襟。」〔註72〕非是。《方言》卷4、《說文》並曰：「屨，履也。」納履者，以足伸進鞋中。納，入也。

〔註65〕石光瑛《新序校釋》，中華書局2001年版，第921頁。

〔註66〕《莊子・讓王》原文作「踵決」，屈氏引誤。

〔註67〕四庫本《記纂淵海》在卷71。

〔註68〕《白帖》在卷22。

〔註69〕《高士傳》據《古今逸史》本，《御覽》卷507引同，《四庫》本作「納履」。

〔註70〕劉釗、張傳官《再談「一沐三捉髮」的「捉」》，《漢字漢語研究》2018年第3期，第42頁。

〔註71〕張白珩《新序校注補正》，四川省立圖書館《圖書集刊》1945年第6期，第105頁。

〔註72〕《漢語大字典》（第二版），崇文書局、四川辭書出版社2010年版，第3281頁。

（18）仁義之匿，車馬之飾，衣裘之麗，憲不忍為之也

　　按：周廷寀曰：「匿，《新序》作『慝』，非。」趙懷玉曰：「匿，《莊子》、《新序》作『慝』。」馬敘倫曰：「慝，借為態。《說文》曰：『態，意也。』」〔註73〕石光瑛曰：「『匿』有亡義。仁義之匿，謂仁義喪亡耳。『慝』即『匿』字之俗。」〔註74〕許維遹曰：「《莊子‧讓王篇》、《新序‧節士篇》、《高士傳》『匿』作『慝』，古亦通用。」趙仲邑曰：「慝，讀作匿。仁義之慝，假借仁義來對於邪惡掩飾隱藏。《外傳》卷1作『仁義之匿』。」〔註75〕屈守元曰：「《莊子釋文》：『慝，吐得反，惡也。司馬云：「謂依託仁義為姦惡。」』《世說新語‧言語》劉孝標注引《家語》亦作「慝」。趙氏讀慝為匿，是也，隱匿、掩蓋。《集韻》：「隱情飾非曰慝。」

（19）身且不愛，孰能忝之

　　按：周廷寀曰：「忝，《新序》作『累』。」趙懷玉、賴炎元校同〔註76〕，皆未定是非。石光瑛曰：「『累』謂為物欲所誘。」〔註77〕屈守元曰：「『累』字當訓為辱。《詩‧無將大車》箋：『適自作憂累。』《釋文》：『累，本作辱。』是累、辱同訓之證也。《說文》：『忝，辱也。』」屈氏說同趙仲邑〔註78〕。屈、趙說非是，「累」無辱訓，《詩》箋「憂累」連文，累亦憂也；或作「憂辱」者，僅是異文，不是同訓之證。石光瑛說是，此文「忝」當是「絫」形誤，「絫」同「累」。本卷下文「無累於物」，「累」字義同。

（20）傳曰：「君子潔其身而同者合焉，善其音而類者應焉。馬鳴而馬應之，牛鳴而牛應之。」

　　按：周廷寀曰：「音，《荀》作『言』。」趙善詒曰：「『音』當從《荀子》作『言』，『潔身』與『善言』相對為文。」趙說本於王先謙〔註79〕。賴炎元

〔註73〕馬敘倫《莊子義證》卷28，收入《民國叢書》第5編，（上海）商務印書館1930年版，本卷第8頁。
〔註74〕石光瑛《新序校釋》，中華書局2001年版，第923頁。
〔註75〕趙仲邑《新序詳注》，中華書局1997年版，第210頁。
〔註76〕賴炎元《韓詩外傳校勘記》，（香港）《聯合書院學報》第1期，1962年版，第6頁。
〔註77〕石光瑛《新序校釋》，中華書局2001年版，第924頁。
〔註78〕趙仲邑《新序詳注》，中華書局1997年版，第210頁。
〔註79〕王先謙《荀子集解》，中華書局1988年版，第45頁。

曰：「『音』、『言』義通。《詩・凱風》疏：『音聲猶言語。』」〔註80〕屈守元曰：「《荀子》作『善其言而類焉者應矣』，楊注云：『出其言善，千里之外應之。』此文『音』字，似當從《荀子》作『言』，字之誤也。『牛鳴』句《荀子》無。《春秋繁露・同類相動》：『美事召美類，惡事召惡類，類之相應而起也，如馬鳴則馬應之，牛鳴則牛應之（下句今本脫去，從盧文弨校本增補）。』」賴說是也。《說苑・脩文》「聲音應對」，《董子・五行對》作「聲言應對」，本書卷1作「應對言語」，亦其例。「牛鳴而牛應之」疑後人所增，盧校不當，蘇輿從盧說〔註81〕，非是。《御覽》卷896、《記纂淵海》卷21引《荀子》並無下句，《類聚》卷69引《董子》亦無〔註82〕。宋・黃庭堅《與幕府書》：「馬鳴而馬應之，非智也。」雖不知黃氏所引出《荀子》還是《外傳》，然亦無下句。

（21）非知也，其勢然也

按：周廷寀曰：「楊注《荀子》：『知，音智。』本或作『和』。」趙懷玉曰：「知，本或作『和』，非。」屈守元曰：「知，程本、胡本、唐本誤作『和』，此從元本，蘇、沈、薛、毛諸本並同。」諸校是也，寶曆本、四庫本亦作「知」，黃庭堅引作「智」。

（22）莫能以己之皭皭，容人之混污然

按：趙善詒曰：「『莫』字疑為『其』字之形誤，而奪『誰』字。『混污』當作『混混』。」許維遹曰：「趙校近是。『汙』為『沄』之譌，『沄』、『混』通。『皭』、『濊』聲類同。《荀子》『搣搣』即『惑惑』別體。《楚辭》『汶汶』即『昏昏』假借。其與本書『混沄（混）』義皆為昏濁貌。」賴炎元曰：「『皭』與『燋』通。」〔註83〕屈守元曰：「《荀子》云：『其誰能以己之濊濊（《楚辭・漁父》補注、《困學紀聞》卷10引並作『燋燋』），受人之搣搣者哉！』楊注云：『濊濊，明察之貌。濊，盡也。謂窮盡明於事。搣，當為『惑』。搣搣，惛也。《楚詞》曰：『安能以身之察察，受物之惛惛者乎。』」郝懿行曰：「《外傳》云云，『皭』與『燋』古音同，『混污』與『搣搣』音又相轉，此皆假借

〔註80〕賴炎元《韓詩外傳校勘記》，（香港）《聯合書院學報》第1期，1962年版，第7頁。

〔註81〕蘇輿《春秋繁露義證》，中華書局1992年版，第358頁。

〔註82〕四庫本《記纂淵海》在卷58。

〔註83〕賴炎元《韓詩外傳校勘記》，（香港）《聯合書院學報》第1期，1962年版，第7頁。

字耳。《楚詞》作「察察」、「汶汶」，當是也。』王先謙云：『焦、爵雙聲，故「皭皭」亦為「湔湔」也。「摵」當為「惑」，楊說是也。字書無「摵」字，蓋「惑」亦作「悈」〔註84〕，遂轉寫為「摵」耳。』《楚辭・漁父》、《史記・屈原傳》並作『察察』、『汶汶』（楊注引《楚詞》作『惛惛』，亦與今本不同）。《新序・節士篇》用《史記》文，又作『泠泠』、『嘿嘿』。《索隱》：『汶汶，音門門，猶昏暗不明也。』是則『湔湔』、『皭皭』、『察察』、『泠泠』，皆清明之意。『摵摵』、『混汙』、『惛惛』、『汶汶』、『嘿嘿』，皆昏暗之意也。」①莫，《荀子・不苟》、《史記・屈原傳》並作「誰」，《楚辭・漁父》作「安」，《新序・節士篇》作「惡」。「莫」是疑問代詞。裴學海曰：「莫，猶何也，猶孰也、誰也。」〔註85〕《左傳・昭公七年》；「封略之內，何非君土？食土之毛，誰非君臣？故《詩》曰：『普天之下，莫非王土？率土之濱，莫非王臣？』」「莫」作疑問代詞，指人訓誰，指事、物訓何，《左傳》作者辨析甚明。②郝懿行、許維遹說「皭皭」、「湔湔」音轉，是也。湯炳正說同，湯氏又指出音轉又作「皓皓」、「皎皎」〔註86〕，則不可信。《廣雅》：「皭皭，白也。」王念孫曰：「《釋器》云：『皭，白也。』重言之則曰『皭皭』，字或作湔。《韓詩外傳》『莫能以己之皭皭，容人之混混然』，《荀子・不苟篇》作『湔湔』。」〔註87〕王念孫徑改作「混混」，此即趙善詒說所本。石光瑛曰：「泠泠，清潔之貌。」〔註88〕察察，潔白貌。義皆相近。③「摵摵」亦作「惑惑」、「域域」、「棫棫」，古字作「或或」。「汶汶」讀為「昏昏」、「惛惛」，省作「文文」，亦作「忞忞」。二者義近，湯炳正說是《楚辭》的二個不同的傳本〔註89〕。《老子》第20章：「俗人昭昭，我獨昏昏。俗人察察，我獨悶悶。」又第58章：「其政悶悶，其民淳淳。其政察察，其民缺缺。」傅奕本、范應元本二

〔註84〕屈氏引「悈」誤作「憾」，據王氏《荀子集解》徑正。

〔註85〕裴學海《古書虛字集釋》，中華書局1954年版，第865頁。

〔註86〕湯炳正《釋「溫蠖」》，收入《屈賦新探》（修訂本），華齡出版社2010年版，第89～90頁。

〔註87〕王念孫《廣雅疏證》，收入徐復主編《廣雅詁林》，江蘇古籍出版社1992年版，第459頁。

〔註88〕石光瑛《新序校釋》，中華書局2001年版，第924頁。

〔註89〕參見湯炳正《釋「溫蠖」》，收入《屈賦新探》（修訂本），華齡出版社2010年版，第93～96頁。又參見蕭旭《〈敦煌變文〉校補（一）》，收入《群書校補》，廣陵書社2011年版，第1174頁。又參見蕭旭《孔子家語校補》，收入《群書校補（續）》，花木蘭文化出版社2014年版，第394頁。

章「悶悶」作「閔閔」〔註90〕，馬王堆帛書《老子》乙本第 20 章作「閩閩」。「悶悶」、「閔閔」、「閩閩」與「察察」對文，皆即「惛惛」音轉，與《楚詞》作「汶汶」、「察察」同。第 20 章又出「昏昏」者，同義變字。④「混污」與「搰搰」古音不能相轉，郝懿行說不可信。混，讀為溷，混濁，《說文》：「溷，亂也，一曰水濁貌。」《廣雅》：「溷，濁也。」污，污垢。「混污」音轉又作「溫蠖」，《史記·屈原傳》：「又安能以皓皓之白，而蒙世之溫蠖乎？」《索隱》：「溫蠖，猶惛憒（憒）〔註91〕，《楚詞》作『蒙世之塵埃哉』。」方以智曰：「此言溫蠖者，溫去聲，言塵滓深曲之狀也。郝氏謂『溫蠖』之合音為『污』。」林茂春亦從郝楚望說〔註92〕。王叔岷曰：「溫借為慍，怨也。蠖讀為擭，《廣雅》：『擭，辱也。』」〔註93〕何劍熏曰：「『溫蠖』當讀為『穢污』。」〔註94〕湯炳正曰：「『溫蠖』為『混污』之同音借字。」〔註95〕黃靈庚從湯說〔註96〕。《廣雅》：「濩、辱，汙也。」王念孫曰：「下文云：『擭，辱也。』『擭』與『濩』義相近。《楚辭·漁父》：『又安能以皓皓之白，而蒙世之溫蠖乎。』『蠖』與『濩』義亦相近。陳氏觀樓云：『溫蠖，即污之反語也。』」〔註97〕錢繹說同王氏〔註98〕，當即襲取其說也。郝氏、陳氏謂「溫蠖」合音為「污」，此說最精。《史記·屈原傳》：「不獲世之滋垢，皭然泥而不滓者也。」王念孫曰：「獲者，辱也。言不為滋垢所辱也。《廣雅》曰：『獲，

〔註90〕 湯炳正《釋「溫蠖」》已引《老子》二例以證《楚辭》，收入《屈賦新探》（修訂本），華齡出版社 2010 年版，第 93～94 頁。

〔註91〕 《史記》新點校本據耿本改「憒」作「憒」，是也，《增修校正押韻釋疑》卷 5 引正作「憒」字。洪興祖《楚辭補注》引說者曰：「溫蠖，猶惛憒也。」朱熹《楚辭集注》同，亦作「憒」字。《史記》（修訂本），中華書局 2013 年 9 月版，第 3020 頁。

〔註92〕 方以智《通雅》卷 4，收入《方以智全書》第 1 冊，上海古籍出版社 1988 年版，第 196 頁。林茂春《史記拾遺》，收入《二十四史訂補》第 1 冊，書目文獻出版社 1996 年版，第 687 頁。

〔註93〕 王叔岷《史記斠證》，中華書局 2007 年版，第 2525 頁。

〔註94〕 何劍熏《楚辭拾瀋》，四川人民出版社 1984 年版，第 122 頁。

〔註95〕 湯炳正《釋「溫蠖」》，收入《屈賦新探》（修訂本），華齡出版社 2010 年版，第 90 頁。其說又見湯炳正《楚辭今注》，上海古籍出版社 1996 年版，第 200 頁。

〔註96〕 黃靈庚《楚辭異文辯證》，中州古籍出版社 2000 年版，第 574 頁。黃靈庚《楚辭章句疏證》，中華書局 2007 年版，第 1914 頁。

〔註97〕 王念孫《廣雅疏證》，收入徐復主編《廣雅詁林》，江蘇古籍出版社 1992 年版，第 214 頁。

〔註98〕 錢繹《方言箋疏》卷 3，上海古籍出版社 1984 年版，第 177～178 頁。

辱也。」又曰：『濩、辱，汙也。』濩亦獲也，古聲義同耳。」〔註99〕《屈原傳》「獲」與「皭然」對舉，尤明「獲」當訓為「汙」也。與《外傳》此文互證，亦足明「混污」即「污」義。

（23）荆伐陳，陳西門壞，因其降民使脩之

按：周廷寀曰：「壞，《說苑·立節》作『燔』。」屈守元曰：「定縣八角廊漢墓竹簡有此文，脫『壞』字。漢墓竹簡無『使』字，《說苑》云：『因使其降民脩之』。」定縣漢簡《儒家者言》作「〔楚〕伐陳，〔陳〕西門口，因使其降民修之」，有「使」字（與《說苑》同），屈氏失校。阜陽雙古堆 1 號木牘作「楚伐陳，陳西門燔」，與《說苑》同。《孔子集語》卷下作「燓西門」。

（24）禮，過三人則下，二人則式

按：屈守元曰：「《說苑》作『禮，過三人則下車，過二人則軾。』〔註100〕《荀子·大略篇》：『禹見耕者耦立而式，過十室之邑必下。』《大戴禮·曾子制言下》：『昔者禹見耕者五耦而式，過十室之邑則下。』《小戴記·曲禮上》：『入國不馳，入里必式。』《說苑·敬慎》：『於是子贛參偶則軾，五偶則下。』皆此意也。」《家語·六本篇》：「如在輿，遇三人則下之，遇二人則式之。」《說苑·敬慎》：「是以聖人不敢當盛，升輿而遇三人則下，二人則軾。」二文「遇」當作「過」，形之譌也，《御覽》卷 616 引《說苑》已誤作「遇」。《荀子》「耦立」當作「五耦」〔註101〕。

（25）孔子曰：「國亡而弗知，不智也。知而不爭，非忠也。亡而不死，非勇也。」

按：周廷寀曰：「《說苑》云：『忠而不死，不廉。』亦疑有誤。」趙善詒曰：「『亡而不死』疑當作『爭而不死』。」許維遹、賴炎元、伊東倫厚從趙說〔註102〕。屈守元曰：「此似不誤，《說苑》當有誤。」趙說是也，此頂針句。《墨子·公輸》：「荆國有餘於地而不足於民，殺所不足而爭所有餘，不可謂

〔註99〕王念孫《史記雜志》，收入《讀書雜志》卷3，中國書店1985年版，本卷第1頁。
〔註100〕引者按：「車」字當屬上句，屈氏誤屬下句，徑正。
〔註101〕包遵信已發其說，蕭旭《荀子校補》有補證，花木蘭文化出版社2016年版，第542頁。
〔註102〕伊東倫厚《韓詩外傳校詮》（一），《北海道大學文學部紀要》第26卷1號，1977年12月出版，第39頁。

智。宋無罪而攻之，不可謂仁。知而不爭，不可謂忠。爭而不得，不可謂強。」是其比。《說苑》「勇」作「廉」者，《韓子‧解老》：「所謂廉者，必生死之命也，輕恬資財也。」

（26）故智者不為非其事，廉者不求非其有

按：本書卷 3：「適情辟餘，不求非其有，而天下稱其廉也。」

（27）賢者之不以天下為名利者也

按：為，猶言追逐、謀求。

（28）馬鳴中律，駕者有文，御者有數

按：屈守元曰：「《御覽》卷 565 引作『馬鳴中規律』，『規』字疑衍。皮錫瑞云：『馬鳴不得中律，「馬鳴」疑是「鸞鳴」之誤。』」《書鈔》卷 108 引此文作「馬鳴」，《樂書》卷 113、《儀禮集傳通解》卷 27 引《尚書大傳》同。「馬鳴」不誤，下文云「鵠震馬鳴」，是其證。

（29）及保介之蟲，無不延頸以聽

按：屈守元曰：「《書鈔》卷 108 引『頸』作『頭』。」孔本《書鈔》未引此句，陳本《書鈔》引仍作「頸」，未知屈氏所據何本。《文選‧洞簫賦》李善注、《御覽》卷 565 引作「頸」。

（30）枯魚銜索，幾何不蠹？二親之壽，忽如過隙

按：許瀚曰：「《文選‧古詩十九首》『忽如遠行客』，注引作『忽如過客』。『隙』與『索』、『蠹』為韻，『客』亦韻。蓋韓本作『客』，《說苑》作『隙』，《家語》亦作『隙』，後人因以改《韓傳》耳。」許維遹、屈守元從許說。許說非是，李善改「隙」作「客」是改字以就正文耳，此李注《文選》之常例。

（31）三月微的，而後能見

按：周廷寀曰：「微的，《說苑》作『達眼』。《家語‧本命解》『的』作『煦』。王肅注云：『煦，睛轉也。』《玉篇》：『的，明見也。』從『的』為長。」趙懷玉曰：「《大戴‧本命》作『徹昀』，《說苑‧辨物》作『達眼』。」趙善詒從朱起鳳說校「微的」作「徹昀」。趙幼文曰：「『昀』字是。」〔註103〕

〔註103〕趙幼文《〈韓詩外傳〉識小》，《金陵學報》第 8 卷第 1、2 期合刊，1938 年版，

朱季海曰：「『微』當從《大戴》作『徹』。徹，達也，通也。」賴炎元曰：「作『微的』是。《說文》：『的，明也。』《玉篇》：『的，明見也。』」〔註104〕屈守元曰：「『微』當作『徹』，『的』當作『眴』，皆字之誤也。《大戴記》作『徹眴』（今本『眴』誤『眴』，此從戴震校。《玉篇》：『眴，《大戴禮》「人生三月而眴。」』）《說苑》作『達眼』，達與徹同義，眼亦誤字，蓋當作眴。《說文》：『眴，目搖也。從目，勻省聲。』隸書或不省，故作『眴』。《家語》作『微煦』，王肅注訓煦為睛轉，則煦亦當為眴。《五行大義》卷5引《家語》作『微眴』，正可證知『眴』訛為『眴』，又誤作『煦』也。」諸說謂「的、煦、眼當作眴（眴）」是也，「微」字不誤。《大戴》作「徹」，當是「微」形誤；《說苑》作「達」，達、徹音之轉耳。言人生三月，眼睛即能微微轉動也〔註105〕。

（32）精氣闐溢

按：周廷寀曰：「闐溢，《說苑》作『填盈』。」趙善詒曰：「填、闐古通。盈、溢聲轉義同。」屈守元曰：「《說苑》作『精化填盈』。上文云『精化小通』、『精化始具』，疑此『氣』字當作『化』為是。『填』與『闐』同，《說文》：『闐，盛貌。』《爾雅》：『溢，盈也。』」闐當讀為填，塞滿義。《說文》：「填，塞也。」《文選·西都賦》：「闐城溢郭。」李善注：「鄭玄《禮記》註曰：『填，滿也。』與『闐』同。」《太平廣記》卷315引《風俗通》：「其下常車馬填溢。」「精化」不可言填滿，《說苑》當據此文校作「精氣」。

（33）晉為盟主而不救，天罰懼及矣

按：周宗杬曰：「救，《語》作『脩』，屬下『天罰』為句。」屈守元曰：「《晉語五》作『晉為盟主而不循天罰，將懼及焉』（『循』字依《經義述聞》校），與此句讀各異。」今本《晉語五》作「脩」，韋昭注：「脩，行也。」當斷作：「晉為盟主而不脩，天罰將懼及焉。」「脩」、「救」聲近，《晉語八》：「秦景公使其弟鍼來求成。」《左傳·襄公二十六年》「求」作「脩」。

（34）水濁則魚喁，令苛則民亂

第106頁。
〔註104〕賴炎元《韓詩外傳校勘記》，（香港）《聯合書院學報》第1期，1962年版，第9頁。
〔註105〕參見蕭旭《孔子家語校補》，收入《群書校補（續）》，花木蘭文化出版社2014年版，第461～463頁。

按：周廷寀曰：「《說苑·政理》『喎』作『困』。」趙懷玉曰：「喎，《淮南·繆稱訓》作『噞』。」朱駿聲曰：「噞，口有所銜也。字亦作噞，《廣雅》：『噞，喎也。』《字林》：『噞喎，魚口出水皃。』按：口銜水出也。《淮南·主術》：『水濁則魚噞。』」〔註106〕趙善詒曰：「《說文》：『喎，魚口上皃（見）。』『噞，噞喎，魚口上見也。』噞、喎雙聲，故二字音義並通。」〔註107〕許維遹曰：「『喎』、『噞』同義，《說苑》作『困』亦通。」屈守元曰：「又見《淮南·主術》、《說山》、《泰族》三篇及《文子·精誠篇》，『喎』字並作『噞』。《主術篇》高注云：『魚短氣，出口於水，喘息之諭也。』莊逵吉校本注云：『《說文》：「喎，魚口上見。」噞、喎古音相近，古字無即異文與？』譚獻云：『《文選·長笛賦》注：「《淮南子》：『水濁則魚噞喎。』注：『楚人噞喎魚出頭也。』」顧曰：「衍噞字。楚人下脫謂字。」高注本作「噞」，《文子》同。許慎注本作「喎」，《外傳》同。』《大藏音義》引許注：『噞，銜也，口有所銜食也。』易順鼎云：『據此，則許本作噞，《說文》無噞字。』」《淮南·泰族篇》無此文，實出《繆稱篇》，屈氏失檢。又考《慧琳音義》卷95：「《淮南》云：『至味不噞。』許叔重：『噞，銜也。』口有所銜食也。」今《淮南子·說林篇》作「至味不憚」。易順鼎誤以為「噞」即「噞」，屈氏亦失考。《說文》：「喎，魚口上見。」〔註108〕《說文繫傳》引《淮南子》：「水濁則魚喎。」又引庾肩吾詩：「江鱧午噞喎。」解作「魚口出水上也」。「喎」音轉作「噞」，疑母雙聲，韻則東、談通轉〔註109〕。《廣雅》：「噞，喎也。」因又連文成雙音詞「噞喎」。《玉篇》：「噞，噞喎，魚口上出皃。」《廣韻》：「喎，噞喎。」又「噞，噞喎，魚口上下皃。」《集韻》：「噞、鱻：噞喎，魚口動貌，或從魚。」又引《字林》：「噞喎，魚口出水皃。」敦煌寫卷P.2011王仁昫《刊謬補缺切韻》卷1：「噞，魚喎。或作鱻。」又卷3：「噞，魚喎，上下白（皃），亦作鱻。」〔註110〕蔣斧印本《唐韻殘卷》、P.3694《箋注本切韻》並云：「噞，

〔註106〕 朱駿聲《說文通訓定聲》，武漢市古籍書店1983年版，第120頁。

〔註107〕 引者按：趙氏引「見」誤作「皃」，又「噞，噞喎，魚口上見也」是《說文新附》文。

〔註108〕 《玄應音義》卷12、13引「魚口」誤作「眾口」。

〔註109〕 東、談通轉可以參看王志平《東談通轉的實例及其音理解釋》，收入王志平、孟蓬生、張潔《出土文獻與先秦兩漢方言地理》，中國社會科學出版社2014年版，第147～160頁。

〔註110〕 「白」為「皃」脫誤，周祖謨《唐五代韻書集存》失校，中華書局1983年版，第399頁。

喭喁，魚口。」唐本韻書釋義都不完整，當作「魚口上下兒」。P.2018《唐韻殘頁》：「喁，喭喁。」《文選‧吳都賦》：「喭喁沈浮。」劉淵林註：「喭喁，魚在水中群出動口貌。」李善注引《文子》：「水濁則魚喭喁。」〔註111〕《文選‧情詩》李善注引《春秋漢含孳》：「穴藏先知雨，陰曀未集，魚已喭喁。巢居之鳥先知風，樹木搖，鳥已翔。」《埤雅》卷1引《義訓》：「鱗掉尾，口上下喭喁。」倒言則作「喁喭」，韓愈《喜侯喜至贈張籍張徹》：「搖搖不可止，諷詠日喁喭。」複言則曰「喁喁」，亦作「顒顒」，《文選‧喻巴蜀檄》：「延頸舉踵喁喁然，皆嚮風慕義欲為臣妾。」李善注引《論語素王受命讖》：「莫不喁喁延頸歸德。」《淮南子‧俶真篇》：「是故聖人呼吸陰陽之氣，而群生莫不顒顒然仰其德以和順。」《文選‧勸進表》、《玄應音義》卷12、《御覽》卷77引作「喁喁然」，《慧琳音義》卷28、55引同，《慧琳音義》卷77、98引作「喁然」。複言亦曰「喭喭」，《淮南子‧泰族篇》：「故天之且風，草木未動而鳥已翔矣；其且雨也，陰曀未集而魚已喭矣。」《御覽》卷10引作「天且雨也，魚已喭喭」。《鄧子‧無厚篇》：「夫水濁則無掉尾之魚，政苛則無逸樂之士。」亦足與諸書互證。鄭珍曰：「《文子‧精誠篇》、《韓詩外傳》並云：『水濁則魚喁。』知古本不言『喭喁』，故不並『喭』言之。《淮南子‧主術訓》：『水濁則魚喭喁。』增一『喭』字。蓋本作『僉』，謂魚皆上見出口也。俗加口旁，乃與『喁』為疊字，誤矣。知同謹按：劉逵注《吳都賦》云：『喭喁，魚在水中群出動口貌。』『群出』正解『喭』字，劉蓋知『喭』為『僉』俗。許君所注《淮南書》當是『僉』字，故有『喁』無『喭』。至高氏注云『喭喁，魚出頭也』，則已加為疊字。鈕氏云：『《說文》顝訓鱻兒，音義並近。喭疑古作顝。』非也。」〔註112〕鈕說固誤，鄭說亦非，且引文多誤。

（35）城峭則崩，岸峭則陂

按：朱季海曰：「峭謂之嶕，當是楚語。嬰引傳作『陂』，當是故書如此。《說苑》作『陁』，《淮南》作『陀』，陁、陀字同，蓋漢人語。」屈守元曰：「《淮南子》作『城峭者必崩，岸嶕者必陀』，《說苑》作『城峭則必崩，岸

〔註111〕 《白氏六帖事類集》卷29引《文子》同（四庫本《白帖》在卷98），《御覽》卷58引作「水濁者魚喭喁」，《意林》卷1引無「喁」字，《御覽》卷624引作「水濁則魚險」。作「險」誤。
〔註112〕 鄭珍《說文新附考》卷1，收入《續修四庫全書》第223冊，上海古籍出版社2002年版，第274頁。

辣則必阤』。高誘云：『崝，峭也。陀，落也。』陶方琦曰：『「崝」因「峭」字而譌，當是「峻」字。』」今本《淮南子·繆稱篇》是許慎注，非高誘注。于省吾引《方言》卷 6「崝，高也」以駁陶說〔註113〕，是也。《玉篇殘卷》「崝」、「陁」字條二引《淮南子》，並作「崝」字。《廣韻》「崝」字條引《淮南子》云：「崝，陙也。」可證「崝」字不誤〔註114〕。朱季海指出：「峭謂之崝，當是楚語。」賴炎元本二「峭」作「削」，注：「削，削減。」並誤。

（36）故吳起削刑而車裂，商鞅峻法而支解

按：許維遹曰：「削，鍾本、黃本、楊本、程本作『峭』。本或作『峭』，是，今據正。《淮南子·繆稱篇》作『刻削』，亦當據本書作『峭刑』。」屈守元曰：「削，薛、程、胡、唐諸本並作『峭』，今從元本，蘇、沈、毛本皆同。《淮南子》作『故商鞅立法而支解，吳起刻削而車裂』，『立』字疑當從此作『峻』為是。蓋『峻』訛作『竣』，因闕為『立』耳。『刻削』二字亦以作『削刑』為是。『削刑』與『峻法』對文。」屈校「立法」當作「峻法」，是也，其說同於劉文典〔註115〕。「削」當作「峭」或「陙」，與「峻」同義對舉，許校是也。《玉篇殘卷》「陙」字條引《淮南子》作「陙法刻刑」，亦非原貌。

（37）治國者譬若乎張琴然，大絃急，則小絃絕矣

按：趙懷玉曰：「《淮南》『琴』作『瑟』。急，《淮南》作『絚』。」屈守元曰：「《說苑》作『琴』，與此同。《意林》卷 2 引《淮南子》『琴』上有『瑟』字。《類聚》卷 52 引《新序》：『夫政猶張琴瑟也，大弦急則小弦絕矣。』語意與此正同。疑作『琴瑟』者為是。《淮南》本作『絚』，高注：『絚，急也。』王念孫校作『絚』。」《意林》卷 2 引《淮南子》：「治國者，若張琴瑟，大絃絚，小絃絕。」今本《淮南子·繆稱篇》作「治國辟若張瑟，大絃組（絚）則小絃絕矣」，許慎注：「組（絚），急也。」又《泰族篇》作「故張瑟者，小絃急而大絃緩」（《類聚》卷 52 引「急」作「絚」，有注：「絚，急也。」），皆脫「琴」字。《治要》卷 42、《海錄碎事》卷 21 引《新序》同《類聚》。《後

〔註113〕于省吾《淮南子新證》卷 2，收入《雙劍誃諸子新證》，上海書店 1999 年版，第 417 頁。

〔註114〕參見蕭旭《淮南子校補》，花木蘭文化出版社 2014 年版，第 269 頁。

〔註115〕劉文典《淮南子校補》，收入《三餘札記》，《劉文典全集（3）》，安徽大學出版社、雲南大學出版社 1999 年版，第 384 頁。

漢書・陳寵傳》：「夫為政，猶張琴瑟，大絃急者小絃絕。」李賢注引《新序》
亦同。《書鈔》卷 27 引《新序》：「夫政，猶張琴瑟。」《劉子・愛民》：「政之
於人，由琴瑟也，張絃急則小絃絕，大絃闋矣。」《後漢書・童恢傳》李賢注
引此文已脫「瑟」字。《淮南子・詮言篇》：「譬如張琴，小弦雖急，大弦必緩。」
亦脫「瑟」字。

（38）有聲之聲，不過百里；無聲之聲，延及四海

按：屈守元曰：「《淮南子》作『施於四海』。『施』與『延』同義。」《說
苑・政理》同此《傳》。施音移，與「延」一聲之轉。《道德指歸論・至柔篇》：
「有聲之聲，聞於百里；無聲之聲，動於天外，震於四海。」

（39）故禄過其功者削，名過其實者損

按：屈守元曰：「《淮南子》作『是故禄過其功者損，名過其實者蔽』，《說
苑》作『故禄過其功者損，名過其實者削』。」蔽，讀為㧓、敝，損害、敗損。
于大成謂「『蔽』字當為『削』之誤文」〔註116〕，非也。

（40）應對言語者，所以說耳也

按：屈守元曰：「《春秋繁露》作『聲言應對』，《說苑》作『聲音應對』。」
周云：『按下文，疑《說苑》誤。』」《說苑》向宗魯、劉文典、左松超並失校
〔註117〕。聲音，即「音聲」，指「言語」。聲言，猶出聲發言，亦指「言語」。
《說苑・脩文》下文云「言語順，應對給，則民之耳悅矣」。

（41）故中心存善，而日新之，則獨居而樂，德充而形

按：周廷寀曰：「《說苑》『中』作『忠』，『存』作『好』。」許維遹曰：
「元本『新』作『親』，古字通用。」朱季海曰：「《說苑》『存』作『好』，當
是故書如此。此文故書當本云『故中心好善而日親之』，『親』、『好』義本相
成。明本以下並作『新』字，則其失彌遠矣。」屈守元曰：「《說苑》疑誤。
親，諸本皆作『新』，今從元本。親，謂親善也。俗儒習於《禮記・大學》

〔註116〕于大成《淮南子校釋》，收入《淮南鴻烈論文集》，里仁書局 2005 年版，第
　　　750 頁。
〔註117〕向宗魯《說苑校證》，中華書局 1987 年版，第 481 頁。劉文典《說苑斠補》，
　　　收入《劉文典全集（3）》，安徽大學出版社、雲南大學出版社 1999 年版，第
　　　308 頁。左松超《說苑集證》，（臺灣）國立編譯館 2001 年版，第 1210 頁。

『日新』之語，妄改『親』為『新』。」寶曆本、四庫本亦作「新」，《說苑・脩文》同。「日新」不誤，屈、朱說非是。「忠」是「中」借字，「存善」、「好善」並通，亦不得謂《說苑》誤。《書・仲虺之誥》：「德日新。」《易・大畜》彖曰：「日新其德。」《管子・心術下》、《內業》並同。《易・繫辭上》：「日新之謂盛德。」此傳言日新其善德也。元本作「親」，形聲相近致誤。

（42）仁道有四，礛為下。有聖仁者，有智仁者，有德仁者，有礛仁者

　　按：《正字通》卷7：「礛仁，註：『礛者，言刻意求仁，與聖仁、智仁、德仁異也。』」所引注文未詳所出。許維遹引郝懿行曰：「《字彙補》：『古文廉作礛。』觀下文所釋，則作『廉』者是也，廉猶礛也。《韓非子・六反篇》：『世尊之曰礛勇之士。』」〔註118〕伊東倫厚說同郝氏〔註119〕。

　　《說文》：「礛，厲石也。」席世昌引此文以證《說文》〔註120〕。周廷寀曰：「礛，古『廉』字。」趙懷玉曰：「『礛』蓋苦節過中，以自厲為仁者。」賴炎元從趙說〔註121〕。屈守元曰：「唐本眉批云：『礛與廉同。』《說文》：『廉，仄也。』又『礛，厲石也。』唐、周謂為一字，頗不確切。下文云：『仁礛則其德不厚。』然則此『礛仁』之義，蓋取於側傾（《說文》：『仄，側傾也。』）。謂『礛』為『廉』之借字可也。《御覽》卷419引此云：『仁者有聖，仁者有智，仁者有德，仁者有謙。』蓋文有錯亂，不可據。」陳茂仁曰：「特、礪（礛），義並可並通，唯作『特』，於義較明。」〔註122〕郝、席、趙說是也，礛訓磨礪，自礛者則廉潔。下文云：「廉潔直方，疾亂不治，惡邪不匡……是礛仁者也。」本書卷2：「礛乎，其廉而不劌也。」余舊說謂《韓子》「礛」當讀為廉〔註123〕，非是。

（43）雖居鄉里，若坐塗炭；命入朝廷，如赴湯火

　　按：屈守元曰：「《孟子・萬章下篇》云：『思與鄉人處，如以朝衣朝冠坐於塗炭也。』又略見《公孫丑上篇》。」略見《公孫丑下篇》，屈氏誤記。本書

〔註118〕許氏所引郝說，未詳所出。
〔註119〕伊東倫厚《韓詩外傳校詮》（一），《北海道大學文學部紀要》第26卷1號，1977年12月出版，第60頁。
〔註120〕席世昌《席氏讀說文記》弟九，《指海本》第7集，守山閣刻本，本篇第14頁。
〔註121〕賴炎元《韓詩外傳校勘記》，（香港）《聯合書院學報》第1期，1962年版，第11頁。
〔註122〕陳茂仁《新序校證》，花木蘭文化出版社2007年版，第510頁。
〔註123〕蕭旭《韓非子校補》，花木蘭文化出版社2015年版，第264頁。

卷 3：「思與鄉人居，若朝衣朝冠坐於塗炭也。」雖，讀為惟，思也，非語辭。

（44）《傳》曰：「山銳則不高，水徑則不深，仁磽則其德不厚，志與天地擬者其人不祥。」

按：許維遹曰：「元本『銳』作『兌』，『兌』古『銳』字。」屈守元曰：「兌，諸本皆作『銳』，今從元本。兌、銳古字通。徑，直也。」《新序・節士》正作「銳」。又「擬」作「疑」。本篇下文云：「夫山銳則不高，水徑則不深，行磽者德不厚，志與天地擬者其為人不祥。」「行磽」當作「仁磽」，《新序》作「行特」，訛之又訛也。石光瑛曰：「徑，直也。特，異也。謂行義卓特，有異於人也。疑，讀為儗。祥，福也。」〔註124〕其說「行特」誤。

（45）其所受天命之度，適至是而亡，弗能改也

按：周廷寀曰：「『亡』疑當為『止』。」朱季海、賴炎元、屈守元從其說〔註125〕。趙善詒曰：「周校疑非。『亡』乃『已』字之誤，下章作『其節度淺深，適至於是矣』，文義相似，『已』、『矣』音義並同，可以為證。」許維遹曰：「周校是也。《新序・節士篇》作『其節度淺深，適至而止矣』，今據正。」下章「其節度淺深，適至於是矣」，屈守元引李炳英曰：「《莊子・天下篇》：『其行適至是而止。』以《新序》參校，此文似作『適至是而止』。」周、李說是，《新序》挩「是」字。

（46）今為儒雅之故，不救溺人可乎

按：儒雅，周廷寀、趙懷玉、牟庭、趙幼文皆據《新序・節士》校作「濡足」〔註126〕，趙氏指出《御覽》卷 61、《初學記》卷 6 引作「濡足」，許維遹、屈守元指出《文選・百辟勸進今上牋》李善注、《類聚》卷 8、《事類賦注》卷 6、《事文類聚》前集卷 16、《天中記》卷 9 引並作「濡足」，徐宗元說略同〔註127〕。趙善詒、賴炎元、伊東倫厚從趙懷玉、周廷寀所校〔註128〕。

〔註124〕 石光瑛《新序校釋》，中華書局 2001 年版，第 977～978 頁。
〔註125〕 賴炎元《韓詩外傳校勘記》，（香港）《聯合書院學報》第 1 期，1962 年版，第 12 頁。
〔註126〕 趙幼文《〈韓詩外傳〉識小》，《金陵學報》第 8 卷第 1、2 期合刊，1938 年版，第 106 頁。
〔註127〕 徐宗元《〈韓詩外傳〉箚記》，《文史》第 26 輯，1986 年版，第 351 頁。
〔註128〕 賴炎元《韓詩外傳校勘記》，（香港）《聯合書院學報》第 1 期，1962 年版，第 12 頁。伊東倫厚《韓詩外傳校詮》（一），《北海道大學文學部紀要》第 26

《合璧事類備要》前集卷 7、《冊府元龜》卷 880 引亦作「濡足」。《淮南子‧泰族篇》：「拯溺之人，不得不濡足也。」是其確證。蓋本作「濡疋」，古文「足」、「雅」二字皆作「疋」（見《說文》），後人誤以此「疋」為「雅」耳，又以「濡雅」不辭，復改「濡」作「儒」〔註 129〕。

（47）鮑焦衣弊膚見，挈畚持蔬

按：趙懷玉曰：「《御覽》卷 426 作『採蔬』，《新序‧節士篇》作『將蔬』，下同。」俞樾曰：「『持』、『將』均『捋』字之誤。捋，取也。《御覽》作『採』，則後人以意改之。」趙善詒、許維遹、賴炎元、伊東倫厚從俞說〔註 130〕。趙氏且曰：「《御覽》卷 765 亦作『持』，已同今本，則宋時已誤。」許氏且曰：「《左傳‧宣公二年》疏引『持』作『采』。《法言‧淵騫篇》：『使捋蔬飲水褐博。』俗本『捋』亦誤『將』。」屈守元曰：「俞校是也。《冊府元龜》卷 880 用此文，『持』正作『捋』。《法言‧淵騫篇》云云，亦以『捋蔬』連文，是其證。然作『採』亦通。《史記‧鄒陽列傳》《索隱》引晉灼云：『《列士傳》：『鮑焦怨世不用己，採蔬於道。』』《莊子‧盜跖》《釋文》引司馬（彪）云：『鮑子名焦，周末人，汙時君，不仕，採蔬而食。』並作『採蔬』，又皆稱見《韓詩外傳》。是《外傳》舊本亦有作『採蔬』者也。」石光瑛亦從俞說〔註 131〕。「採蔬」、「捋蔬」均通。

（48）天下之遺德教者眾矣

按：遺，《御覽》卷 765 引同，《新序》、《冊府元龜》卷 880 同，《御覽》卷 426 引誤作「道」。

（49）上不己用而干之不止者，是毀廉也

按：止，《新序》、《冊府元龜》卷 880 同，《御覽》卷 426 引誤作「正」。

（50）非其世者不生其利，汙其君者不履其土

按：趙善詒曰：「《史記‧魯仲連鄒陽傳》《正義》引作『吾聞非其政者不

卷 1 號，1977 年 12 月出版，第 63 頁。

〔註 129〕 參見石光瑛《新序校釋》，中華書局 2001 年版，第 963 頁。

〔註 130〕 賴炎元《韓詩外傳校勘記》，（香港）《聯合書院學報》第 1 期，1962 年版，第 12 頁。伊東倫厚《韓詩外傳校詮》（一），《北海道大學文學部紀要》第 26 卷 1 號，1977 年 12 月出版，第 64 頁。

〔註 131〕 石光瑛《新序校釋》，中華書局 2001 年版，第 975 頁。

履其地，汙其君者不受其利」，今或有誤。」許維遹曰：「《莊子·盜跖篇》成疏、《史記·魯仲連鄒陽傳》《正義》引作『吾聞非其政者不履其地，汙其君者不受其利』，蓋古本如是，今本似字誤句倒。」屈守元曰：「《御覽》卷 765 引『生』作『至』，又卷 426 引『履』作『食』。《史記·魯仲連列傳》《正義》引作『吾聞非其政者不履其土（地），汙其君者不受其利』〔註 132〕，《劉子》袁注作『吾聞非其世者不享其利，汙其君者不履其土』。疑此『生』字誤，當作『享』。『至』亦『享』之字誤也。『受』與『享』同義。《莊子·盜跖》《釋文》引司馬注作『汙時君不食其祿，惡其政不踐其土』。」《新序·節士篇》、《冊府元龜》卷 880 同此文。《莊子·外物》：「非其義者不受其祿，無道之世不踐其土。」《呂氏春秋·離俗》「祿」作「利」。《御覽》卷 509 引嵇康《高士傳》：「廢上非義，殺民非仁，無道之世不踐其土。」《列女傳》卷 1；「君子稱身而就位，不為苟得而受賞，不貪榮祿，諸侯不聽則不達其土，聽而不用則不踐其朝。」《列仙傳》卷上：「非義不受其祿，無道之世不踐其位。」「生」字不誤，「至」是「生」形誤。石光瑛曰：「謂不賴其利以養生。」〔註 133〕趙仲邑曰：「生，治，指營謀。」〔註 134〕趙說近之。「生利」是先秦人成語。

（51）非其世而持其蔬

　　按：持，《御覽》卷 765 引同，《新序·節士篇》作「將」，《冊府元龜》卷 880 作「捋」，《御覽》卷 426 引作「採」。「採」、「捋」均通，「將」是形誤字。

（52）吾聞賢者重進而輕退，廉者易愧而輕死

　　按：許維遹曰：「《新序·節士篇》『愧』作『醜』。醜、愧也。」石光瑛曰：「醜，恥也。《外傳》作『愧』。『愧』、『醜』形義俱近。」〔註 135〕趙幼文曰：「愧，《新序》作『醜』，是也。王念孫《讀書雜志》曰：「愧當為醜，字之誤也。醜即恥之轉耳，《賈子》書恥字多作醜，《逸周書》亦然。」〔註 136〕賴炎元曰：「重，不輕率。」屈守元曰：「《御覽》卷 765 引『重』作『易』，

〔註 132〕引者按：屈氏引「地」誤作「土」。
〔註 133〕石光瑛《新序校釋》，中華書局 2001 年版，第 976 頁。
〔註 134〕趙仲邑《新序詳注》，中華書局 1997 年版，第 227 頁。
〔註 135〕石光瑛《新序校釋》，中華書局 2001 年版，第 976 頁。
〔註 136〕趙幼文《〈韓詩外傳〉識小》，《金陵學報》第 8 卷第 1、2 期合刊，1938 年版，
　　　　　第 106 頁。

蓋誤。《史記·魯仲連列傳》《正義》引作『吾聞廉士重進而輕退，賢人易愧而輕死』。《新序》與今本合，惟『愧』字作『醜』，《冊府元龜》同。《劉子》袁注文與《外傳》、《新序》同，字亦作『媿』，疑『醜』字誤。」《莊子·盜跖篇》成疏同《正義》所引。《御覽》卷 426 引與今本同。「重」字是，猶難也，與「易」對文。醜，恥也，慚也，愧也。許、石說是。《說文》：「媿，慚也。愧，媿或從恥省。」王念孫、趙幼文皆失考。

（53）有司請營邵以居

按：屈守元曰：「《世說》注引作『有司請召民』，《類聚》引同。案：作『召民』者是也。蓋『民』訛為『居』，強作解事者又增『營』、『以』二字耳。」《御覽》卷 973 引「所司請召民」，「所」乃「有」譌。

（54）以吾一身而勞百姓

按：屈守元曰：「《世說》注引作『以一身勞百姓』，《類聚》引作『不勞一身而勞百姓』。」《御覽》卷 973、《資治通鑑外紀》卷 3 引同《類聚》卷 87，疑誤。

卷第二校補

（1）於是使司馬子反乘闉而窺宋城，宋使華元乘闉而應之

按：周廷寀曰：「《公羊》『闉』作『堙』。」趙懷玉改「闉」作「闉」，云：「舊作『闉』，譌。案：本『堙』字，借用『闉』。堙，距堙，上城具，見《公羊宣十五年傳》，『闉』作『堙』。」陳喬樅說同趙氏，趙善詒、伊東倫厚亦從趙說校作「闉（堙）」〔註137〕。許維遹、屈守元從諸說。賴炎元曰：「闉，宮中小門也。『堙』為『闉』之借字。闉，城內重門也，曲城也。」〔註138〕賴說非是，子反何得乘宮中小門而窺宋城？《公羊》何休注謂「堙」指距堙。惠士奇曰：「堙謂羅闉也。《晉語》注云：『張羅闉，去壘五十步而陳，周軍之前後左右，彊弩注矢以誰何，謂之羅闉。』」〔註139〕惠說非是，

〔註137〕伊東倫厚《韓詩外傳詮》（二），《北海道大學文學部紀要》第 26 卷 2 號，1978 年 3 月出版，第 3 頁。

〔註138〕賴炎元《韓詩外傳校勘記》，（香港）《聯合書院學報》第 1 期，1962 年版，第 13 頁。

〔註139〕惠士奇《半農先生春秋說》卷 12，收入《叢書集成三編》第 93 冊，新文豐出版公司 1997 年印行，第 589～590 頁。

「羅闉」與「狗附」相類，用以扞衛〔註140〕，非可乘而窺城。鄭珍則駁趙說改字不當，云：「《說文》：『闉，樓上戶也。』即古『闍』字。知同謹按：《韓詩外傳》卷 2 云云。『乘闉』者，《左傳·成十六年》所謂『楚子登巢車以望晉軍也』，注：『巢車，車上為櫓巢。』蓋於車上作高樓如櫓，其上開戶，可以遠望敵師。故以『闉』名之（趙氏懷玉校《外傳》，據《公羊宣十五年傳》有距堙為上城具，改『闉』作『闍』，謂即『堙』之借。近人校書，不得其義，別求左證，傅會妄改，專輒滋弊，似此不少）。此亦闉即闍之明證。」〔註141〕陳立曰：「按《毛詩·出其東門》傳云云，城門上有臺謂之闍。《詩·靜女》所謂城隅也。故《新序·雜事五》云『天子居闉闍之中』，是也。『闉』即《宣十五年傳》之堙，堙即包城臺言。《韓詩外傳》『司馬子反乘闉而窺宋城』，即堙也，亦即《說文》之『闍』，『闍，樓上戶也』。闍在高處，可以眺望故也。」〔註142〕《詩·出其東門》：「出其闉闍。」毛傳：「闉，曲城也。闍，城臺也。」陳奐曰：「何解（引者按：指何休注）非也，『堙』與『闍』同，以門作闍，以土作堙。堙即包城臺而言。《韓詩外傳》云云，《說文》：『闍，樓上戶也。』段注云：『許書無闉，闍即今闉字。』然則闍在高處可以眺望。『乘闉』與『乘堙』一也。」〔註143〕《御覽》卷 378 引《公羊》作「乘堞」，亦誤。

（2）箝馬而抹（秣）之

按：屈守元曰：「《公羊傳》『箝』作『柑』。何注：『秣者，以粟置馬口中。柑者，以木銜其口，不欲令其食粟，示有畜積。』陳立云：『《後漢書·崔寔傳》「方將拑勒鞬輈以救之」注引何氏此注，「拑」與「鉗」同。經、注「柑」字皆當作「拑」。拑、箝、鉗皆可，惟不得作柑。柑乃果名也。』陳說非是，「柑」乃以木銜口義的專字，與果名之「柑」同形異字。《漢書·五行志》：「臣畏刑而柑口。」亦作「柑」字。《公羊傳·莊公二十四年》孔疏、《文選·陽給事誄》李善注引《公羊傳》作「拑」，《御覽》卷 378 引作「鉗」，皆異體字。

〔註140〕《晉語八》韋昭注：「晝則候遮，夜則扞衛。扞衛謂羅闉狗附也。張羅闉……謂之羅闉。又二十人為曹輩，去壘三百步，畜犬其中，或視前後，或視左右，謂之狗附。皆昏而設，明而罷。」

〔註141〕鄭珍《說文新附考》卷 5，收入《續修四庫全書》第 223 冊，上海古籍出版社 2002 年版，第 324~325 頁。

〔註142〕陳立《公羊義疏》卷 71，收入《續修四庫全書》第 130 冊，第 703 頁。

〔註143〕陳奐《詩毛氏傳疏》卷 7，中國書店 1984 年據漱芳齋 1851 年版影印，無頁碼。

（3）其馬佚而驒吾園，而食吾園之葵

按：周廷寀曰：「驒，讀如展，馬轉臥土中也。」許維遹說同。趙懷玉曰：「《廣韻》：『驒，馬土浴也。』」賴炎元說同趙氏〔註144〕。屈守元曰：「周訓『驒』為『馬轉臥土中』，蓋本《類聚》卷93引《說文》及《玉篇》。」段玉裁、桂馥、王筠、朱駿聲皆引此文以證《說文》〔註145〕，胡吉宣引此文以證《玉篇》〔註146〕，《漢語大字典》引此文解作「馬臥地上打滾」〔註147〕。諸說皆誤。《後村詩話》卷5引同今本，《類聚》卷82、《御覽》卷979節引作「馬佚，食吾園葵」，《列女傳》卷3作「馬佚馳走，踐吾〔園〕葵」〔註148〕，《後漢書·盧植傳》李賢注引《琴操》作「馬逸，蹈吾園葵」。驒，讀為蹍，踐履也，蹈躡也。「驒」乃馬踐躡義之專字。《說文》「馬轉臥土中」者，取展轉為義〔註149〕。二者同形異字。踐躡義之字本作撚，《說文》：「撚，一曰蹂也。」《淮南子·兵略篇》：「前後不相撚，左右不相干。」許慎注：「撚，揉蹈也。」許注「揉」當作「蹂」。《御覽》卷271引「撚」作「蹍」，注作「蹍，蹀蹈也」。字或作蹨，敦煌寫卷P.2011王仁昫《刊謬補缺切韻》：「蹨，蹂。」P.3693《箋注本切韻》：「蹨，踐。」《玉篇》：「蹨，蹀跡也。」《廣韻》：「蹨，蹂蹨。」又「蹨，踐也。」字或作跈、趁，《集韻》：「蹨，蹈也，或作跈、趁。」又「趁，踐也，或作跈、蹍。」字亦作輠、輾，《說文》：「輠，轢也。」又「轢，車所踐也。」桂馥曰：「輠，或作輾，又作碾，又作蹍，《西京賦》：『當見蹍。』薛注：『足所踐為蹍。』又作驒，《韓詩外傳》云云。」〔註150〕此說則得之。車所踐曰輠（輾），馬所踐曰驒，人所踐曰蹍，其義一也。余舊校《外傳》不誤〔註151〕，

〔註144〕賴炎元《韓詩外傳校勘記》，（香港）《聯合書院學報》第1期，1962年版，第14頁。

〔註145〕段玉裁《說文解字注》，上海古籍出版社1981年版，第467頁。桂馥《說文解字義證》，齊魯書社1987年版，第838頁。王筠《說文解字句讀》，中華書局1988年版，第372頁。朱駿聲《說文通訓定聲》，武漢市古籍書店1983年版，第761頁。

〔註146〕胡吉宣《玉篇校釋》卷23，上海古籍出版社1989年版，第4457頁。

〔註147〕《漢語大字典》（第二版），崇文書局、四川辭書出版社2010年版，第4869頁。

〔註148〕「園」字據《類聚》卷82、《御覽》卷147、979引補。

〔註149〕《慧琳音義》卷87引張戩云：「驒，馬展轉也。」

〔註150〕桂馥《說文解字義證》，齊魯書社1987年版，第1262頁。

〔註151〕蕭旭《韓詩外傳補箋》，《文史》第57輯，2001年第4期，第55頁；又收入《群書校補》，廣陵書社2011年版，第450頁。

而失引桂馥後說；又校《列女傳》亦引《玉篇》為說〔註152〕，則非是，亟當訂正。

（4）莊王曰：「則沈令尹也。」

按：趙懷玉曰：「《新序》卷1、《列女傳·賢明篇》『沈令尹』俱作『虞丘子』。」陳喬樅曰：「虞丘子即沈令尹之號。」屈守元曰：「本書卷7：『虞丘於天下，以為令尹，讓于孫叔敖。』《說苑·雜言篇》作『沈尹名聞天下，以為令尹，而讓于孫叔敖。』是虞丘子、令尹沈為一人也（此本向宗魯先生說）。沈尹之名，《呂氏春秋·當染篇》作『蒸』，《尊師篇》作『巫』，《察傳篇》作『筮』，《贊能篇》作『莖』〔註153〕，《新序·雜事五》用《呂覽·尊師篇》文又作『竺』，未知孰是？向先生云：『《治要》引《尊師篇》作筮，又《去宥篇》作華（《渚宮舊事》同）。』」趙懷玉所引《列女傳》見卷2。《列女傳》卷6：「故楚用虞丘子而得孫叔敖。」亦作「虞丘子」。李惇亦指出沈尹即虞邱子〔註154〕。考上博簡（六）《莊王既成》作「醓（沈）尹子桱」〔註155〕，則作「沈尹莖」是正字。「沈」是「寢」音轉，地名。「尹」是官名。「莖」則是人名〔註156〕。虞丘，複姓，亦作「吾丘」、「魚丘」〔註157〕。劉信芳指出此文「令」是衍文〔註158〕。

（5）不敢私願蔽眾美

按：許維遹於「私」上補「以」字，曰：「《列女傳·賢明篇》作『妾不能以私蔽公』。」《治要》卷8引「私」上正有「以」字。

（6）楚史援筆而書之於策曰：「楚之霸，樊姬之力也。」

按：屈守元曰：「《治要》引無『楚史』至『之霸』十三字。《文選·文賦》

〔註152〕蕭旭《列女傳校補》，收入《群書校補（續）》，花木蘭文化出版社2014年版，第818頁。

〔註153〕屈氏誤作「《賢能篇》」，徑正。

〔註154〕李惇說見《群經識小》卷5，收入《續修四庫全書》第173冊，上海古籍出版社2002年版，第46頁。

〔註155〕馬承源主編《上海博物館藏戰國楚竹書（六）》，上海古籍出版社2007年版，第242頁。

〔註156〕參見蕭旭《呂氏春秋校補》，花木蘭文化出版社2016年版，第295～296頁。

〔註157〕參見石繼承《〈漢印複姓的考辨與統計〉三補》，《文史》2015年第4期，第275頁。

〔註158〕劉信芳《包山楚簡解詁》，藝文印書館2003年印行，第9頁。

注、《贈白馬王彪詩》注引並有。」屈校未晰，《文選・文賦》注僅引「楚史援筆而書之於策」九字，《贈白馬王彪》注引「楚史援筆而書於策」八字，《玉海》卷 46 引「楚史援筆而書之策」八字。

（7）閔子騫始見於夫子，有菜色，後有芻豢之色

按：屈守元曰：「《說郛》卷 80 引無『於』字。」《御覽》卷 388、《類說》卷 38 引亦無「於」字。芻，《御覽》引作「蒭」。

（8）夫子內切瑳以孝，外為之陳王法

按：賴炎元曰：「《說文》：『瑳，玉色鮮白。』治象齒，人之鮮白如玉，故謂之瑳。」〔註159〕賴氏誤解「瑳」為名詞。屈守元曰：「瑳，薛本作『磋』，程本、胡本皆同；元本作『瑳』，蘇、沈、毛本同。《說文》：『瑳，玉色鮮白。』〔註160〕《石部》無『磋』字。《爾雅》：『象謂之磋。』今從元本。」《御覽》卷 388 引作「磋」。磋、瑳，正、俗字，取摩擦為義，俗字亦作「搓」。此「瑳」是治玉義之專字，與「玉色鮮白」之「瑳」同形異字。《論衡・量知》：「骨曰切，象曰瑳，玉曰琢，石曰磨。」亦同。

（9）二者相攻胸中，而不能任

按：任，《類說》卷 38 引形誤作「往」。《御覽》卷 378 引《尸子》：「兩心相與戰，今先王之言勝，故肥。」《韓子・喻老》：「兩者戰於胸中，未知勝負，故臞。今先王之義勝，故肥。」任亦勝也。

（10）口欲味，心欲佚，教之以仁；心欲兵，身惡勞，教之以恭；好辯論而畏懼，教之以勇；目好色，耳好聲，教之以義

按：周廷寀、陳喬樅並改「兵」作「安」，許維遹、屈守元、賴炎元、伊東倫厚從其說〔註161〕。吳汝綸曰：「兵，此字疑誤。」〔註162〕趙幼文曰：「陳

〔註159〕賴炎元《韓詩外傳校勘記》，（香港）《聯合書院學報》第 1 期，1962 年版，第 15 頁。

〔註160〕屈氏引「白」誤作「明」，徑正。

〔註161〕賴炎元《韓詩外傳校勘記》，（香港）《聯合書院學報》第 1 期，1962 年版，第 17 頁。伊東倫厚《韓詩外傳校詮》（二），《北海道大學文學部紀要》第 26 卷 2 號，1978 年 3 月出版，第 19 頁。

〔註162〕吳汝綸《易說》第 2 冊，收入《續修四庫全書》第 38 冊，上海古籍出版社 2002 年版，第 405 頁。

喬樅曰：『舊譌作「兵」，語不可解，當是「安」字之誤，今為校正。』按：
疑『兵』為『佚』字之訛。『佚』或作『失』，與『兵』形近致誤。下文曰『身
惡勞』，古書『勞』、『佚』二字多相對成文，陳說恐未允。」〔註163〕趙說亦
未允，改作「佚」，與上文犯複。「兵」疑「利」字之誤。《荀子·性惡》：「若
夫目好色，耳好聲，口好味，心好利，骨體膚理好愉佚，是皆生於人之情性
者也。」又《王霸》：「故人之情，口好味而臭味莫美焉，耳好聲而聲樂莫大
焉，目好色而文章致繁婦女莫眾焉，形體好佚而安重閒靜莫愉焉，心好利而
穀祿莫厚焉。」

（11）高牆豐上激下，未必崩也

按：賴炎元曰：「激，與『磽』通，險峻不平。」伊東倫厚曰：「激，讀
磽、墝、磽、墝。豐膏、磽确語相對。」〔註164〕屈守元曰：「《說苑·建本篇》
作『豐墙墝下』，俞依以校此作『高牆豐上墝下』。此文『激』當為『墝』，字
之誤也。《說文》：『墝，磽也。』『墝』、『磽』音義並同。俞不識『墝』字，
故為妄改。字又作『墝』。磽，薄也。」屈氏譏俞不識字，厚誣前人。俞樾依
此文校《說苑》作「高牆豐上墝下」〔註165〕，非依《說苑》校此文，《說苑》
「墝」字固不當改作。磽訓薄者，指堅硬貧瘠的薄田，非此文之誼。《漢語大
字典》：「墝，同『墝』，土地不平。《集韻》：『墝，土不平，或作墝。』《說苑》
云云。」〔註166〕亦非是。激、墝，並讀為枵，《說文》：「枵，木皃〔註167〕。
《春秋傳》曰：『歲在玄枵。玄枵，虛也。』」《左傳·襄公二十八年》：「玄枵，
虛中也。枵，耗名也。」《爾雅》：「玄枵，虛也。」枵謂木中空虛。字亦作呺、
詻，省作号。《莊子·逍遙遊》：「剖之以為瓢，則瓠落無所容，非不呺然大也。」
《釋文》：「呺然，本亦作号。李云：『号然，虛大貌。』崔作詻，簡文同。」
《文選·永初三年七月十六日之郡初發都》李善注引作「枵然」。墝下者，指
牆基空虛。

〔註163〕趙幼文《〈韓詩外傳〉識小》，《金陵學報》第8卷第1、2期合刊，1938年版，
　　　　　第107頁。
〔註164〕伊東倫厚《韓詩外傳校詮》（二），《北海道大學文學部紀要》第26卷2號，
　　　　　1978年3月出版，第20頁。
〔註165〕俞樾《諸子平議補錄·說苑》，中華書局1956年版，第125頁。
〔註166〕《漢語大字典》（第二版），崇文書局、四川辭書出版社2010年版，第521
　　　　　頁。
〔註167〕「木皃」從《繫傳》本，大徐本作「木根也」。

（12）草木根荄淺，未必撅也

按：周廷案曰：「『撅』字《說苑》從厥旁木，蓋古通。」賴炎元曰：「《集韻》：『撅，撥也。』」〔註168〕賴氏又曰：「撅，與『蹶』字通，倒下。」屈守元曰：「《治要》、《文選·陶徵士誄》注引『撅』並作『橜』，周云云。案：《廣雅》：『撅，搔也。』《廣韻》：『撅，撥物也。』作『撅』者為是，盧文弨校《說苑》改橜為撅，向先生《校證》從之。」天明刊本《治要》卷8引作「橜」，日本古鈔本引作「橜」，是「撅」字。《文選·陶徵士誄》：「違眾速尤，迕風先蹙。」李善注引此文作「撅」，屈氏失檢。賴氏後說讀撅為蹶（蹷），是也。劉良注：「蹷，倒也。」《說文》：「蹶，僵也。」下文「飄風興，暴雨墜，則撅必先矣」，《說苑·建本》作「飄風起，暴雨至，拔必先矣」。拔則蹶矣，其義相因。《左傳·襄公十九年》：「是謂蹶其本。」杜預注：「蹶，猶拔也。」孔疏：「蹶者，倒也。」《漢書·賈誼傳》：「猶曰蹶六國。」顏師古注：「蹶，謂拔而取之。」屈氏引雅、韻，並非其誼。日本古鈔本《治要》天頭引《說文》「撅，手有所把也」，亦非是。《廣雅》：「荄，根也。」王念孫曰：「《爾雅》云：『荄，根。』郭注云：『俗呼韭根為荄。』《韓詩外傳》云：『草木根荄淺。』根荄之言根基也。古聲『荄』與『基』同。《易》：『箕子之明夷。』劉向云：『今《易》箕子作荄滋。』（引者按：見《釋文》引）《淮南·時則訓》：『爨萁燧火。』高誘注云：『萁，讀該備之該。』是其例也。」〔註169〕北大漢簡（三）《儒家說叢》：「辟（譬）若秋蓬之美其支（枝）葉而惡其根萁也，見時風至而厥（蹶）矣。」《文子·符言篇》「根萁」作「根荄」。《古文苑》卷13班固《十八侯銘》：「遭兄食其。」宋九卷本「其」作「骸」，即「其」音誤。《韻補》卷1「皆」字條：「古皆、荄與箕音同。」《古文苑》卷12邯鄲淳《魏受命述》：「樹深根以厚基，播醇澤以釀味。」基讀為荄，亦根也。皆其音轉之證。

（13）一旦有非常之變

按：旦，《說苑·建本》同，《治要》卷8引誤作「且」。

〔註168〕賴炎元《韓詩外傳校勘記》，（香港）《聯合書院學報》第1期，1962年版，第17頁。

〔註169〕王念孫《廣雅疏證》，收入徐復主編《廣雅詁林》，江蘇古籍出版社1992年版，第879頁。

（14）迫然禍至，乃始憂愁

按：屈守元曰：「《治要》引『迫然』作『汩然』，《說苑》作『指而』。而猶然也，汩、迫、指並誤字，當作榾，榾借為習。《說文》：『習，出氣詞也。從曰〔註170〕，象氣出也。』今通用『忽』字。下章：『桀榾然而抃。』今本『榾』訛為『相』，《新序·刺奢》又訛作『拍』。」屈說全本下章「桀相然而抃」許瀚校語，另詳下文。朱季海曰：「『指』疑『迫』之形訛，『而』、『然』古今語。」余舊說云：「『指』為『拍』形誤。拍、迫讀為敀，《說文》：『敀，迮也。』即『突然』之義。字或作魄，《賈子·憂民》：『魄然事困，乃驚而督下。』《白虎通·情性》：『魄者，迫然著人主于性也。』此『迫然』連文之證。」〔註171〕今謂《治要》引作「汩然」，亦有理據。「汩」字形最相近。「汩然」音轉則作「滑然」，亦「忽然」之音轉。《荀子·議兵篇》：「君臣上下之閒滑然有離德者也。」本書卷3作「突然」〔註172〕。

（15）執法厭文

按：伊東倫厚引岡本保孝曰：「高注：『厭，持也。川目氏云：『厭、按一音之轉。』孝云：厭，一指按也，見《說文》。」〔註173〕屈守元曰：「《淮南子·詮言篇》作『厭文搔法』，高誘注云：『厭，持也。搔，勞也。』」《詮言篇》是許慎注，非高注。川目氏說是也，朱駿聲讀厭為擪〔註174〕，亦是也。本書卷7：「厭目曲脊。」《荀子·解蔽》：「厭目而視者，視一以為兩。」楊倞注：「厭，指按也。」《文選·笙賦》：「厭焉乃揚。」李善注：「厭，亦作擪。擪謂指擪也。」亦其例。俗作「捻」，《淮南子·說林篇》：「使但吹竽，使氏厭竅。」《文子·上德》作「捻」。許氏搔訓勞者，朱駿聲讀為慅以申之〔註175〕。楊樹達謂搔讀為操，與「執」同義〔註176〕。楊說是。

（16）決江流河者，禹也

〔註170〕屈氏「曰」誤作「白」，徑正。
〔註171〕蕭旭《韓詩外傳補箋》，《文史》第57輯，2001年第4期，第55頁；又收入《群書校補》，廣陵書社2011年版，第450頁。
〔註172〕參見蕭旭《荀子校補》，花木蘭文化出版社2016年版，第305～306頁。
〔註173〕伊東倫厚《韓詩外傳校詮》（二），《北海道大學文學部紀要》第26卷2號，1978年3月出版，第24頁。
〔註174〕朱駿聲《說文通訓定聲》，武漢市古籍書店1983年版，第138頁。
〔註175〕朱駿聲《說文通訓定聲》，武漢市古籍書店1983年版，第271頁。
〔註176〕楊樹達《淮南子證聞》，上海古籍出版社2006年版，第141頁。

按：許維遹曰：「流，崇文本、周本作『疏』。本或作『疏』，與《類聚》卷 20、《御覽》卷 401 引合，今據正。《呂氏春秋·愛類篇》：『禹於是疏河決江。』《淮南子·主術訓》亦有『禹決江疏河』語。」趙懷玉本亦作「疏」。賴炎元曰：「作『疏』是。《淮南子·詮言訓》作『決河濬江』者，濬、疏義通。」〔註177〕屈守元曰：「流，程本作『疏』，《類聚》及《御覽》引亦作『疏』，今從元本，蘇；沈、毛諸本皆同。《淮南子》作『決河濬江』。」許、賴校是，四庫本、趙校本亦作「疏」。屈氏不從唐、宋本，而從元本，殊可怪也。《新語·道基》：「禹乃決江疏河，通之四瀆，致之於海。」《淮南子·脩務篇》亦言「禹決江疏河」，《風俗通義·山澤》同。《白虎通義·聖人》引《禮》：「禹耳三漏，是謂大通，興利除害，決河疏江。」《漢書·司馬相如傳》：「決江疏河，灑沈澹災，東歸之於海。」皆其確證。《孟子·滕文公上》：「禹疏九河，瀹濟、漯，而注諸海；決汝、漢，排淮、泗，而注之江，然後中國可得而食也。」趙岐注：「疏，通也。」亦其證。《韓子·顯學》：「昔禹決江濬河而民聚瓦石。」《淮南子·泰族》：「禹鑿龍門，辟伊闕，決江濬河。」「濬」同「濬」。

（17）聽獄執中者，皋陶也

按：趙善詒曰：「《淮南子·詮言篇》『執』作『制』。《長短經·適變篇》引《尸子》『執』作『折』。執、制古音通叚。朱氏起鳳云：『制、折古讀同聲。執、折同音通叚。』朱說甚是。」許維遹、王叔岷、屈守元、何寧亦謂「制、折相通」〔註178〕。《類聚》卷 20、《御覽》卷 401 引並同今本作「執中」。《路史》卷 16 亦言絲（陶）「聽獄執中」。本書卷 10、《管子·小匡》、《呂氏春秋·勿躬》、《新序·雜事四》並有「決獄折中」語。

（18）言不疾，措血至者死

按：周廷寀曰：「『指』字屬上為句。若《新序》則屬下為句，云『指不至血者死』也。」趙懷玉據《晏子春秋·雜上篇》、《新序·義勇篇》校作「指不至血者死」，趙善詒、許維遹從其說。石光瑛曰：「疾，速也。心不誠則言不

〔註177〕賴炎元《韓詩外傳校勘記》，（香港）《聯合書院學報》第 1 期，1962 年版，第 18 頁。

〔註178〕王叔岷《淮南子斠證》，收入《諸子斠證》，中華書局 2007 年版，第 412 頁。何寧《淮南子集釋》，中華書局 1998 年版，第 1000 頁。

速。以指歃血為盟誓，無血則殺之。周分《外傳》與本書為兩讀，非也。趙校是。」〔註179〕賴炎元曰：「趙校是也。『指』本或作『措』者，以形近而誤也。」〔註180〕伊東倫厚從賴說〔註181〕。屈守元曰：「指，沈本、毛本作『措』，今從元本，薛、程、胡、唐諸本皆同。《說郛》卷80引亦作『指』。趙校是也。惟『指』乃誤字，當作『揩』。《說文》：『揩，刺也。』蓋『揩』脫為『措』，不知者又改為『指』耳。」余舊說謂作「措」不誤，借為揩〔註182〕。趙校是也，「指」字不誤，指手指。《後漢書·馮衍傳》李賢注引《晏子》同今本，《資治通鑑外紀》卷7、《冊府元龜》卷903亦同。

（19）嬰不之革也

按：革，《晏子春秋·內篇雜上》同。本書卷4：「君若弗革，天殃必降，而誅必至矣，君其革之。」義同。本書卷10：「叟其革之矣。」《新序·雜事四》作「更」。《史記·魯仲連列傳》「矯國更俗」，《戰國策·齊策六》「更」作「革」。《說文》：「諽，一曰更也。」此是聲訓。更、革一聲之轉，音轉亦作「改」，復轉作「代」。本書卷6：「於是改操易行。」《賈子·先醒》作「革心易行」。《方言》卷3：「更，代也。」《說文》：「改，更也。」又「更，改也。」《玄應音義》卷14引《說文》：「革，更也。」《玉篇》：「革，改也。」皆以雙聲互訓。段玉裁曰：「革，更也，二字雙聲。」〔註183〕朱駿聲曰：「革，叚借為改，為更。改、更、革一聲之轉。」〔註184〕黃侃曰：「『代』同『改』。」又「『革』本義當為皮革，改革即借為改。」〔註185〕石光瑛曰：「更，革也，改也，皆雙聲字。」又曰：「更、革一聲之轉。」又曰：「革，更也，二字聲轉，與『易』同義。」又曰：「革，更也，改也，三字一音之轉。」〔註186〕

〔註179〕石光瑛《新序校釋》，中華書局2001年版，第1021頁。
〔註180〕賴炎元《韓詩外傳勘記》，（香港）《聯合書院學報》第1期，1962年版，第19頁。
〔註181〕伊東倫厚《韓詩外傳校詮》（二），《北海道大學文學部紀要》第26卷2號，1978年3月出版，第30頁。
〔註182〕蕭旭《韓詩外傳補箋》，《文史》第57輯，2001年第4期，第55頁；又收入《群書校補》，廣陵書社2011年版，第451頁。
〔註183〕段玉裁《說文解字注》，上海古籍出版社1981年版，第107頁。
〔註184〕朱駿聲《說文通訓定聲》，武漢市古籍書店1983年版，第209頁。
〔註185〕黃侃《說文同文》、《說文段注小箋》，並收入《說文箋識四種》，上海古籍出版社1983年版，第42、154頁。
〔註186〕石光瑛《新序校釋》，中華書局2001年版，第113、577、818、844頁。

朱季海曰：「『更』謂之『革』，齊語也。」〔註187〕西漢人名「革產」、「革生」，施謝捷指出與常見人名「更生」取意相同〔註188〕，其說是也，而未悟「革」、「更」一音之轉，尚隔一間。

（20）楚昭王有士曰石奢

按：趙懷玉曰：「《史記·循吏傳》、《新序·節士篇》所載同，《呂氏春秋·高義篇》作『石渚』，《渚宮舊事》同。」屈守元曰：「奢、渚並從『者』得聲，古韻同部。《法苑珠林》卷62引《說苑》及《漢書·古今人表》亦作『石奢』。」孔本《書鈔》卷37引《呂氏》作「石奢」。《書鈔》卷53引《新序》誤作「石奮」。

（21）其為人也，公而好直

按：趙懷玉據《御覽》卷438引文於「公」下增「正」字。陳喬樅說同趙氏，許維遹從趙、陳說，並引《新序》證之。賴炎元曰：「《呂覽》作『公直無私』，《新序·節士》作『公正而好義』。《御覽》卷438引『公』下有『正』字。此當據《新序》、《御覽》補『正』字。」〔註189〕屈守元曰：「趙校是也。《冊府元龜》卷617用此文，作『公正好直』。《新序》作『公正而好義』。並有『正』字。《呂氏春秋》作『公直無私』，《史記》作『堅直廉正，無所阿避』。」「直」形譌作「宜」，因又音誤作「義」。《書鈔》卷53、《類聚》卷49引《新序》已誤作「義」〔註190〕，S.1441《勵忠節鈔》、《資治通鑑外紀》卷9誤同。

（22）王使為理

按：屈守元曰：「《呂氏春秋》『理』字作『政』，《渚宮舊事》同。按：《史記》云：『石奢者，楚昭王相也。』《法苑珠林》卷62引《說苑》云：『石奢，楚人，昭王時為令尹。』則此『為理』即『為政』之意，與下章《晉文侯使李離為大理章》『理』乃官名者異義。」屈說非是，「理」正是官名。《呂氏》作

〔註187〕朱季海《新序校理》，中華書局2011年版，第210頁。

〔註188〕施謝捷《漢印文字校讀札記（十五則）》，《中國文字學會第四屆學術年會論文集》，陝西師範大學2007年8月8日～11日；又載於《中國文字學報》第2輯，商務印書館2008年版，第82～83頁。

〔註189〕賴炎元《韓詩外傳校勘記》，（香港）《聯合書院學報》第1期，1962年版，第20～21頁。

〔註190〕宋刊本、嘉靖胡纘宗刊本《類聚》「義」字恰是缺文，此據四庫本。

「為政」者，泛言其作官耳。《新序》同此文，《書鈔》卷 53 引《新序》作「廷理」，S.1441《勵忠節鈔》、《通典》卷 25、《玉海》卷 123、《職官分紀》卷 19 引《新序》作「大理」。《渚宮舊事》卷 1：「廷理箴尹、克黃、石奢。」亦謂石奢作廷理。《類聚》卷 49「廷尉」下引《新序》「王使為理」，是亦以「理」即秦代之「廷尉」也。又稱作「大理」，下章云：「晉文侯使李離為大理。」《書鈔》卷 53、《御覽》卷 231 引作「理」，下文「使臣為理」亦作「理」。《史記·循吏傳》：「李離者，晉文公之理也。」《新序·節士》：「晉文公反國，李離為大理。」此其證一。《管子·法法》：「皋陶為李。」「李」即「理」，同音通借。《淮南子·主術篇》：「皋陶瘖（喑）而為大理。」〔註 191〕《說苑·君道》、《漢書·東方朔傳》：「皋陶為大理。」此其證二。

（23）弛罪廢法

按：屈守元曰：「《史記》云：『廢法縱罪。』《法苑珠林》引《說苑》同。」《呂氏春秋·高義》、《渚宮舊事》卷 2 作「阿有罪廢國法」。《新序·節士》作「弛罪廢法」，《書鈔》卷 53 引作「施罪廢法」，《類聚》卷 49 引作「弛罪法」。「弛」同「弛」，「施」則借字。

（24）刎頸而死乎廷

按：許維遹曰：「《呂氏春秋·高義篇》『刎頸』作『歿頭』，刎、歿義同。」屈守元曰：「《呂覽》作『歿頭乎王廷』。俞樾以為『歿』乃『歾』字誤。歾即刎也。」許維遹說同俞氏，其說並本於王念孫《荀子雜志》〔註 192〕。刎頸，《新序》、《渚宮舊事》卷 2 同，《史記》、S.1441《勵忠節鈔》作「自刎」。頭，當讀為脰，亦頸也〔註 193〕。

（25）故為人父者則願以為子，為人子者則願以為父，為人君者則願以為臣，為人臣者則願以為君

按：屈守元曰：「《戰國策·秦策一》：『昔者子胥忠其君，天下皆欲以為

〔註 191〕《文子·精誠》「瘖」作「喑」。
〔註 192〕 王念孫《呂氏春秋校本》，轉引自張錦少《王念孫〈呂氏春秋〉校本研究》，《漢學研究》第 28 卷第 3 期，2010 年出版，第 316 頁。王氏《荀子雜志》亦云：「歿頭即刎頭也。」收入《讀書雜志》卷 11，中國書店 1985 年版，本卷第 57 頁。
〔註 193〕 參見蕭旭《呂氏春秋校補》，花木蘭文化出版社 2016 年版，第 351 頁。

臣；孝己愛其親，天下皆欲以為子。』」《秦策一》又曰：「孝己愛其親，天下欲以為子；子胥忠乎其君，天下欲以為臣。」《秦策五》：「曾參孝其親，天下願以為子；子胥忠於君，天下願以為臣；貞女工巧，天下願以為妃。」《史記・張儀傳》：「昔子胥忠於其君，而天子爭以為臣；曾參孝於其親，而天下願以為子。」

（26）子路率爾而對曰

按：朱季海曰：「率爾，《說苑・尊賢篇》作『屑然』者，以當時語代之。」屈守元曰：「《集語》引『率爾』作『屑然』，《說苑》、《家語》、《子華子》並同。王肅云：『屑然，恭貌。』率然，輕舉之貌。是『率爾』之義與『屑然』不符，疑『率爾』本作『屑爾』，義如王注。」屈氏所引王肅注「屑然，恭貌」，今本《家語》注無此語，未詳所出。《冊府元龜》卷 791 作「率爾」，蓋用此文。《集韻》、《類篇》並云：「屑，不獲已也。」屑然，勉強貌。朱起鳳謂「率」為「卒」誤，又謂「屑、率聲近」〔註194〕，其說聲近是也，而以為「卒」之誤則非是。趙善詒謂「卒（率）、屑聲進（近）」，當即襲自朱起鳳說。

（27）聞之於夫子，士不中道相見，女無媒而嫁者，君子不行也

按：周廷案曰：「《家語・致思》作『士不中間見』，王注：『中間，謂紹介也。』」趙懷玉曰：「士不中道相見，此語譌，《御覽》卷 402 作『士不中間而見』，注云：『中間，謂介紹。』」賴炎元從趙說〔註195〕。趙幼文曰：「陳喬樅曰：『《御覽》卷 402 引《說苑》作「士不中間而見」，注云：「中間，謂介紹也。」今據校正。』」按：疑此文本作『士不中相見』，無『道』字，『中』即介紹也。」〔註196〕許維遹曰：「『道』與『導』同。導，引也。然則中導猶中間耳。」賴炎元又曰：「中道，道中，道路當中。」伊東倫厚引川目氏曰：「『中道』淆次。道，由也。不由中，不待紹介也。」〔註197〕屈守元曰：「《御覽》卷 402 所引乃《說苑》文，今《說苑》奪『間』字，盧文弨已據以校補。

〔註194〕朱起鳳《辭通》卷 7，上海古籍出版社 1982 年版，第 643 頁。
〔註195〕賴炎元《韓詩外傳校勘記》，（香港）《聯合書院學報》第 1 期，1962 年版，第 22 頁。
〔註196〕趙幼文《〈韓詩外傳〉識小》，《金陵學報》第 8 卷第 1、2 期合刊，1938 年版，第 107 頁。
〔註197〕伊東倫厚《韓詩外傳校詮》（二），《北海道大學文學部紀要》第 26 卷 2 號，1978 年 3 月出版，第 41 頁。

此文『道』字當亦『間』字之譌。」《御覽》卷 402 注作「中間，謂紹介也」，即用王肅注，趙、陳引誤倒作「介紹」。《子華子・孔子贈》亦作「士不中間見」。《孔叢子・雜訓》：「士無介不見，女無媒不嫁。」間、介一音之轉。《孟子・盡心下》：「山徑之蹊間介然，用之而成路。」則合言作「間介」。此文作「道」，讀為導，導引、介紹之義。許說是，屈氏謂訛字，非也。

（28）且夫齊程本子，天下之賢士也

按：屈守元曰：「《集語》引『且夫』二字作一『今』字，《說苑》、《家語》並同。」且，猶今也〔註 198〕，《子華子》亦作「今」。

（29）吾於是而不贈，終身不之見也

按：屈守元曰：「《說苑》作『於是不贈，終身不見』。《家語》作『於斯不贈，則終身弗能見也』，《子華子》同。」之，猶能也〔註 199〕。

（30）旁行不流，應物而不窮

按：趙幼文曰：「《易・繫詞（辭）上》作『旁行而不流』，此挩『而』字，當據補，方與下文『應物而不窮』句相儷。」〔註 200〕賴炎元曰：「『旁』通『溥』，普徧廣大的意思。流，放縱流蕩。」屈守元曰：「《易・繫辭上》：『旁行而不流。』韓康伯注云：『應變旁通，而不流淫也。』此文『不流』上似脫『而』字。」《易・釋文》：「流，如字，京作留。」《鄧子・無厚》：「方行而不流。」《文子・下德》：「方行而不留。」《淮南子・主術篇》作「方行而不流」。馬王堆帛書《十大經・本伐》：「是以方行不留。」流，讀為留，留滯、留止〔註 201〕。王引之曰：「旁，古通作『方』。《淮南・主術篇》曰：『方行而不流。』旁之言溥也，徧也。韓伯曰：『應變旁通而不流淫。』失之。旁、溥、徧一聲之轉。」〔註 202〕朱駿聲曰：「流，叚借為留。《易・繫辭傳》：『旁行而不流。』」〔註 203〕二氏說皆得之。本書卷 3：「無有流滯。」

〔註 198〕 參見王引之《經傳釋詞》，嶽麓書社 1984 年版，第 176 頁。

〔註 199〕 參見蕭旭《古書虛詞旁釋》，廣陵書社 2007 年版，第 335～336 頁。

〔註 200〕 趙幼文《〈韓詩外傳〉識小》，《金陵學報》第 8 卷第 1、2 期合刊，1938 年版，第 107～108 頁。

〔註 201〕 參見蕭旭《馬王堆帛書〈經法〉四種古佚書校補》，收入《群書校補》，廣陵書社 2011 年版，第 22 頁。

〔註 202〕 王引之《經義述聞》卷 2，江蘇古籍出版社 1985 年版，第 55 頁。

〔註 203〕 朱駿聲《說文通訓定聲》，武漢市古籍書店 1983 年版，第 258 頁。

《荀子‧王制》作「滯留」，亦其例。旁行即方行，猶言周行。《周易集解》引九家易曰：「旁行，周合。」是也。《老子》第 25 章：「周行而不殆。」羅運賢曰：「殆、佁同聲通用。《司馬相如傳》『佁儗』，張揖訓為不前。不前，凝止之意也。故『不殆』猶不止，與周行義相成。《管子‧法法篇》『旁行而不疑』，俞樾讀疑為礙，正與此文同趣。」〔註 204〕羅說是也。何炳棣說《老子》「不殆」「可能是受《孫子》『百戰不殆』名句的影響」〔註 205〕，何氏不達訓詁，僅從字詞表面相同的聯繫就妄下結論，是淺薄而危險的研究方法。敦煌寫卷 S.2506《文子》「留」作「員」者，形近而誤。余舊說又讀留為流，讀員為運〔註 206〕，皆誤。《周易集解》引侯果曰：「應變旁行，周被萬物而不流淫也。」《朱子語類》卷 74 解作「言其道旁行而不流於偏也」。尚秉和曰：「至岁終而周合無餘，故曰不流。流，溢也。」〔註 207〕高亨曰：「旁當讀為方。方，正直也。」〔註 208〕諸說皆誤。

（31）商容嘗執羽籥，馮於馬徒，欲以伐紂而不能

按：牟庭曰：「『伐』當作『化』，《困學紀聞》卷 2 引此傳正與今本同，惟《史記索隱》引作『欲以化紂而不能』。蓋唐時本尚不誤。《史記‧樂毅傳》云：『紂之時，商容不達，身祗辱焉，以冀其變。』據此，則『身祗辱』即所謂『馮於馬徒』也，『冀其變』即所謂『所（欲）以伐紂』也，安得有伐紂之事乎？」〔註 209〕許維遹從牟說，徐宗元亦襲其說〔註 210〕。伊東倫厚引岡本

〔註 204〕 羅運賢說轉引自朱謙之《老子校釋》，中華書局 1984 年版，第 101 頁。所引《管子》，當出《兵法》「傍通而不疑」，疑其誤記。

〔註 205〕 何炳棣《中國思想史上一項基本性的翻案：〈老子〉辯證思維源於〈孫子兵法〉的論證》，收入何炳棣《有關〈孫子〉〈老子〉的三篇考證》，臺灣中央研究院近代史研究所 2002 年版，第 13 頁。

〔註 206〕 蕭旭《敦煌寫卷〈文子〉校補》，收入《群書校補》，廣陵書社 2011 年版，第 1248 頁。蕭旭《鄧析子校補》，收入《群書校補（續）》，花木蘭文化出版社 2014 年版，第 2551 頁。

〔註 207〕 尚秉和《周易尚氏學》，中華書局 1980 年版，第 291 頁。

〔註 208〕 高亨《周易大傳今注》，收入《高亨著作集林》卷 2，清華大學出版社 2004 年版，第 550 頁。

〔註 209〕 「所」當作「欲」，許維遹引已誤，屈守元誤同。屈氏謂牟氏語出《周公年表》，今檢《周公年表》無此說，疑出牟氏《詩切》，待檢。牟庭《周公年表》，收入《叢書集成續編》第 259 冊，臺灣新文豐出版公司 1988 年版，第 457~461 頁。

〔註 210〕 徐宗元《韓詩外傳札記》，《文史》第 26 輯，中華書局 1986 年版，第 351 頁。

保孝亦校作「化」〔註211〕。趙善詒曰：「《史記·留侯世家》《索隱》引『伐』作『化』，於下文義似順，然於上『執羽籥，馮於馬徒』句，不可解矣。」賴炎元曰：「馮，與『憑』通，依靠。」屈守元曰：「馮，依也。『馮』與『憑』同。《索隱》引『伐紂』作『化紂』，《通鑑》卷10胡注引同。牟說全不足據，《索隱》所引不過偶誤『伐』為『化』，《通鑑》胡注則直鈔《索隱》，並未檢《韓傳》原書。如欲『化紂』，何必『馮於馬徒』？許維遹竟改『伐』為『化』，何其魯莽如此？改『伐』為『化』，則下文商容『愚且無勇』之辭，亦無已據，何以必令商容效愚忠於紂也！」屈氏全書於趙善詒《補正》及許維遹《集釋》基本不引〔註212〕，化用其說者不可勝舉，而忽於此處大肆伐許，亦足異也。而其識斷又全誤。《資治通鑑外紀》卷3作「憑」。馮、憑，並讀為朋〔註213〕。朋於馬徒者，與馬徒為群也。牟說是也，石光瑛說同〔註214〕。商容與馬徒為群，自居下賤，正其化紂之舉。下文商容自稱不能化紂，是愚也；不能以死諫諍而隱，是無勇也。沈欽韓曰：「《燕策》燕王以書謝樂間曰：『君雖不得意乎，未如商容、箕子之累也。』《呂覽·離謂篇》：『箕子、商容以此窮。』又《鶡冠子·備知篇》：『商容拘。』按商容與箕子同科，不舉伐紂之事，《外傳》妄也。」〔註215〕沈氏亦不知「伐」是誤字。諸書言商容累者、窮者、拘者，亦指馮於馬徒而言。

（32）吾常馮於馬徒，欲以伐紂而不能

　　按：常，元本、薛本同，《廣博物志》卷16引同；寶曆本、四庫本、唐本作「嘗」，《困學紀聞》卷2引亦作「嘗」，《資治通鑑外紀》卷3同。屈守元本作「嘗」而失校，又「伐」誤作「代」。常，讀為嘗。

〔註211〕　伊東倫厚《韓詩外傳校詮》（二），《北海道大學文學部紀要》第26卷2號，1978年3月出版，第44頁。

〔註212〕　屈書第219頁引許說一次，第218頁引或說讀慰為畏，則是趙善詒說。屈書第296頁駁趙、許說，此引二氏說僅見者。趙少咸亦謂「慰、畏同音」，其說轉引自趙幼文《〈韓詩外傳〉識小》，《金陵學報》第8卷第1、2期合刊，1938年版，第109頁。

〔註213〕　相通之例參見張儒、劉毓慶《漢字通用聲素研究》，山西古籍出版社2002年版，第76～77頁。

〔註214〕　石光瑛《新序校釋》，中華書局2001年版，第350頁。

〔註215〕　沈欽韓《漢書疏證卷》卷8，收入《續修四庫全書》第266冊，上海古籍出版社2002年版，第237頁。

（33）愚且無勇，不足以備乎三公

按：《廣韻》：「備，副也。」《左傳・哀公十五年》：「寡君使蓋備使，弔君之下吏。」杜預注：「備，猶副也。」《漢書・翟方進傳》：「起視事，以為身備漢相，不敢踰國家之制。」二例「備」同義，當讀為陪，副貳。《詩・蕩》：「以無陪無卿。」毛傳：「無陪貳也，無卿士也。」《釋文》：「陪，本又作培。」孔疏：「陪貳，謂副貳。王者則三公也。」諸侯之臣稱於天子曰陪臣。

（34）晉文侯使李離為大理

按：趙懷玉據《御覽》卷231所引刪「大」字，許維遹從其說；趙善詒、賴炎元亦謂衍「大」字〔註216〕。屈守元已指出趙說誤，另詳上文校補。

（35）夫無能以事君，闇行以臨官

按：許維遹曰：「『無』疑當作『誣』，聲之誤也。《管子・法法篇》：『今以誣能之臣，事私國之君。』又云『忠臣不誣能以干爵祿。』《韓非子・八姦篇》：『是以賢者不誣能以事其主。』並其證。《新序・節士篇》作『無能以臨官，藉汙以治人。』『無』亦當作『誣』。今本《外傳》蓋後人據誤本《新序》妄改。」「無」讀為誣，其例甚多，不當改字。《周易・繫辭下》「誣善之人其辭游」，馬王堆帛書本「誣」作「無」。《論語・先進》「風乎舞雩」，海昏侯漢簡「舞」作「巫」。馬王堆帛書《式法・上朔》神名「無鈘」，另一處又作「無𥏋」，程少軒讀為「巫咸」〔註217〕。《莊子・天運篇》「巫咸」，中村不折藏敦煌本《莊子》作「無咸」。《國語・周語下》：「迂則誣人。」《漢書・賈誼傳》同，《賈子・禮容語下》「誣」作「無」。《賈子・耳痺》：「誣神而逆人。」建本「誣」作「無」。《公羊傳・莊公三十二年》：「飲之無僂氏。」《釋文》：「無，本又作巫。」《周禮・職方氏》：「其山鎮曰醫無閭。」《漢書・地理志》顏注引「無」作「巫」。「醫無閭」亦見《爾雅・釋地》，《淮南子・墜形篇》作「醫毋閭」。《漢書・地理志》遼東郡有「無慮縣」，顏注：「即所謂醫巫閭。」《後漢書・郡國志》：「遼東屬國無慮縣有醫無慮山。」孫詒讓謂「無、毋、巫聲

〔註216〕賴炎元《韓詩外傳校勘記》，（香港）《聯合書院學報》第1期，1962年版，第22頁。
〔註217〕程少軒《據清華（四）說馬王堆〈式法〉的「巫咸」》，復旦大學古文字網站2014年1月17日。《長沙馬王堆漢墓簡帛集成》第5冊改稱作《陰陽五行》甲篇，亦讀為「巫咸」，中華書局2014年6月出版，第73頁。

並相近……皆一山也」〔註218〕。《論語·子張》:「君子之道焉可誣也?」《釋文》:「誣,音無。」《漢書·薛宣傳》「誣」作「憮」。《後漢書·崔琦傳》《外戚箴》:「詩人是刺,德用不憮。」王觀國曰:「憮亦當音誣。」〔註219〕敦煌寫卷 S.3491V《破魔變》:「足躡巫山一片。」P.2187「巫」作「無」。皆其音轉之證。馬王堆帛書《老子》甲本「鬲(禍)莫於〈大〉於無適(敵)。」帛書乙本、北大漢簡本、傅奕本皆作「無敵」,羅振玉藏敦煌本作「𧨀敵」,「𧨀」是「誣」形譌。

(36)楚王使使者賫金百鎰

按:賫,《渚宮舊事》卷 2 作「齎」〔註220〕,《列女傳》卷 2、《後漢書·崔駰傳》李賢注引《莊子》、《御覽》卷 509 引嵇康《高士傳》、皇甫謐《高士傳》卷上作「持」。齎、賫,正、俗字,《說文》:「齎,持遺也。」

(37)先生少而為義,豈將老而遺之哉

按:遺,《列女傳》卷 2、《渚宮舊事》卷 2 同,皇甫謐《高士傳》卷上作「違」。

(38)乃夫負釜甀,妻戴經器,變易姓字,莫知其所之

按:趙懷玉曰:「紝,毛本譌『經』,一本作『織』,亦妄改,今從《列女傳》。」賴炎元從其說〔註221〕。趙善詒曰:「趙校是也,《渚宮舊事》卷 2 亦作『紝器』。」許維遹襲趙善詒說。屈守元曰:「經,程本作『織』,胡、唐本同。今從元本,蘇、沈、毛本同。趙校是也,《渚宮舊事》用此文正作『紝』,與《列女傳》合。嵇《傳》、皇甫《傳》亦作『紝』。《說文》:『紝,機縷也。』『紝』即『絍』之或體。」屈校有誤,《列女傳》作「紝」,《渚宮舊事》卷 2、嵇康《高士傳》、皇甫謐《高士傳》卷上並作「紝」。二趙校作「紝器」是,屈解誤。石光瑛曰:「『紝』即『任』字。『任器』見《周禮》及《晏子春秋·

〔註218〕 孫詒讓《周禮正義》,中華書局 1987 年版,第 2672~2673 頁。
〔註219〕 王觀國《學林》卷 7,收入《叢書集成新編》第 12 冊,新文豐出版公司 1985 年版,第 71 頁。
〔註220〕 《渚宮舊事》據墨海金壺本,平津館叢書本(孫星衍校本)同,四庫本作「賫」。
〔註221〕 賴炎元《韓詩外傳校勘記》,(香港)《聯合書院學報》第 1 期,1962 年版,第 23 頁。

諫上》，猶今言什物也。」〔註222〕

（39）桀相然而抃

　　按：周宗杬曰：「《大傳》『然』下無『而』字，『拍』作『牖』，『抃』作『歎』。」許瀚曰：「《新序》『抃』作『作』。薛、沈、黃、毛、唐諸本『拍』作『相』。『拍』、『相』皆訛，當作『榾』。『榾』借為『曶』。曶，出氣詞也。俗通作『忽』，疾也，輕也。」許維遹曰：「拍，黃本、楊本同，元本、沈本、張本、毛本、劉本、程本作『相』。許校未安。拍然為抃聲，猶盍然為笑聲。」賴炎元曰：「拍然，拍手的樣子。」屈守元曰：「《大傳》作『牖然歎』，《新序》作『拍然而作』，《帝王世紀》作『閛然折』。許校是也。『牖』為武貌，義亦可通。『閛』即『牖』之借字也。『作』、『折』蓋皆『抃』之訛文。《大傳》作『歎』，疑是後人臆改。」石光瑛曰：「拍然而作，《大傳》作『牖（牖）然歎』，《外傳》作『拍然而抃』，俗本『拍』又譌『相』。『抃』亦形近之誤。一說『牖』、『搹』字通。搹然，勁忿貌。」〔註223〕屈說「作」是「抃」譌文，是也。「相」、「拍」皆「拍」形誤〔註224〕。拍音窟。拍然，象聲詞，狀用力擊手之聲。音轉亦作「汩然」、「滑然」、「忽然」。《御覽》卷82引《帝王世紀》作「桀聞折然」，屈氏失校。《資治通鑑外紀》卷2作「闓然抃」。

（40）盍然而笑

　　按：盍然，別本作「嗑然」。周宗杬曰：「《大傳》『嗑』作『啞』。」趙懷玉曰：「嗑然，《大傳》、《新序》作『啞然』。」《大傳》見《御覽》卷83引，《類聚》卷12引作「啞笑」。許瀚曰：「《說文》：『啞，笑也。嗑，多言也。』『嗑』於笑義無當，『嗑』當為『嗌』，形之誤也。《莊子·天地篇》：『嗑然而笑。』《釋文》：『嗑，笑聲也，本又作嗌。』案《說文》：『嗌，咽也。』《字林》：『嗌，笑聲。』啞訓笑，引申之為瘂。嗌訓咽，引申之為笑，其誼一也。本書卷9：『笑言嗌嗌。』」〔註225〕薛本、毛本作『盍然而笑』，則又『嗑』之誤矣。」許維遹、屈守元並從許說，屈氏並指出《帝王世紀》亦作「啞然」。

〔註222〕 石光瑛《新序校釋》，中華書局2001年版，第391頁。
〔註223〕 石光瑛《新序校釋》，中華書局2001年版，第795頁。
〔註224〕 《呂氏春秋·異用》：「周文王使人拍池。」《意林》卷2引作「相地」。《列子·說符》：「拍其谷而得其鈇。」《呂氏春秋·去尤》「拍」作「相」，《記纂淵海》卷7、25引《列子》亦作「相」。
〔註225〕 引者按：本書卷9作「疾笑」，不作「笑言」。

朱起鳳曰：「嗑、啞同音通用。」〔註 226〕趙善詒從朱說。石光瑛曰：「啞，《外傳》作『嗑』，俗本作『盍』，亦形近之誤。嗑，多言也，與笑義無涉。」〔註 227〕賴炎元曰：「『盍』為『嗑』之借字。」〔註 228〕「嗑」、「啞」二字不同音，朱起鳳說同音者，蓋亦以「嗑」為「噫」。許瀚說非是，此文「嗑然」不誤。《莊子釋文》：「嗑然，許甲反。嗑，笑聲也，本又作嗑，烏邂反。司馬本作榼。」敦煌寫卷 P.2819《三月三日賦》：「近等黃花，於當嗑然而笑云〔爾〕。」嗑、盍，並讀為磕。《說文》：「磕，石聲。」字亦作礚，《廣雅》：「礚，聲也。」《文選·高唐賦》李善注引《字林》：「礚，大聲也。」引申則泛指大聲貌，石聲、水聲、鼓聲皆可謂之磕（礚），此文及《莊子》則形容笑聲。《集韻》：「嗑，嗑然，笑聲。」石聲謂之磕（礚），車聲謂之轄（轄），水聲謂之濫（濫），笑聲謂之嗑，其義一也。胡文英曰：「嗑，音赫，《韓詩外傳》云云。案：嗑，笑聲，吳中形笑聲曰嗑，亦曰嗑嗑笑。」〔註 229〕郝懿行曰：「大笑聲曰嗑。《天地篇》：『折楊皇荂，則嗑然而笑。』案《集韻》：『嗑，谷盍切，音閣。又迄甲切，音呷。』二音並通。今謂大笑曰嗑嗑。《孔叢子》：『子路嗑嗑，尚飲百榼。』」〔註 230〕翟灝曰：「《孔叢》云云，似亦謂笑聲也。」〔註 231〕音轉亦作呷，元·貫石屏《村裏迓鼓》：「野花頭上插，興來時笑呷呷。」

（41）於是伊尹接履而趨，遂適於湯

按：聞一多曰：「『接』與『插』通。言履無跟，但以足插入，曳之而行也。『接履』一曰『扱履』。」許維遹從聞說。石光瑛曰：「接讀為戢，斂也。謂急於去，不及內履也。《節士篇》：『蒙袂接履。』《檀弓》作『輯履』，《呂子·介立》注作『戢其屨』。『戢』正字，『輯』、『接』皆聲近叚借字。一曰：接履謂前後步履相接，諭行之速，非是。」〔註 232〕屈守元曰：「本書卷 9：『夫志不

〔註 226〕朱起鳳《辭通》卷 7，上海古籍出版社 1982 年版，第 645 頁。
〔註 227〕石光瑛《新序校釋》，中華書局 2001 年版，第 795 頁。
〔註 228〕賴炎元《韓詩外傳校勘記》，（香港）《聯合書院學報》第 1 期，1962 年版，第 24 頁。
〔註 229〕胡文英《吳下方言考》卷 12，收入《續修四庫全書》第 195 冊，上海古籍出版社 2002 年版，第 100 頁。
〔註 230〕郝懿行《證俗文》卷 17，收入《郝懿行集》第 3 冊，齊魯書社 2010 年版，第 2616 頁。
〔註 231〕翟灝《通俗編》卷 35，收入《續修四庫全書》第 194 冊，上海古籍出版社 2002 年版，第 621 頁。
〔註 232〕石光瑛《新序校釋》，中華書局 2001 年版，第 796 頁。

得，則揳履而適秦楚耳。」（從趙校本），疑此『接』字亦『揳』字之誤。揳，挾也。接，疾也。履，步也。接履而趨，猶言疾步而趨，其義亦通。」聞說是，屈氏二說皆誤。《類說》卷 38 引同今本，《新序·刺奢》作「接履而趨」，「接」字不誤。互詳本書卷 9 校補。石氏所引《新序·節士》「接履」，《書鈔》卷 143、《御覽》卷 486、《冊府元龜》卷 903 引作「戢履」，與《呂氏春秋·介立》高誘注引合。輯、戢、接，並讀為趿、屧，蘇合切。《說文》：「屧，從後相臿也。」又「趿，進足有所擷取也。」俗字作靸、撒、扱〔註233〕。趿履，狀其行之速。

（42）足搏距者，武也

按：許瀚曰：「傅，《治要》、《新序》同，別本及群書所引，或作『搏』、『摶』、『榑』，皆非。」許維遹曰：「元本等作『搏』，鍾本等作『傅』。本或作『傅』，與《修文御覽》殘卷引合，《新序·雜事五》亦作『傅』，今據正。《治要》、《初學記》卷 30 引作『傅』，『傅』即『傅』之形誤。《文選·白頭吟》注引作『有』，乃以意改之。」賴炎元曰：「作『傅』是也。」〔註234〕屈守元曰：「元本及蘇、沈、毛本『榑』皆作『搏』，今從薛本，程、胡、唐本皆同。此借『榑桑』之『榑』為附著字也。《治要》及《修文殿御覽》、又《御覽》卷 918 引皆作『傅』，《新序》同。」石光瑛曰：「傅，著也。《外傳》『傅』作『搏』，字之誤也。《治要》引作『傅』，趙懷玉從之，陳喬樅亦改作『傅』。」〔註235〕《治要》卷 8、《初學記》卷 30 引作「搏」〔註236〕，不作「傅」，許氏誤校。四庫本作「搏」，《類聚》卷 91、《初學記》卷 30、《事類賦注》卷 18、《事文類聚》後集卷 46、《群書通要》卷 7 引亦作「搏」〔註237〕，《文章正宗》卷 22 引作「有」，《白氏六帖事類集》卷 29 引作「持」〔註238〕，《類說》卷 30、《爾雅翼》卷 13、《合璧事類備要》別集卷 85 引作「傅」，《記纂淵海》卷 97 引作「摶」。「摶」是「搏」形譌。「搏」不誤。搏，讀為傅，實為附。

〔註233〕 參見蕭旭《「扰屧」考》，收入《群書校補（續）》，花木蘭文化出版社 2014 年版，第 2058〜2063 頁。

〔註234〕 賴炎元《韓詩外傳校勘記》，（香港）《聯合書院學報》第 1 期，1962 年版，第 24 頁。

〔註235〕 石光瑛《新序校釋》，中華書局 2001 年版，第 759〜760 頁。

〔註236〕 《治要》據日本古鈔本，元和二年銅活字本同，天明刊本、宛委別藏本皆作「傅」。

〔註237〕 《類聚》據宋刊本，四庫本引誤作「搏」。

〔註238〕 《白帖》在卷 94。

《史記·楚世家》:「復搏其士卒以與王遇。」《索隱》:「搏,音髆,亦有作附讀。」《文選·東京賦》:「嬴氏搏翼。」薛綜注:「《周書》曰:『無為虎搏翼,將飛入邑,擇人而食也。』搏翼,謂著翼也。」《韓子·難勢》、《韓詩外傳》卷 4 引《周書》作「傅翼」。《慧琳音義》卷 39 引《考聲》:「搏,附著也。」《釋名》:「搏辟,以席搏著壁也。」又「脯,搏也,乾燥相搏著也。」亦皆借搏為傅。

(43)得食相告〔者〕,仁也

按:得食相告,敦煌寫卷 P.2526《修文殿御覽》、《文選·白頭吟》李善注引作「有食相呼」,《類聚》卷 91、《記纂淵海》卷 97、《合璧事類備要》別集卷 85、《類說》卷 30、《事文類聚》後集卷 46、《群書通要》卷 7 引作「見食相呼」,《白氏六帖事類集》卷 29 引作「得食相呼」〔註 239〕,《事類賦注》卷 18 引作「食必相呼」〔註 240〕,《治要》卷 8、《初學記》卷 30、《御覽》卷 918、《爾雅翼》卷 13、《埤雅》卷 6 引作「見食相告」,《新序·雜事五》亦作「見食相呼」。以上異文,許瀚、許維遹、屈守元已多及之,引文稍誤,今並據原書訂正。二許據校「得」作「見」,「告」作「呼」,非是。今本亦通,不煩改作。《類聚》卷 72 引吳筠《移》:「雞有呼群之德,鹿有食草之美。」趙善詒曰:「『得』古作『尋』,與『見』相似。」亦誤。

(44)守夜不失時〔者〕,信也

按:屈守元曰:「《修文殿御覽》、《文選》注引無『守』字。」守夜,《新序·雜事五》同,《白氏六帖事類集》卷 29 引作「鳴」〔註 241〕。

(45)君猶日瀹而食之者,何也

按:許瀚曰:「日瀹,《治要》作『烹』,非。曰(日),本作『曰』,非。」許維遹曰:「《修文御覽》殘卷引作『君猶瀹而日食之者』。《初學記》卷 30、《御覽》卷 916 引同今本。而《御覽》卷 204 引『瀹』作『滿』,『滿』即『瀹』之形誤。《治要》引作『烹』,乃以意改之。『瀹』與『鬻』同。《說文》:『鬻,內肉及菜湯中薄出之。』」石光瑛曰:「『瀹』乃『鬻』之叚借字。《治要》引

〔註 239〕《白帖》在卷 94。
〔註 240〕《事類賦注》據宋刻本,四庫本作「見食相呼」。
〔註 241〕《白帖》在卷 94。

《外傳》作『烹』，蓋以意改之。」〔註242〕屈守元曰：「《修文殿御覽》引作『君猶瀹而日食之者』。《治要》引『日瀹』二字作『烹』，《事類賦注》卷18兩引並同。《文選》注引『瀹』作『瀟』，似當為『瀟』字。《說文》：『鬻，內肉及菜湯中薄出之。』經典多借『瀹』或『瀟』為之。」敦煌寫卷 P.2526《修文殿御覽》引「日瀹」作「曰瀟」〔註243〕，許、屈二氏並誤校。《事類賦注》卷18引作「瀹」，《文選·白頭吟》李善注引作「日籥」，屈氏亦誤校。日本古鈔本《治要》卷8引作「日㑞（瀹）」，天明刊本、元和二年銅活字本、宛委別藏本《治要》引作「烹」。日瀹，寶曆本同，《初學記》卷30、《御覽》卷918（非卷916）、《爾雅翼》卷13、《事文類聚》後集卷46、《群書通要》卷7引同，《新序·雜事五》亦同〔註244〕；元本、薛本、唐本作「曰瀹」，《類聚》卷91、《職官分紀》卷32引同；《御覽》卷204引作「曰滿」，又卷916引作「瀹」，《類說》卷30引作「爔」，《白氏六帖事類集》卷29、《合璧事類備要》別集卷85引作「烹」〔註245〕，《文章正宗》卷22引作「日瀹」。「曰（yue）」當作「日（ri）」。「滿」是「瀹」形誤，「瀹」是「瀹」形誤。

（46）臣聞食其食者不毀其器，陰其樹者不折其枝

按：周廷寀曰：「陰、蔭古通，《序》作『蔭』。」許瀚曰：「各本『蔭』作『陰』，據《治要》引改，《新序》同。」許維遹曰：「《修文御覽》殘卷引亦作『蔭』，古字通用。」賴炎元曰：「陰，通『廕』，庇護。」屈守元曰：「《修文殿御覽》、《治要》及《御覽》卷204引並作『蔭』。又《修文殿御覽》引『折』作『拔』。」《修文殿御覽》引仍作「陰」，又無「其枝」二字，許、屈二氏並失校。《記纂淵海》卷72引亦作「蔭」。郭店楚簡《語叢四》：「利木陰者不折其枝，利其渚者不塞其溪。」上博簡（五）《弟子問》：「列其下不折其枝，飲其食……」《淮南子·說林篇》：「食其食者不毀其器，食其實者不折其枝。塞其源者竭，背其木者枯。」《吳越春秋·越王無余外傳》：「吾聞食其實者不傷其枝，飲其水者不濁其流。」

〔註242〕石光瑛《新序校釋》，中華書局 2001 年版，第 760 頁。
〔註243〕黃維忠、鄭炳林錄文「瀟」誤作「瀹」，殊疏。黃維忠、鄭炳林《敦煌本〈修文殿御覽〉考釋》，《敦煌學輯刊》1995 年第 1 期，第 43 頁。
〔註244〕《新序》據宋刻本，校宋本、日本內閣文庫本、四庫本同，《四部叢刊》影明嘉靖翻宋本誤作「曰瀹」。
〔註245〕《白帖》在卷 94。

（47）為之辟寢三月，減損上服

按：賴炎元曰：「上服，施行於人的臉上的刑罰。」屈守元曰：「《御覽》卷204引『辟』作『避』，《新序》同。《新序》『滅（減）』作『抽』。」石光瑛曰：「《說文》『擂，引也。抽，擂或從由。』此訓抽為引，字之本誼也。抽，去也，除也。除、去並與減誼近。或疑『抽』為『捐』字之訛，殊未必然。」〔註246〕《治要》卷8引亦作「避寢」。《漢書・五行志》：「宜齊戒辟寢，以深自責。」顏師古曰：「齊，讀曰齋。辟，讀曰避。」《新序・節士》：「文公使人求之不得，為之避寢三月，號呼朞年。」「避寢」蓋謂齋戒不近女色，自責思過也。服，服用，此作名詞，指上所服用的衣食、車馬、器具等物。減損上服，謂減除衣食等物。賴說殊誤。

（48）昔者申包胥立於秦廷，七日七夜，哭不絕聲，是以存楚

按：屈守元曰：「《說苑》『是』作『遂』。」是，猶終也，卒也，遂亦終也〔註247〕。

（49）陳之富人有處師氏者，脂車百乘，觴於鄧丘之上

按：趙懷玉曰：「脂車，本皆作『指車』，《御覽》卷472引作『枝車』，皆不可曉。」俞樾曰：「此當以作『指』為是。指者，『榰』之假字。榰，柱也。今榰柱字皆以『支』為之，又或以『枝』為之。《御覽》引作『枝』，亦『榰』之叚字也。趙氏不達叚借之義，臆改為『脂』字，此大謬也。」趙善詒、賴炎元從俞說〔註248〕。易順鼎曰：「『觴』即『子之蕩兮』之蕩。《韓詩》蓋作『子之觴兮，鄧丘之上兮』，與毛不同。」許維遹從易說。屈守元曰：「《廣韻》引《風俗通》有『牧師氏』，疑此『處師氏』當作『牧師氏』。元本及諸明本皆作『脂車』，『脂』字非趙所改。又《御覽》宋本、鮑本引此皆作『校車』，無作『枝』字者，不知趙氏何據（引者按：趙善詒早已指出）。俞氏不經檢核，輒據趙校為說，其所立『榰車』之義，實不可通。竊謂此文當依《御覽》所引，作『校車』為是。校車，即有裝飾之車，所以誇其豪富也，趙、俞之說，皆不足據。」①《姓氏急就篇》卷上：「處、顏、冉。」又卷下：「冉

〔註246〕 石光瑛《新序校釋》，中華書局2001年版，第762～763頁。

〔註247〕 參見蕭旭《古書虛詞旁釋》，廣陵書社2007年版，第366頁。

〔註248〕 賴炎元《韓詩外傳校勘記》，（香港）《聯合書院學報》第1期，1962年版，第26頁。

相、空相、處、馬師。」王應麟注皆引此文「處師氏」以證。②《御覽》引作「校車」，自當依屈氏解為裝飾之車。作「脂」自通，不可輒改。《詩・何人斯》：「爾之安行，亦不遑舍。爾之亟行，遑脂爾車。」《文選・應詔詩》：「星陳夙駕，秣馬脂車。」梁・陸倕《感知己賦》：「竊仰高而希驥，忽脂車而秣馬。」皆「脂車」之證。③余舊說謂易順鼎讀觴為蕩，以為即「佚蕩」、「遊樂」義，甚是。其本字當為惕，《說文》：「惕，放也。」《方言》卷10：「惕，遊也。」《廣雅》：「惕，戲也。」此文言以脂膏塗其車軸，使滑澤易行，而遊樂於輜丘之山也〔註249〕。今謂舊說誤，「觴」當讀如字，俗字亦作醼，用作動詞，謂宴飲於輜丘之山也。《穆天子傳》卷3：「天子觴西王母于瑤池之上，西王母為天子謠。」《列子・周穆王》：「（周穆王）遂賓於西王母，觴於瑤池之上，西王母為王謠。」用法並同。《詩・宛丘》：「子之湯兮，宛丘之上兮。」陳奐亦引此傳說之〔註250〕，是也。《詩》之「湯」，毛傳：「湯，蕩也。」鄭箋：「游蕩無所不為。」《楚辭・離騷》王逸注、《白氏六帖事類集》卷2、《御覽》卷53引作蕩〔註251〕，此從毛說。韓詩則自讀為觴，韓、毛說不同也。④《御覽》卷472引「丘」誤作「兵」。

（50）巫馬期喟然仰天而嘆，闟然投鎌於地

按：趙懷玉曰：「闟，音墻。」周廷寀曰：「闟，住立貌。」許維遹曰：「《管子・小問篇》：『闟然止。』『闟』與『翕』同。《文選・吳都賦》劉逵注：『翕，忽疾貌。』」屈守元曰：「《史記・匈奴傳》：『闟然更始。』《集解》引徐廣曰：『音撎，安定意也。』」〔註252〕翟灝曰：「闟，音塔。『塔』字《唐韻》、《集韻》亦皆訓物墮聲。又《集韻》『堨』字音塔，亦物墮聲。」〔註253〕賴炎元曰：「闟然，投物的聲音。」俗字「翕」與「昺」相混，此文「闟」當同「闒」。翟氏音塔，訓為物墮聲，是也。「闟然」是象聲詞，此文狀物墮地之聲。今吳語形容物件墮地疾速之聲曰「嘩闒」，當是古義之遺留。《古文苑》

〔註249〕蕭旭《韓詩外傳補箋》，《文史》第57輯，2001年第4期，第57頁；又收入《群書校補》，廣陵書社2011年版，第452頁。
〔註250〕陳奐《詩毛氏傳疏》卷12，中國書店1984年據漱芳齋1851年版影印，無頁碼。
〔註251〕《白帖》在卷6。
〔註252〕屈氏引「闟」誤作「闒」「撎」誤作「搕」，徑據原書訂正。
〔註253〕翟灝《通俗編》卷35，收入《續修四庫全書》第194冊，上海古籍出版社2002年版，第624頁。

卷 3 枚乘《梁王菟園賦》：「闟而未至，徐飛狍猭。」「闟」狀鳥飛之聲。《禮記·投壺》《釋文》：「圜，鄭呼為鼙，其聲下，其音榻榻然。方，鄭呼為鼓，其聲高，其音鏜鏜然。」《周禮·夏官·司馬》鄭玄注引《司馬法》：「鼓聲不過闒，鼙聲不過闟。」闒即闟（鼙），闟即鼙（鞈），皆狀鼓聲。「榻榻」亦狀鼙聲。《管子》「闟然止，瞠然視」，尹注：「闟，住立兒。瞠，驚視兒。」《冊府元龜》卷 797 引作「闟然」。闟之言鼙（鞈），瞠之言鼙，皆象聲詞。《史記》「闟然更始」，又「改作更始」，「闟然」狀改作更始之聲。《漢語大字典》把《管子》、《史記》二例的「闟」收於許及切（xì）一音下面〔註254〕，非是。《漢書》「闟」作「翕」，蓋「闟」脫誤。《玉篇》引《字書》：「塔，物聲。」則泛指物之聲，不僅是墮地聲也。字亦作鐋，《集韻》：「塔、垯、鐋：物墮聲，或從沓，亦作鐋。」字亦作荅、嗒、嗒，《莊子·齊物論》：「嗒焉似喪其耦。」郭象注：「嗒焉解體，若失其配匹。」成玄英疏：「嗒焉，解釋貌。」《釋文》：「荅焉，本又作嗒，同。解體貌。」《莊子口義》本作「嗒焉」，《文選·北山移文》、《贈劉琨并書》李善注二引並作「嗒然」，《玄應音義》卷 7、《慧琳音義》卷 28、《白氏六帖事類集》卷 26、《玉篇》「嗒」字條、《事類賦注》卷 14 引亦作「嗒然」〔註255〕，《演繁露》卷 2 引作「嗒然」，陳本《書鈔》卷 133、宋徽宗《沖虛至德真經義解》卷 3 引作「嗒焉」。蔣斧印本《唐韻殘卷》：「嗒，吐盍反，嗒然忘懷。出《莊子》。」《廣韻》：「嗒，嗒然忘懷。」《莊子》「嗒焉」狀解體之聲。東魏元象二年（539）《凝禪寺三級浮圖碑》：「▨然孤舉之翰，逍遙出塵之志。」拓片「▨」字左旁花了，經處理作「▨」，即「嗒」字〔註256〕。「嗒然」用《莊子》典故，以聲狀其孤舉之貌。字亦省作哈，《慧琳音義》卷 88：「哈焉：《莊子》云：『哈然似喪其偶。』司馬彪注云：『失其所故有，似喪偶也。』《文字典說》從口合聲，傳作嗒，非也。」《玄應音義》卷 4：「嗒兮：宜作哈，土合反。」《慧琳音義》卷 38 作「嗒兮」。羅勉道曰：「嗒焉，合口也。」〔註257〕馬敘倫曰：「『嗒』字《說文》不收。《說文》『姶』

〔註254〕《漢語大字典》（第二版），崇文書局、四川辭書出版社 2010 年版，第 4397 頁。

〔註255〕《白帖》在卷 89。

〔註256〕毛遠明錄作「▨」，「▨」不成字。《漢魏六朝碑刻校注》第 7 冊，線裝書局 2009 年版，第 223 頁。

〔註257〕羅勉道《南華真經循本》，收入《續修四庫全書》第 956 冊，上海古籍出版社 2002 年版，第 119 頁。

下曰：『一曰無聲。』蓋即『嗒』字義。」〔註258〕鍾泰曰：「嗒焉，猶塊然。」〔註259〕三說皆非是。字亦作剻，蔣斧印本《唐韻殘卷》：「剻，相著聲曰剻鉤。」《廣韻》：「剻，相著聲。」鼓聲謂之鼖（鞈、鞈），其義一也。

（51）士有五

按：《治要》卷8、《孔子集語》卷上引同，《長短經·反經》引「五」作「五反」。趙懷玉校本有「反」字，而無校語。

（52）有執尊貴者

按：執，《孔子集語》卷上引同，日本鈔本《治要》卷8、《長短經·反經》引誤作「執」〔註260〕，下同。

（53）有心智惠者

按：周廷寀曰：「『惠』當為『慧』。」賴炎元曰：「惠，程本、何本、芙蓉泉本作『智愚』。周校是也，《治要》引正作『慧』。『慧』通作『惠』，復誤為『愚』。」〔註261〕屈守元曰：「《治要》及《孔子集語》引並作『慧』。惠、慧古通。薛本『惠』作『愚』，程本、胡本、唐本同，誤也。今從元本等。下文亦如此。」日本鈔本《治要》卷8引此文作「慧」，引下文仍作「惠」。《長短經·反經》引下文亦作「惠」。

（54）不以愛民行義理，而反以暴敖

按：屈守元曰：「《治要》、《集語》引『敖』作『傲』。《集語》『傲』下有『凌物』二字。」《集語》引有「陵物」二字。《長短經·反經》引「敖」亦作「傲」，無「陵物」二字。

（55）不以衛上攻戰，而反以侵陵私鬥

按：屈守元曰：「《集語》引『陵』作『凌』，古通用。」《治要》引作「凌」，《長短經》同，屈氏誤記。

〔註258〕馬敍倫《莊子義證》卷2，收入《民國叢書》第5編，（上海）商務印書館1930年版，本卷第1頁。

〔註259〕鍾泰《莊子發微》，上海古籍出版社2002年版，第28頁。

〔註260〕天明刊本《治要》引不誤。

〔註261〕賴炎元《韓詩外傳校勘記》，（香港）《聯合書院學報》第1期，1962年版，第26頁。

（56）心智惠者，不以端計數，而反以事奸飾詐

　　按：數，天明刊本《治要》、《孔子集語》引同，日本鈔本《治要》、《長短經》引誤作「教」。本書卷 3：「成侯、嗣公，聚斂計數之君也。」計數，計筭也。端，讀為揣，量也。

（57）貌美好者，不以統朝涖民，而反以蠱女從欲

　　按：屈守元曰：「《集語》引『民』作『官』。」《集語》誤，《長短經》引作「民」作「人」，避諱所改。涖，《長短經》引作「莅」，字同；日本鈔本《治要》引作「**涖**」，蓋「位」字誤書。

（58）昭昭乎若日月之光明，燎燎乎如星辰之錯行

　　按：周廷寀曰：「光，《孔叢》作『代』。燎燎，《孔叢》作『離離』。」趙懷玉曰：「燎燎，《尚書大傳》、《孔叢》皆作『離離』。」朱季海曰：「《類聚》卷 64 引《尚書大傳》作『離離若參辰之錯行』。下章引《傳》云：『日月無光，星辰錯行』，然則此不當云『星辰』，疑當從《大傳》作『參辰』。《鹽鐵論·相刺篇》：『堅據古文以應當世，猶辰參之錯，膠柱而調瑟，固而難合矣。』」屈守元曰：「離、燎聲相近。《大傳》無『光』字，『星辰』作『參辰』。《禮記·中庸》：『辟如四時之錯行，如日月之代明。』亦以『代明』、『錯行』相對為文，疑此『光明』當依《孔叢》作『代明』為是也。」屈說當作「代明」是也，其說同許維遹。代，輪流之義。昭昭，《孔叢子·論書》同，《類聚》卷 55、64、《玉海》卷 37 引《大傳》亦同，《御覽》卷 616 引《大傳》作「皎皎」。星辰，《孔叢》同，朱氏謂當據《大傳》作「參辰」，是也，《編珠》卷 2、《文選·古詩》李善注、《類聚》卷 55、《御覽》卷 616、《玉海》卷 37 引《大傳》並作「參辰」，《類說》卷 38 引此文已誤。「參」、「辰」二星不同時出現，故謂之「錯行」也。「錯」是交錯義。《法言·學行》：「吾不睹參辰之相比也。」《金樓子·立言篇上》：「日月不齊光，參辰不並見。」亦是確證。下章云「日月無光，星辰錯行」，彼「錯」是錯亂義。「錯行」指亂行，不循其運行軌道，與此不同。離離，與「歷歷」、「羅羅」音轉，排列有序貌。言參辰交錯運行，歷歷有序。此作「燎燎」者，明貌。《墨子·親士》：「是故天地不昭昭，大水不潦潦，大火不燎燎，王德不堯堯者，乃千人之長也。」是其例也。屈說「離、燎聲近」，非是。《文心雕龍·宗經》：「故子夏歎《書》『昭昭若日月之明，離離如星辰之行』，言昭灼也。」劉氏亦誤作「星辰」，其「言昭灼也」於義也不完備。

（59）前有高岸，後有深谷

按：《資治通鑑外紀》卷 9 作「前有高岸，而後有大谿」。《類說》卷 38 引「岸」誤作「峰」。

（60）夏寒冬溫，春熱秋榮

按：趙幼文曰：「『熱』與『榮』義不協，當借為『熟』。春熱秋榮，猶言春熟秋華也。」〔註 262〕賴炎元說全襲趙說〔註 263〕。趙說非是，「熱」、「熟」無相通之理。此言天時變易。《管子·四時》：「是故春凋秋榮，冬雷夏有霜雪，此皆氣之賊也。」《淮南子·本經篇》：「是故春肅秋榮，冬雷夏霜，皆賊氣之所生。」《董子·五行變救》：「五行變至，當救之以德，施之天下，則咎除。不救以德，不出三年，天當（雷）雨石，木有變，春凋秋榮。」《漢書·京房傳》：「夏霜冬靁，春凋秋榮。」《越絕書·越絕外傳枕中》：「越王問范子曰：『春肅夏寒，秋榮冬泄，人治使然乎？』」諸文並可互證。此文「熱」當作「肅」或「凋」，然不知致誤之由。

（61）故曰：其風治，其樂連，其驅馬舒，其民依依，其行遲遲，其意好好

按：屈守元曰：「連，謂舒緩不迫卒也。《詩·皇矣》毛傳：『連連，徐也。』《易·蹇》：『往蹇來連。』《釋文》引鄭注：『連，遲久之意。』陳季皋云：『連蓋笑樂之狀，故有「連笑伎戲」之文，見《鹽鐵論》，漢人習語也。』《鹽鐵論》見《散不足篇》，王利器引王佩諍謂『連笑』即後世『連廂』，亦即《荀子》『成相』，蓋俳優諧笑之戲。」屈氏所引頗有不當。《易》「連」當讀為遴，艱難義，與「蹇」同義〔註 264〕。王說《鹽鐵論》「連笑」即「連廂」、「成相」，亦屬臆測。皆不足以證此文。連，讀為聯，不絕也。

（62）詩曰：「匪風發兮，匪車揭兮。」

按：周廷寀曰：「揭，《毛詩》作『偈』。《漢書·王吉傳》引《詩》作『揭』。」

〔註 262〕趙幼文《〈韓詩外傳〉識小》，《金陵學報》第 8 卷第 1、2 期合刊，1938 年版，第 109 頁。

〔註 263〕賴炎元《韓詩外傳校勘記》，（香港）《聯合書院學報》第 1 期，1962 年版，第 28 頁。

〔註 264〕參見蕭旭《〈方言〉「鈴」字疏證》，收入《群書校補（續）》，花木蘭文化出版社 2014 年版，第 1830 頁。

許維遹曰：「沈本、張本、毛本、劉本亦作『偈』，鍾本、楊本、程本作『揚』。
『揚』即『揭』之形誤。」賴炎元說全同〔註265〕。屈守元曰：「薛本、程本、胡
本、唐本『揭』皆誤作『揚』。今《毛詩》『揭』作『偈』。《漢書・王吉傳》引
《詩》與此同。」元本作「揭」，寶曆本作「偈」。

（63）血氣剛強，則務之以調和

按：周廷寀曰：「『務』字疑譌，當從《荀子・修身》為『柔』。」許維遹、
賴炎元從周說〔註266〕。趙善詒曰：「『務之』與下『一之』同義，若作『柔之』，
則與『調和』義複。『柔』乃『務』字之誤也。」賴炎元又曰：「務，致力。」
諸說非是。務，當讀為柔。調和，讀為柔和〔註267〕。

（64）故動則安百姓，議則延民命

按：本書卷9：「及其出則安百議，用則延民命。」《類說》卷38引同，
元本作「安百姓」，《記纂淵海》卷11引作「及其出則安百議，用則延命民（民
命）」〔註268〕。此文脫「用」字，衍「姓」字，「議」字屬上。

卷第三校補

（1）昔者舜甑盆無膻，而下不以餘獲罪

按：周廷寀曰：「『膻』當讀為『亨孰羶薌』之羶。」趙懷玉曰：「膻，俗
羶字。《初學記》卷9作『羶』。」趙善詒曰：「《御覽》卷757『膻』作『羶』。」
屈守元引《御覽》，誤記作卷744。屈氏又曰：「周所引『亨孰羶薌』見《禮
記・祭義》，上文『燔燎羶薌』，鄭注云：『羶當為馨，聲之誤也。』周意蓋謂
此『膻』字亦當讀為馨。然則此舜甑盆無膻，示其簡樸。膻者脂氣，無庸改
讀。周說迂遠難通。《初學記》引作『工不以巧獲罪』。《御覽》卷81引作『功
不以巧獲罪』。《冊府元龜》卷56：『昔舜甑盆無膻，而工不以巧獲罪』，原注
云：「言工不以工巧之事獲罪也。」正用此文，是北宋以前舊本如此。《玉海》
卷88所引已與今本相同，是南宋以來始經竄改者。趙校反疑《初學記》所引

〔註265〕賴炎元《韓詩外傳校勘記》，（香港）《聯合書院學報》第1期，1962年版，
　　　　第28頁。
〔註266〕賴炎元《韓詩外傳校勘記》，（香港）《聯合書院學報》第1期，1962年版，
　　　　第28頁。
〔註267〕參見蕭旭《荀子校補》，花木蘭文化出版社2016年版，第48頁。
〔註268〕四庫本《記纂淵海》卷56引作「及其出則定廟議，用則延民命」。

似誤，未詳考耳。」《玉海》卷 88 僅引上句「舜甑盆無臚」五字，未引此句，屈氏失檢。「臚」趙、屈說是。無臚，猶今言無葷腥。《書敘指南》卷 11：「貧無肉食曰甑盆無臚。」《路史》卷 21：「鱛盆亡臚，而下不以餘獲罪；瓦甌土型，而工不以巧獲罪。」「鱛」為「甑」俗字。下文有「女不以巧獲罪」句，此文恐仍當作「下不以餘獲罪」，《初學記》等恐連下文節引，不足據。

（2）麑衣而盭領，而女不以巧獲罪

按：周廷寀曰：「《韓子·五蠹》說堯之王天下，冬日麑裘，夏日葛衣。盭領，未詳。疑『盭（盭）』為『蓋』之訛。盭讀曰葛，古『葛』與『蓋』通。領亦衣也。一本作『盭領』者非。」趙懷玉曰：「《晏子春秋·諫下篇》：『古者嘗有紩衣攣領而王天下者。』〔註269〕《尚書大傳》：『古人冒而句領。』今此『盭』字，疑當作『盭』，音周，『盭』有曲義。又疑是『盭』字，與『戾』同，並與『攣』、『句』義相合。毛本作『盭』，更譌。」陳喬樅、王先謙從趙說〔註270〕。方濬師曰：「居盭，獸名，似蝟，毛赤。盭音機。《外傳》云云。」〔註271〕許維遹曰：「沈本、張本、毛本作『盭』，元本、鍾本、黃本、楊本、程本、劉本作『盭』。趙校是，『盭』本或作『盭』，今據正。」屈守元曰：「盭（盭）領〔註272〕，蘇本、沈本、毛本皆作『盭領』，此從元本，薛本、程本、胡本、唐本皆同。《天中記》卷 11 引亦作『盭』。趙校近是。周校附會《韓非子》，穿鑿可笑。此處作『盭』、作『盭』，義並可通。趙引《大傳》，鄭注云：『以冒覆項。句領繞頸也。』《荀子·哀公篇》作『務而拘領』，『務』即『冒』，『拘領』即『句領』。《淮南子·氾（汜）論篇》：『古者有鍪而綣領，以王天下者矣。』《文子·上禮篇》：『古者被髮而無卷領以王天下。』『卷領』即『綣領』，『無』即『務』，亦即『冒』字也。作『盭』，則當用繞領義。作『盭』，則當用反褶為領義。」郝懿行校《荀子》曰：「《尚書大傳》作『冒而句領』，古讀冒、務音同，拘讀若句，音鉤，其字通。鄭注云云。按：句者，曲也。《韓詩外傳》卷 3 云：『舜麑衣而盭領。』盭之訓為曲，即此句領

〔註269〕屈守元引「紩」誤作「綊」。
〔註270〕陳喬樅說見陳壽祺《韓詩遺說考》卷 5（陳喬樅述），收入《續修四庫全書》第 76 冊，上海古籍出版社 2002 年版，第 718 頁。王先謙《詩三家義集疏》卷 24，中華書局 1987 年版，第 1008 頁。
〔註271〕方濬師《蕉軒隨錄》卷 1，收入《續修四庫全書》第 1141 冊，第 264 頁。
〔註272〕引者按：屈氏從元本，元本作「盭」字。

矣。」〔註273〕屈氏即本郝說，而又增益其辭也。唐本作「蟄」，屈氏誤校；《繹史》卷 10 引作「蟄」，寶曆本、四庫本作「盬」，《廣博物志》卷 10 引作「螯」。許校作「蟄」，是也，《路史》卷 21：「覆衣蟄領，而女不以侈獲罪。」「蟄」乃「螯」俗字。

（3）法下易由，事寡易為功，而民不以政獲罪

按：趙懷玉曰：「『功』字疑衍。」聞一多曰：「當從趙懷玉刪『功』字。『法下易由，事寡易為』二句又見第 6 卷，是其確證。」許維遹從聞說。賴炎元曰：「趙說是也。《說苑・君道》作『事寡易從』。又卷 6《傳》正作『法下易由，事寡易為』，可證。」左松超從賴說〔註274〕。趙善詒曰：「趙校非是。《路史》無『為』字。事寡易功者，事少易為，而見功也。當據刪『為』字。」屈守元曰：「『法下易由，事寡易為』，見本書卷 6。『功』下當有脫文，《文子・上仁篇》：『故功不厭約，事不厭省，求不厭寡。功約易成，事省易治，求寡易贍。』據此，則『功』下似脫『約易成』三字。《淮南子・主術篇》：『故聖人事省而易治，求寡而易澹。』《鹽鐵論・刑德篇》：『故德明而易從，法約而易行。』意並與此同。」趙懷玉、聞一多、賴炎元說是，不當據《文子》補字，屈說非是。屈氏所引《淮南子》及《鹽鐵論》亦是。《管子・桓公問》：「法簡而易行，刑審而不犯，事約而易從，求寡而易足。」《說苑・君道》：「夫事寡易從，法省易因，故民不以政獲罪也。」《鹽鐵論・論功》：「法約而易辦，求寡而易供。」

（4）故大道多容，大德多下，聖人寡為，故用物常壯也

按：屈守元曰：「眾，蘇本、沈本、毛本皆作『多』，此從元本，薛、程、胡、唐諸本皆同。」

《說苑・君道》：「大道容眾，大德容下，聖人寡為而天下理矣。」

（5）見妖而為善，則禍不至；見祥而為不善，則福不臻

按：臻亦至也，《說苑・君道》作「生」。「生」是「至」形譌，《呂氏春秋・制樂》正作「至」。

〔註273〕郝懿行《荀子補注》卷下，收入《四庫未收書輯刊》第 6 輯第 12 冊，北京出版社 2000 年版，第 35 頁。
〔註274〕賴炎元《韓詩外傳校勘記》，（香港）《聯合書院學報》第 1 期，1962 年版，第 30 頁。左松超《說苑集證》，（臺灣）國立編譯館 2001 年版，第 4 頁。

（6）臣聞地之動，為人主也

按：許維遹曰：「本或有『也』字有『為』字，與《治要》引《呂氏春秋‧制樂篇》合。」屈守元曰：「也，蘇本、沈本、毛本作『為』，今從元本，薛本、程本、胡本、唐本皆同。《冊府元龜》作『也』。《類聚》引作『為』，《呂氏春秋》同。」屈氏不從唐代類書所引，而從宋、元本作「也」屬上句，非是。《記纂淵海》卷 5 引此文亦作「為」，《資治通鑑外紀》卷 2 同。《御覽》卷 84 引《呂氏》亦作「臣聞地之動也，為人主也」，同《治要》卷 39 所引；《御覽》卷 880 引《呂氏》則無「也」字。「也」字不必補。

（7）卑不謀尊，疎不間親

按：《史記‧魏世家》作「卑不謀尊，疎不謀戚」，《說苑‧臣術》作「賤不謀貴，外不謀內，疎不謀親」。《管子‧五輔》：「遠不間親，新不間舊。」《後漢書‧馮異傳》：「疏不間親，遠不踰近。」《三國志‧劉封傳》：「疏不間親，新不加舊。」

（8）李克出，遇翟黃

按：遇，《說苑‧臣術》作「過」。「遇」是「過」形誤，《史記‧魏世家》作「李克趨而出，過翟璜之家」，語尤明晰。

（9）西河之守，吾所進也

按：周廷寀曰：「《說苑》：『西河無守，臣進吳起，而西河之外寧。』」屈守元曰：「《說苑》文與此同，惟『進』字作『任』字而已。周引不知何據。」屈氏所引出《說苑‧臣術》，周氏所引亦出同篇另一節，屈氏失檢耳。

（10）忠信愛刑平乎下

按：周廷寀校作「忠信愛利刑乎下」，郝懿行謂「愛刑」是「愛利」之譌，趙善詒、許維遹從周、郝說。周廷寀曰：「下『刑』，《荀》作『形』，楊注：『形，見也。』」屈守元曰：「刑刑，蘇本、沈本、毛本皆作『刑平』，此從元本，薛、程、胡、唐諸本同。此當是『利形』二字，字形之誤，已見周校。『平』乃『乎』字之誤，又誤在乎』字上者。《荀子‧儒效篇》作『忠信愛利形乎下』。」《新序‧雜事五》亦作「忠信愛利形乎下」。此當作「忠信愛利刑乎下」，元本上「刑」是「利」形誤。卷 6「愛利則刑」，又「愛利則不刑」（《荀子‧彊國》二「刑」作「形」）。石光瑛曰：「形，讀為型，或省作

刑。刑,法也。言忠信愛利之德,足以為法於下,而下亦化之。《詩》曰『儀刑文王』,是也。」〔註 275〕《廣雅》:「刑,正也。」或作「平」者,平亦正也。平正,所以為法也。

(11)灘、漳、江、漢,楚之望也

按:沈本「灘」,薛本作「灘」,寶曆本作「█」,唐本作「█」,程本作「灘」,趙校本作「灘」,周校本作「灘」,四庫本作「灘」,當隸定作「灘」,從「且」。元本作「█」,毛本作「灘」,則從「目」作「灘」。許維遹曰:「『灘』疑當作『雎』。《左傳・哀公六年》、《說苑・君道篇》並作『雎』,《家語・正論解》作「沮」,《水經注》引《左傳》亦作「沮」。」阮刻本《左傳》據北宋刻本作「雎」,是也。《說苑》向宗魯校曰:「『雎』舊從目作『睢』,依盧校改,《外傳》作『灘』,《家語》作『沮』,《世家》脫『雎漳』二字。」屈守元從向說〔註 276〕。盧、向說是,《家語》作「沮」,正從「且」得聲,其字不從「目」甚明。此傳當亦當從「且」作「灘」,是「雎」加旁俗字。《左傳釋文》:「雎,七餘切。」其音七餘反者,字正當從「且」作「雎」,《水經注・江水》、《初學記》卷 6、7、《類聚》卷 8、《元和郡縣志》卷 24、《漢書・地理志》顏師古注、《白氏六帖事類集》卷 20〔註 277〕、《御覽》卷 61、65、《說文繫傳》「漳」字條引《左傳》並作「沮」,《增修互註禮部韻略》卷 1 指出「雎,水名。從且,與『雎盱』字不同」。《左傳・定公四年》:「涉雎,濟江。」(從阮刻本)《釋文》:「雎,七餘切。」馬王堆帛書《戰國縱橫家書》:「楚將不出雎、章(漳)。」正作「雎」字,《戰國策・燕策一》作「楚不出疏、章」。新蔡葛陵楚簡甲三・11+24:「宅此泦、章(漳)。」清華簡(六)《子儀》簡 16:「君不瞻彼泦漳之川。」「泦」同「疏」。疏(泦)、雎音近,從目作「睢」則音隔矣。《吳越春秋・闔閭內傳》:「出河、灘之間。」「灘」亦當從「且」作「灘」。《漢書・地理志》:「東山,沮水所出,東至郢入江,行七百里。」《文選・登樓賦》:「挾清漳之通浦兮,倚曲沮之長洲。」李善注:「《山海經》曰:『荊山,漳水出焉,而東南注于雎。』《漢書・地理志》曰:『漢中房陵東山,沮水所出,至郢入江。』『雎』與『沮』同。」所引《山海經》見《中山經》。《文選・

〔註 275〕石光瑛《新序校釋》,中華書局 2001 年版,第 698 頁。
〔註 276〕向宗魯《說苑校證》,中華書局 1987 年版,第 23 頁。屈守元引脫「《家語》作沮」四字,又誤「雎漳」作「睢漳」。
〔註 277〕《白帖》在卷 68,引作「雎」。

江賦》：「汲引沮漳。」李善注：「《山海經》曰：『景山，雎水出焉，南注于沔江。』又曰：『荊山，漳水出焉，而東南流注于雎。』『沮』與『雎』同。」

（12）痿蹷逆脹滿支膈盲煩喘痺風

按：趙懷玉據《御覽》卷738所引，改「膈」作「隔」。屈守元曰：「下文元本及蘇、沈、毛本皆作『隔』，然薛、程、胡、唐諸本均作『膈』，《治要》前後皆作『膈』。」屈氏所據《治要》蓋天明刊本，日本鈔本《治要》引上下文皆作「隔」。

（13）上材恤下則盲不作

按：趙善詒、賴炎元、屈守元據《治要》引改「材」作「振」〔註278〕，是也。《御覽》卷738引已誤作「材」。

（14）太平之時……父不哭子，兄不哭弟

按：屈守元曰：「《漢書・公孫弘傳》：『蓋聞上古至治……父不喪子，兄不哭弟。』《春秋繁露・王道篇》：『五帝三王之治天下……父不哭子，兄不哭弟。』《淮南子・原道篇》：『父無喪子之憂，兄無哭弟之哀。』『哭子』似當作『喪子』，字之誤也。」屈說非是，當各從原書。《漢紀》卷11：「蓋聞上古至治……父不哭子，兄不哭弟。」《舊唐書・姚崇傳》：「五帝之時，父不葬子，兄不哭弟。」

（15）臣子之恩薄，則背死亡生者眾

按：趙幼文曰：「《大戴記・禮察篇》『亡生』作『忘先』，是也。『亡』蓋『忘』之借。王念孫曰：『喪祭非所以事生，則喪祭之禮廢，亦不得言忘生。生當為先，字之誤也。《漢書・禮樂志》曰：「喪祭之禮廢，則骨肉之恩薄，而背死忘先者眾。」顏師古曰：「先者，先人，謂祖考。」』王說是也。」〔註279〕賴炎元全襲趙說，一字不易〔註280〕。許維遹曰：「《禮記・經解篇》、《大戴禮記・禮察篇》『背』作『倍』，『亡』作『忘』，古通用。」《漢紀》卷

〔註278〕賴炎元《韓詩外傳校勘記》，（香港）《聯合書院學報》第1期，1962年版，第34頁。

〔註279〕趙幼文《〈韓詩外傳〉識小》，《金陵學報》第8卷第1、2期合刊，1938年版，第110頁。

〔註280〕賴炎元《韓詩外傳校勘記》，（香港）《聯合書院學報》第1期，1962年版，第34頁。

5、《後漢書・荀淑傳》作「背死忘生」，亦誤作「生」字。

（16）武王伐紂，到于邢丘，楯折為三

按：趙懷玉據《御覽》卷776所引，改「楯」作「軶」。劉師培曰：「《書鈔》卷141所引『楯』亦作『軶』。」趙善詒曰：「趙校是也，《類聚》卷59、《書鈔》卷147（引者按：當是卷141）、《御覽》卷328諸引亦作『軶』，可證。」屈守元全襲劉師培、趙善詒說，又指出：「《冊府元龜》卷398用此文，『楯』皆作『軶』，趙懷玉校是也。然《類說》卷38引仍作『楯』，是其誤久矣。」《類聚》卷2、《御覽》卷10、328、726、《事類賦注》卷3引《六韜》作「幟折為三」，《御覽》卷329引《六韜》云「旌旄三折」，《說苑・權謀》云「大風折旆」，皆合。《類說》卷38引「折」誤作「析」。

（17）楯折為三者，軍當分為三也

按：屈守元曰：「《類聚》卷59引『分』下有『介』字。」「介」乃「分」形誤而致衍，諸書引並無。

（18）天雨三日不休，欲灑吾兵也

按：屈守元曰：「《御覽》卷776引『灑』字作『洒』，《類聚》、《冊府元龜》及《類說》皆同。《說苑・權謀》：『天洒兵也。』向先生《校證》云：『洒，《御覽》卷10、《能改齋漫錄》卷5作洗，《書鈔》卷2仍作洒。』『灑』、『洒』字同，即洗之義也。」《冊府》引作「洗」，《御覽》卷328、776引作「洒」，《類聚》卷2、《御覽》卷10、328、726、《事類賦注》卷3引《六韜》作「洗濯甲兵」。「灑（洒）」音先禮切，即「洗」字音轉。

（19）太公曰：「愛其人及屋上烏，惡其人者憎其骨餘。」

按：周廷寀、趙懷玉皆據《尚書大傳》改「骨餘」作「骨（胥）餘」，郝懿行、牟庭亦校作「胥餘」，是也。周宗杭曰：「《說苑・貴德篇》誤倒作『餘骨』。」孫志祖曰：「《尚書大傳》『胥餘』，別本作『儲胥』，意亦同，蓋即籬壁之意。近人以『儲胥』與『扈養』並稱，作婢僕解者，非是。」許維遹曰：「胥餘，《說苑・貴德篇》作『餘胥』，『餘胥』即『儲胥』，《文選・長楊賦》：『木擁槍纍，以為儲胥。』漢有儲胥宮。《說苑》：『愛其人者兼屋上之烏，憎其人者惡其餘胥。』向宗魯曰：「盧曰：『餘胥即儲胥，《大傳》作「胥餘」。』《類聚》卷92引《六韜》作『餘胥』，而《御覽》卷920引《六韜》作『除

胥』，《事類賦注》引《六韜》作『儲胥』。《大傳》注：『胥餘，里落之壁。』
《爾雅翼》卷 13 云：『太公曰：「愛人者愛其屋上烏，憎人者憎其儲須。」
蓋儲峙以俟所須，人之所宜愛也，而憎人者併憎之；烏集為不祥，人所憎也，
而愛人者併愛之。』案羅氏所引，當出《六韜》，而字作「儲須」，解亦與康
成異。』屈守元取向說，又曰：「《論衡·恢國篇》：『惡其人者憎其胥餘。』」
《事類賦注》卷 19 引《六韜》作「除胥」，向宗魯失檢，屈氏承其誤。《記
纂淵海》卷 97、《事文類聚》後集卷 44 引《六韜》亦作「除胥」，《記纂淵
海》卷 61 引《大傳》作「餘胥」〔註281〕，又卷 50 引《大傳》作「胥餘」，
《類說》卷 30 引《說苑》作「儲胥」，《資治通鑑外紀》卷 3 作「胥餘」。諸
字並音之轉，「胥餘」者，猶言僕從。《增韻》：「《史記·律書》：『東至于須
女，言萬物變動其所，陰陽氣未相離，尚相如胥，故曰須女。』須，賤妾之
稱，故古人以婢僕為餘須，亦作餘胥。」《易·歸妹》：「歸妹以須，反歸以
娣。」《釋文》：「須，如字，待也。鄭云：『有才智之稱。』」《詩·桑扈》鄭
箋：「胥，有才知之名也。」孔疏：「《周禮》每官之下皆有胥徒，胥一人，
則徒十人，是胥以才智之故而為十徒之長；又有大胥小胥之官。故知胥有才
智之名。《易》：『歸妹以須。』注亦云：『須，有才智之稱。』天文有須女，
屈原之妹名女須。《鄭志》答冷剛云：『須，才智之稱。』故屈原之妹以為名，
是胥為才智之士。胥、須古今字耳。」須、胥，並讀為諝、惼。《說文》「諝」、
「惼」並釋為「知也」。「知」即「智」。《文選·辨亡論》李善注引《廣雅》：
「諝，智也。」《玉篇》「諝」、「惼」並釋為「才智之稱也」。太史公以「如
胥」解「須」，恐未得。僕從之稱胥，取其有才智之佳名也，因又作賤吏之
稱。「婿（壻）」之為名，亦得義于有才智之佳名也。婢僕、賤吏為餘胥、儲
胥，而籬壁亦取譬焉，故鄭玄以為「里落之壁」，初義並不相違，而所指則
異。羅氏云「儲峙以俟所須」（其說本於《漢書》顏注），望文生義耳。《莊
子·大宗師》《釋文》：「司馬云：『胥餘，箕子名也，見《尸子》。』」崔同。又
云：《尸子》曰：『箕子胥餘漆身為厲，被髮佯狂。』或云：《尸子》曰：『比
干也，胥餘其名。』」胥餘言箕子為奴〔註282〕，一云佯狂為奴〔註283〕，一

〔註281〕宋本《記纂淵海》在卷 34，引作「胥餘」。
〔註282〕《論衡·逢遇》：「箕子為奴。」《潛夫論·賢難》：「比干之所以剖心，箕子之
　　　　所以為奴。」《易林·泰之剝》：「淵涸龍憂，箕子為奴。」又《家人之革》：
　　　　「泉涸龍憂，箕子為奴。」
〔註283〕《論語·微子》：「微子去之，箕子為之奴，比干諫而死。」何晏《集解》引

云被紂囚執為奴〔註284〕，因稱作「箕子胥餘」〔註285〕，並非其名為「胥餘」，更非比干之名。《初學記》卷11引《漢官儀》：「殷太甲時，伊尹為太保。紂時，胥餘為太師。」此「胥餘」指箕子，《後漢書·西羌傳》李賢注引《帝王〔世〕紀》云「箕子為父師」，是其證。秦漢人好以「奴」取名，如「趙奴」、「司馬奴」、「陳奴」〔註286〕，或是其遺風。又考《戰國策·秦策三》：「箕子、接輿，漆身而為厲，被髮而為狂，無意于殷、楚。」〔註287〕《史記·鄒陽傳》：「是以箕子佯狂，接輿辟世……無使臣為箕子、接輿所笑。」《莊子·逍遙遊》《釋文》：「接輿，本又作與，同，音餘。」《論語·憲問》、《微子》二篇《釋文》並云：「接輿，輿音餘。」此「接輿」是楚狂人，非「胥餘」。

（20）使各度其宅，而佃其田

按：趙懷玉曰：「『度』與『宅』同。《大傳》作『各佃其田』。」屈守元曰：「《說苑·貴德篇》『度』作『居』。」《後漢書·申屠剛傳》李賢注引《尚書大傳》作「各安其宅，各田其田」，趙氏誤記作「佃其田」。《淮南子·主術篇》作「使各處其宅，田其田」，《資治通鑑外紀》卷3作「使各安其居，田其田」，《通志》卷3作「使各居其居，田其田」。

（21）無獲舊新

按：趙懷玉曰：「《大傳》作『毋故毋新』。《說苑·貴德篇》『獲』作『變』，是。下又有『惟仁之親』一句。《大傳》作『唯仁是親』，此闕。」趙幼文曰：「『獲』疑為『護』之借。孫詒讓曰：『《大戴禮·五帝德》：「執中而獲天下。」』獲』當疑為『護』之段（叚）字。護猶辨護也。」護可訓辨，疑辨當訓別。無獲舊新，猶言無別舊新也。《說苑·貴德篇》作『無變舊新。』『變』與『辯』

馬融曰：「箕子佯狂為奴。」《史記·殷本紀》：「箕子懼，乃詳狂為奴。」又《宋世家》：「箕子乃被髮佯狂而為奴，遂隱而鼓琴以自悲。」

〔註284〕《韓詩外傳》卷10：「箕子執囚為奴，比干諫而死。」

〔註285〕銀雀山漢簡《聽有五患》：「〔紂〕貴為天子，富有天下，殺王子比干，膠（戮）箕子胥餘，誅賢大夫二人，而天之士皆口罰，至於身死為膠（戮），邦為虛，可胃（謂）不能誅矣。」則以「箕子胥餘」為一人，與「王子比干」合為二人。或以「箕子」、「胥餘」為二人，非是。

〔註286〕參見石繼承《〈漢印複姓的考辨與統計〉三補》，《文史》2015年第4期，第283頁。

〔註287〕《史記·范睢傳》同。

通，辯，別也。」〔註288〕聞一多曰：「《詩·皇矣》：『維此二國，其政不獲。』《淮南子·兵略篇》：『八風詘伸，不獲五度。』獲並當訓亂。《漢書·終軍傳》注：『亂，變也。』《說苑》作『變』，以訓詁字改之也。」許維遹從聞說。趙善詒曰：「《四庫全書考證》云：『獲疑當作或。』疑是，《大傳》作『毋故毋新』，義同，可證。」屈守元曰：「《四庫全書考證》云云，《說苑》作『無變舊新』，向先生《校證》云：『《外傳》「變」訛「獲」，《大傳》作「無故無新」，《淮南》同。』《淮南子》作「音氣不戾八風，詘伸不獲五度」，許慎注：「獲，誤也。」聞一多氏誤讀其句。《後漢書·申屠剛傳》：「無舊無新，唯仁是親。」李賢注引《尚書大傳》：「無故無新，唯仁之親。」《淮南子·主術篇》作「無故無新，唯賢是親」，《資治通鑑外紀》卷3作「無變舊新，唯仁是親」，此文脫「唯仁是親」四字。趙幼文說是也。《類說》卷38引「獲」作「復」，亦誤。變，讀為辨。言無辨其舊或新，唯仁人是親也。即不管其是舊人還是新人，只親近仁人。《書·泰誓中》云「雖有周親，不如仁人」〔註289〕，即「唯仁是親」之誼。

（22）既反商，〔未〕及下車，封黃帝之後於薊（薊），封帝堯之後於祝

按：周廷寀、趙懷玉、許維遹據《禮記·樂記》、《家語·辯樂解》補「未」字，改「薊」作「薊」，是也。周廷寀曰：「鄭注：『反當為及，字之誤也。』」屈守元又補引孔疏：「反商者，反當為及。言武王牧野克畢，及至商郊也。」許維遹曰：「《家語》云：『武王克殷而返（反）商之政。』『祝』與『鑄』同，《呂氏春秋·慎大篇》作『鑄』，金文『祝國』作『鑄』。《淮南子·俶真篇》：『冶工之鑄器。』高注：『鑄讀唾祝之祝。』是其證。」①《白虎通義·封公侯》、《後漢書·儒林傳》李賢注引《樂記》亦作「王克殷反商」，是諸書作「反」字不誤。考《書·武成》：「乃反商政，政由舊。」此文「反商」上脫「克殷」二字，當據《禮記·樂記》、《家語·辯樂解》、《史記·樂書》補；「反商」下亦當據《家語》補「之政」二字，或據《武成》補「政」字。反商政者，恢復商朝之舊政也，故《武成》云「政由舊」。《史記·樂書》：「武王克殷，反商，未及下車，而封黃帝之後於薊。」《集解》亦從鄭玄說，是其誤久矣。②

〔註288〕趙幼文《〈韓詩外傳〉識小》，《金陵學報》第8卷第1、2期合刊，1938年版，第110頁。
〔註289〕《論語·堯曰》同，《墨子·兼愛中》引《傳》「不如」作「不若」。

《家語》、《史記》亦作「薊」。《說文》:「郏,周封黃帝之後於郏也。」《呂氏春秋・慎大》:「武王勝殷,入殷,未下輿,命封黃帝之後於鑄,封帝堯之後於黎。」《史記・周本紀》:「封黃帝之後於祝,帝堯之後於薊。」「薊」、「黎」皆「郏」音轉〔註290〕。《呂氏》及《周本紀》封地與諸書適反。③許維遹謂「祝」同「鑄」,是也。《樂記》鄭玄注:「祝,或為鑄。」《潛夫論・五德志》:「武王克殷,而封其胄於鑄。」《後漢書・郡國志》:「蛇丘有有鑄鄉。」劉昭注:「周武王未及下車,封堯後於鑄。」

（23）於是廢軍而郊射

按:許維遹曰:「『廢』與『發』古通。《禮記・樂記篇》、《家語・辯樂解》作『散』,『散』與『發』同義。」《史記・樂書》亦作「散軍」。許說非是。「廢」讀如字,即廢除義,亦即指解散軍隊。「發軍」無用作散軍解者。

（24）明日祛衣請受業

按:許維遹曰:「《呂氏春秋・達鬱篇》:『祛步堂下。』高注:『祛步,舉衣而步也。』」屈守元曰:「祛,舊本皆作『袪』,今從《冊府元龜》改正。周、趙校本皆作『袪』。周云:『袪,當讀為「摳衣趨隅」之摳。』『袪』不成字,周讀是也。」寶曆本、唐本、四庫本作「袪」,不是舊本皆作「祛」。「袪」不得謂不成字,除許氏所舉外,《呂氏春秋・知分》:「攘臂,袪衣,拔寶劍曰。」亦從示作「袪」,屈氏失考耳。《管子・小問》:「袪衣,示前有水也。」《水經注・濡水》、《開元占經》卷113引同,《金樓子・志怪》亦作「袪衣」;《類聚》卷59、《御覽》卷162、329、872、882引作「祛衣」,《說苑・辨物》同。周廷寀讀祛為摳,是也。《說文》:「摳,一曰摳衣升堂。」《說苑・立節》:「遂祛衣將入鼎。」〔註291〕《新序・義勇》作「褰衣」,義同。「褰」是「攓」省借字,《說文》:「攓,摳衣也。」字亦作扗,《方言》卷6:「扗摸,猶言持去也。」《廣雅》:「扗,挹也。」《玉篇》:「扗,兩手挹也。」《文選・羽獵賦》李善注引韋昭曰:「扗,捧也。」然則袪衣謂提衣。徐宗元曰:「袪,舉袖貌。」〔註292〕非是。

〔註290〕 參見蕭旭《賈子校補》,收入《群書校補（續）》,花木蘭文化出版社2014年版,第777頁。

〔註291〕 《說苑》據宋咸淳元年鎮江府學刻元明遞修本,《御覽》卷421引同,明鈔本《說苑》作「祛」。

〔註292〕 徐宗元《韓詩外傳札記》,《文史》第26輯,中華書局1986年版,第352頁。

（25）不足故自愧而勉

按：屈守元曰：「壞，蘇本、沈本、毛本皆作『愧』，今從元本，薛本、程本、胡本、唐本皆同。《永樂大典》引亦作『壞』。《孔子集語》引作『慊』。作『慊』是也。慊，疑也。《禮記·學記》云：『知不足然後能自反也。』『自慊』與『自反』義合。『壞』乃『慊』字之誤。」寶曆本、四庫本作「愧」。屈氏所釋非是。壞，讀為懷，猶言反思也。愧亦借字〔註293〕，或訓慚亦通。

（26）寡人不仁

按：許維遹曰：「《左傳·莊公十一年》『仁』作『敬』，《說苑·君道篇》作『佞』。」仁，讀為佞。《晏子春秋·內篇諫下》：「妾父不仁。」孫詒讓、于鬯並讀仁為佞〔註294〕。《晏子春秋·內篇諫上》：「孤不仁，不能順教，以至此極。」《御覽》卷271引《新序》：「昭王曰：『寡人不仁，不能守社稷。』」《史記·孝文本紀》『寡人不佞』，日本東北大學圖書館藏古鈔本「佞」作「仁」。亦皆用借字。音轉或作「不敏」，本書卷9：「景公謝曰：『寡人不仁，無良左右淫湎寡人以至於此。』」《晏子春秋·外篇》作「不敏」。《說苑·奉使》：「晏子憱然者三，曰：『臣受命弊邑之君，將使於吳王之所，不佞而迷惑入于天子之朝，敢問吳王惡乎存？』」《晏子春秋·雜篇下》作「不敏」。孫星衍曰：「『佞』與『敏』聲相近。知古人稱不佞者，謙不敏也。或以為不敢諂佞者，未然矣。」〔註295〕《漢書·文帝紀》：「寡人不佞，不足以稱宗廟。」《史記》作「不敏」。《論語·顏淵》：「回雖不敏，請事斯語矣。」《戰國策·燕策二》：「臣雖不佞，數奉教於君子矣。」文例相同。

（27）昔桀、紂不任其過，其亡也忽焉；成湯、文王知任其過，其興也勃焉

按：屈守元曰：「《左傳》云：『禹湯罪己，其興也悖焉；桀、紂罪人，其亡也忽焉。』杜注：『悖，盛貌。忽，速貌。』《釋文》：『悖，一作勃，同。』」《說苑·君道》：『昔者夏桀、殷紂不任其過，其亡也忽焉；成湯、文武知任

〔註293〕 從鬼從褱相通之例參見張儒、劉毓慶《漢字通用聲素研究》，山西古籍出版社2002年版，第888～889頁。

〔註294〕 孫詒讓《札迻》卷4，中華書局1963年版，第121頁。于鬯《香草續校書》，中華書局1963年版，第102頁。

〔註295〕 孫星衍《晏子春秋音義》卷下，收入《諸子百家叢書》，上海古籍出版社1989年影印浙江書局本，第99頁。

其過，其興也勃焉。』」《說苑·權謀》：「昔者夏桀、殷紂不任其過，故亡；成湯、文武知任其過，故興。」

（28）期月，四方之士相導而至矣

按：屈守元曰：「相導，《文選》注明州本、贛州本皆作『相遾』，而尤刻本及《集注》本皆誤作『相選』。《說苑》作『相攜』，疑出後人改易，似當以作『相遾』為是。又『至』字上《文選》注引有『並』字，《說苑》亦有。」《說苑》自作「相攜」，《治要》卷43、《御覽》卷474引並作「相携」，俗字，非出後人改易也。《冊府元龜》卷241作「相選」。宋刊本《六臣註文選》注引此文作「相遾」，慶長十二年活字印本、嘉靖元年金臺汪諒刊本亦作「相遾」，宋淳熙八年刻本、北宋刻遞修本、朝鮮木活字印本、奎章閣本《文選》注引作「相選」。胡克家《考異》卷8云：「相選，袁本、茶陵本『選』作『遾』，是也。」〔註296〕

（29）外無曠夫，內無怨女

按：《孟子·梁惠王下》：「內無怨女，外無曠夫。」〔註297〕《詩·雄雉》序：「軍旅數起，大夫久役，男女怨曠。」孔疏引《書傳》：「外無曠夫，內無怨女。」當出此文，「書」字疑衍文。諸家並輯作《尚書大傳》〔註298〕，非是。

（30）故天不變經，地不易形

按：《管子·形勢》：「天不變其常，地不易其則。」《鶡冠子·世兵》同。「則」形譌作「刑」，因又易作「形」。

（31）動以雷電，潤以風雨，節以山川，均以寒暑

按：《易·繫辭上》：「鼓之以雷霆，潤之以風雨。」《禮記·樂記》：「鼓之以雷霆，奮之以風雨。」《類聚》卷14引齊王儉《高帝哀策文》：「威以雷霆，

〔註296〕 蕭統《文選》（李善注），後附胡氏《考異》卷8，中華書局1977年版，第959頁。

〔註297〕 《韓子·外儲說右下》、《新序·雜事三》、《鹽鐵論·取下》、《孔叢子·論書》同。

〔註298〕 孫之騄輯《尚書大傳》卷1，收入景印文淵閣《四庫全書》第68冊，臺灣商務印書館1986年初版，第389頁。陳壽祺輯《尚書大傳》卷3，收入《叢書集成新編》第106冊，新文豐出版公司1985年版，第377頁。皮錫瑞《尚書大傳疏證》卷7，並收入《續修四庫全書》第55冊，上海古籍出版社2002年版，第793頁。

潤以風雨。」《玉篇》：「霆，電也。」《慧琳音義》卷 46：「雷霆：《周易》：『鼓
之以雷霆。』劉瓛曰：『霆，電也。』」《淮南子‧說林篇》：「蔭不祥之木，為
雷電所撲。」《御覽》卷 13、《事類賦注》卷 3 引作「雷霆」，《文子‧上德》
同。

（32）聖人刳木為舟，剡木為楫，以通四方之物，使澤人足乎水（木），
山人足乎魚，餘衍之財有所流，故豐膏不獨樂，磽确不獨苦

按：周廷寀曰：「『澤人足乎木，山人足乎魚』二句亦見《荀子‧王制》。」
《鹽鐵論‧通有》引語曰：「百工居肆以成其事，農商交易以利本末。山居澤
處，蓬蒿墝埆，財物流通，有以均之。是以多者不獨衍，少者不獨饉。」即
本於本文。

（33）適情辟餘，不求非其有，而天下稱其廉也

按：趙懷玉曰：「『辭』本皆作『辟』，今案文義改。」賴炎元從其說〔註 299〕。
許維遹曰：「『辟』與『避』同，不必改字。」屈守元曰：「辟，除也。不煩改字。」
趙說是也，《文子‧九守》、《文子‧下德》、《淮南子‧氾論篇》、《淮南子‧
精神篇》皆有「適情辭餘」之語，是其確證。又《淮南子‧精神篇》云「適
情不求餘」，亦其旁證。「辭」籀文作「𤔧」，俗字作「辞」，與「辟」形近致
誤。《大戴禮記‧保傅》：「然而不辭者。」王念孫曰：「『辭』當作『辟』，字
之誤也。『辟』與『避』同。《賈子》、《漢書》並作『避』。」〔註 300〕《鄧子‧
轉辭》：「蕩淫辟之端。」覆宋本「辟」作「辞」。譚獻曰：「『辞』當作『辟』。」
〔註 301〕宋廿一卷本《古文苑》卷 19《後漢鴻臚陳君碑》：「四府並辟，弓旌
交至。」宋九卷本作「辞」。皆其相譌之例。

（34）治道具而遠近畜矣

按：畜，親順、媚悅。《說苑‧善說》：「嫁女因媒而成，不因媒而親。」
《類聚》卷 94、《御覽》632 引「親」作「畜」。《孟子‧梁惠王下》：「畜君者，

〔註 299〕 賴炎元《韓詩外傳校勘記》，（香港）《聯合書院學報》第 1 期，1962 年版，
　　　　　第 38 頁。
〔註 300〕 王念孫說轉引自王引之《經義述聞》卷 11，江蘇古籍出版社 1985 年版，第
　　　　　274 頁。所引《賈子》見《保傅》，《漢書》見《賈誼傳》。
〔註 301〕 《鄧析子》，影印北圖藏清同治 11 年劉履芬影摹宋刻本，收入《續修四庫全
　　　　　書》第 971 冊，第 642 頁。其書上下端校語為譚獻所作。

好君也。」趙岐注：「言臣說君謂之好君。」《呂氏春秋·適威》引《周書》曰：
「民善之則畜也，不善則讐也。」高誘注：「畜，好。」《商子·弱民》：「民善
之則親，利之用則和。」字亦作嫵，《說文》：「嫵，媚也。」《廣雅》：「嫵，好
也。」畜（嫵）、好一音之轉〔註302〕。

（35）夫欲嗜魚，故不受也

按：許維遹曰：「《韓非子·外儲說右下》『欲』作『唯』。」「欲」當作
「唯」，字之誤也。《淮南子·道應篇》亦作「夫唯」。「夫唯」與「故」是關
聯詞，也作「夫惟」、「夫維」。《新序·節士》作「吾以嗜魚，故不受魚」，
《史記·循吏列傳》作「以嗜魚，故不受也」，「以」與「故」亦是關聯詞。

（36）今其仁義之陵遲久矣，能謂民無踰乎

按：謂，《說苑·政理》同，《荀子·宥坐》作「使」。許維遹曰：「『謂』、
『為』古通，為，使也。」裴學海曰：「謂，猶使也。」〔註303〕今其，《說苑》
作「今是」。趙善詒曰：「『其』字不可通。《荀子》、《家語》並作『世』，當從
之正，此誤刊耳。」許維遹從趙說，並云：「《說苑》作『是』，亦當作『世』。」
向宗魯曰：「今是，猶今夫，《外傳》『是』作『其』，非。」〔註304〕向說是也，
《荀子》正作「今夫」，趙氏失檢。

（37）昔之君子道其百姓不使迷

按：屈守元曰：「道，讀曰導。」《新序·節士》正作「導」。下文「謹其
教道」，又「則道不迷而民志不惑矣」，亦讀為導。

（38）夫散其本教而待之刑辟，猶決其牢而發以毒矢也

按：《鹽鐵論·後刑》：「今廢其紀綱而不能張，壞其禮義而不能防，民陷
於罔，從而獵之以刑，是猶開其闌牢發以毒矢也。」

（39）左洞庭之波，右彭澤之水

按：波，別本作「陂」，借字。水，《說苑·君道》作「川」。「川」是「水」

〔註302〕 參見蕭旭《呂氏春秋校補》，花木蘭文化出版社 2016 年版，第 354～355
頁。
〔註303〕 裴學海《古書虛字集釋》，中華書局 1954 年版，第 131 頁。
〔註304〕 向宗魯《說苑校證》，中華書局 1987 年版，第 149 頁。

形譌，《說苑・正諫》：「左洞庭之陂（波），右彭蠡之水。」〔註305〕《戰國策・魏策一》：「左有彭蠡之波，右有洞庭之水。」正作「水」字。本書卷5「水淵深廣，則龍魚生之」，《荀子・致士》「水」作「川」。《家語・正論解》「防怨，猶防水也」，《左傳・襄公三十一年》、《新序・雜事四》「水」作「川」。《國語・周語上》「防民之口，甚於防川」，《呂氏春秋・達鬱》同，《史記・周本紀》「川」作「水」。《淮南子・說山篇》「水廣者魚大」，《文子・上德》、《鹽鐵論・刺權》「水」作「川」。馬王堆帛書《二三子問》引《易・未濟》「涉川」，《史記・春申君傳》、《新序・善謀》引「川」作「水」（「水」、「尾」合韻）。《老子》第15章「豫兮若冬涉川」，郭店楚簡同，帛書甲、乙本及北大本作「水」。《說文》「湖，川澤所仰以灌溉也」，《類聚》卷9引「川」作「水」。《拾遺記》卷2「字作九州山川之字」，《御覽》卷683、《太平廣記》卷472引「川」作「水」。皆其相譌之例。

（40）吾喻教猶未竭也

按：周廷寀曰：「『喻』、『諭』同。」屈守元曰：「《漢書・賈誼傳》：『早諭教與選左右。』」《漢書》作「諭教」，《賈子・保傅》、《大戴禮記・保傅》同，屈氏失檢。周說是也，《說苑・君道》正作「諭」。

（41）天下聞之，皆薄禹之義而美舜之德

按：《說苑・君道》「薄」作「非」，「美」作「歸」。

（42）季孫子之治魯也，眾殺人而必當其罪，多罰人而必當其過

按：屈守元曰：「《類說》引無兩『而』字。」《書鈔》卷36引作「煞人必當其罪，罰人必當其過」。

（43）及其不免死也，士大夫哭之於朝，商賈哭之於市，農夫哭之於野

按：屈守元曰：「《史記・循吏傳》《索隱》：『《韓詩》稱子產卒，鄭人耕者輟耒，婦人損其佩玦也。』當為此之脫文。《文選・齊竟陵文宣王行狀》注引劉緄《聖賢本紀》云：『子產治鄭二十年卒，國人哭于巷，商賈哭於市，農夫號於野。』《書鈔》卷30引《說苑》云：『子產死，處女泣於室，農人哭於野。』諸文皆可與此參證。」《索隱》作「捐」，屈氏誤引作「損」。《書鈔》

見卷 35 引《說苑》，屈氏誤記。《書鈔》卷 35 引《韓子》：「子產病死也，大夫哭於朝，商賈哭於市。」當即此文，而誤作《韓子》。《文選·王文憲集序》李善注引劉緩《聖賢本紀》：「子產治鄭二十年卒，國人哭於巷，婦人哭於機。」又《馬汧督誄》注引作「子產卒，國人哭於巷，婦人泣於機」。

（44）今竊聞夫子疾之時，則國人喜；活則國人皆駭

按：《後漢書·陳寵傳》李賢注引《新序》作「今子病而人賀，子愈而人相懼」。「活」是「治」形譌，與「愈」同義。

（45）且賜聞居上位行此四者而不亡者，未之有也

按：《類說》卷 38 引作「居上位行此四者，未有不罷者也」。

（46）夫水者緣理而行

按：周廷寀曰：「緣，《說苑·雜言》作『循』，句上有『泉源潰潰，不釋晝夜，其似力者』十二字。」屈守元引向宗魯曰：「《孟子·離婁下篇》：『源泉混混，不舍晝夜。』潰潰，《孟子》作『混混』，《春秋繁露》則云『混混沄沄』，此『潰』字疑當作『潰』。」《春秋繁露·山川頌》作「混混沄沄」，屈氏引誤（屈書第 305 頁引不誤）。余舊說謂「潰」當作「潰」，「潰潰」義同「混混」〔註306〕。又疑「潰潰」當作「湏湏」，即「沄沄」。

（47）不遺小間

按：屈守元曰：「《御覽》卷 59 引『小間』作『大小』，《類說》引作『小澗』。」《說苑·雜言》、《董子·山川頌》「小間」同此，《類聚》卷 8 引無「間」字，《白氏六帖事類集》卷 2、《合璧事類備要》前集卷 7 引無「小間」〔註307〕。

（48）動而下之

按：周廷寀曰：「下之，當從《說苑》作『之下』。」趙懷玉曰：「舊本作『下之』，今從《御覽》卷 59 引乙正。」許維遹曰：「趙、周校是。《白帖》卷 6 作『重而之下』，『重』即『動』字之壞。」屈守元曰：「《類聚》卷 8、《御覽》卷 59 引『動』字作『重』，《合璧事類》前集卷 7 引『下之』作『之下』。」屈校殊不完備。《類聚》引作「重而下」，《白氏六帖事類集》卷 2、

〔註306〕 蕭旭《說苑校補》，收入《群書校補》，廣陵書社 2011 年版，第 550 頁。
〔註307〕 《白帖》在卷 6，下同。

《御覽》、《合璧事類》引作「重而之下」。當從《說苑》作「動而之下」，周、
趙、許說是。

（49）蹈深不疑

　　按：周廷寀曰：「《說苑》云：『赴千仞之壑而不疑。』」屈守元曰：「《類
說》引『蹈』作『陷』。」「陷」字誤，各書引皆作「蹈」。《合璧事類》前集
卷 7 引「疑」誤作「凝」。《董子·山川頌》作「赴千仞之壑石而不疑」，衍
「石」字〔註308〕。

（50）品物以正

　　按：屈守元曰：「《類聚》卷 8、《白帖》卷 2、《御覽》卷 59 引皆無『品物
以正』四字。」各書引脫，《說苑·雜言》作「品類以正」。

（51）萬事以平

　　按：《類聚》卷 8、《合璧事類》前集卷 7 引同，《白氏六帖事類集》卷 2、
《御覽》卷 59 引作「萬事所平」，《說苑·雜言》作「眾人取平」。

（52）夫山者，萬民之所瞻仰也

　　按：屈守元曰：「《類聚》卷 7 引『萬民』作『萬物』。《御覽》卷 28 引
『瞻仰』作『觀仰』。」《御覽》見卷 38 引，屈氏誤記，下皆同誤。當作「萬
民」，《說苑·雜言》同，《初學記》卷 5 二引皆作「萬人」，《御覽》卷 38、
《記纂淵海》卷 65 引同。瞻仰，《類聚》卷 7 引同；《初學記》卷 5 二引，一
引同今本，一引作「觀仰」；《記纂淵海》引亦作「觀仰」，《說苑》同。

（53）草木生焉

　　按：屈守元曰：「《御覽》卷 28 引『草木』作『材用』。」《初學記》卷 5
二引，一引同今本，一引作「材用」。《記纂淵海》卷 65 引作「材用」。《類聚》
卷 7 引作「草木」，《說苑》同。

（54）萬物植焉

　　按：周廷寀曰：「《說苑》『萬』作『眾』，『植』作『立』。」屈守元曰：
「《初學記》卷 5、《御覽》卷 28 引『萬物』作『寶藏』。《類聚》卷 7 引『植』

〔註308〕 《古文苑》卷 12 無「石」字，是也。

作『殖』。」萬物，《類聚》卷 7 引同；《初學記》二引，一引同今本，一引作
「寶藏」；《記纂淵海》卷 65 引作「寶藏」。《董子·山川頌》：「立寶藏。」

（55）飛鳥集焉

按：周廷案曰：「鳥集，劉作『禽萃』。」屈守元曰：「《御覽》卷 28 引
亦作『禽萃』，《初學記》卷 5 引仍作『鳥集』，疑《御覽》所引，為《說苑》
所混。」鳥集，《類聚》卷 7 引同；《初學記》二引，一引同今本，一引作「禽
萃」；《記纂淵海》卷 65 引作「禽萃」。

（56）走獸休焉

按：屈守元曰：「《初學記》卷 5、《御覽》卷 28 引『休』字皆作『伏』。」
《初學記》二引皆作「伏」，《記纂淵海》卷 65 引同，《說苑》亦作「休」。
《董子·山川頌》云「禽獸伏」，《古文苑》卷 15 楊雄《上林苑令箴》：「夷
原污藪，禽獸攸伏。」則「休」為「伏」形誤。《類聚》卷 7、《類說》卷 38
引皆誤作「休」。

（57）顏色黯黑，手足胼胝

按：趙懷玉曰：「《說苑》作『黧黑』。」〔註309〕《御覽》卷 633 引《說
苑》作「黎」。本書卷 9：「手足胼胝而面目黧黑。」《墨子·備梯》：「手足胼
胝，面目黧黑。」《史記·李斯傳》：「手足胼胝，面目黎黑。」朱季海曰：
「黎亦黯也。」

（58）子試為我言之

按：試，《說苑·復恩》同。試，且也，表祈使語氣的副詞。《說苑·奉
使》：「子大夫試孰計之！」亦其例。

（59）變化我行

按：變化，《說苑·復恩》作「暴浣」。屈守元曰：「『暴浣』義不可解，當
以『變化』為是。」朱起鳳謂「暴浣」是「草書形近而訛」〔註310〕。《御覽》
卷 633 引《說苑》作「暴顯」。浣，讀為皖，明貌。

〔註309〕賴炎元誤作「黎黑」。賴炎元《韓詩外傳校勘記》，（香港）《聯合書院學報》
　　　　第 1 期，1962 年版，第 40 頁。
〔註310〕朱起鳳《辭通》卷 19，上海古籍出版社 1982 年版，第 2078 頁。

（60）藩援我，使我不為非者

　　按：周廷寀曰：「藩、蕃古通。」屈守元曰：「《說苑》作『蕃』。」，《說苑》作「蕃援我，使我不得為非，數引我而請於賢人之門」，《御覽》卷 633 引《說苑》作「蕃授」，「授」是「援」形誤。疑此有脫文，《說苑》「蕃援」、「數引」對舉，蕃讀為繁，或借「煩」字為之，亦頻數之義。

（61）彼詐人者，門庭之閒猶挾欺，而況千世之上乎

　　按：挾欺，《荀子‧非相》作「誣欺」。俞樾據此文校作「挾欺」〔註311〕，俱矣，此文當據《荀子》作「誣欺」。

（62）是以久而差

　　按：賴炎元曰：「差，錯誤。」屈守元曰：「《荀子》作『是以文久而滅，節族久而絕』。」《荀子‧非相》又云「故曰文久而息，節族久而絕」。「節族」即「節奏」音轉，《樂書》卷 158 引正作「節奏」。此文當作「文久而差」，脫「文」字。

（63）舜生於諸馮，遷於負夏

　　按：《孟子‧離婁下》同。《路史》卷 27 引《世紀》：「舜遷于負黍。」又按云：「少室一曰黍室，負黍城在其南，《定六年》之負黍也。」《路史》卷 36 引《孟子》，注云：「諸馮，即《春秋》之『諸浮』，冀州之地。」

（64）德行寬裕者，守之以恭

　　按：寬裕，本書卷 8 作「寬容」。容讀為裕〔註312〕。

（65）一沐三握髮，一飯三吐哺

　　按：屈守元曰：「《冊府元龜》卷 816 用此文『握』作『捉』。《文選‧聖主得賢臣頌》：「昔周公躬吐握之勞。」日本古鈔本及《集注》本『吐握』皆作『吐捉』。《集注》本注云：『今案五家本捉為握。』《集注》所載李善注引此亦作『捉』。《說苑》作『握髮』。向先生《校證》云：『《呂氏春秋‧謹聽》：「昔者禹一沐而三捉髮，一食而三起。」《淮南子‧氾（汜）論篇》：「禹一饋而十起，一沐而三捉髮。」皆以為禹事，蓋周公所取法也。』」《史記‧魯

〔註311〕俞樾《莊子平議》，收入《諸子平議》，上海書店 1988 年版，第 237 頁。
〔註312〕參見蕭旭《荀子校補》，花木蘭文化出版社 2016 年版，第 155 頁。

世家》、《治要》卷 43 引《說苑》作「捉髮」，《列女傳》卷 1、《論衡・書解》作「握髮」。劉釗、張傳官謂「握」、「捉」與「搤」義近，是「緊攥」、「撏乾」義〔註313〕，是也。

（66）是以衣成則必缺衽，宮成則必缺隅，屋成則必加拙

按：許維遹曰：「『措』舊作『拙』，元本作『措』。《說苑・尊賢篇》作『錯』（引者按：當是《敬慎篇》），『措』、『錯』古通，今據正。」賴炎元曰：「拙，不精巧。」屈守元曰：「『措』字，諸本皆作『拙』，此從元本。《說苑》作『錯』，元本與之合，然『加錯』一詞，向先生亦無說，蓋『屋成加措』之說，尚須博訪也。」徐宗元曰：「宮成缺隅，未詳其制。《說文》：『甈，缺也，古者城闕其南方謂之甈。』據此則宮缺其南方為雙闕焉。」〔註314〕《喻林》卷 29 引作「措」。措、錯，讀為笮，字亦作笮，相當於今之望板。加笮，取其逼迫之義，正上文「謙之謂也」之誼〔註315〕。

（67）夫慎於言者不譁，慎於行者不伐

按：周廷寀曰：「荀、劉並云：『奮於言者華，奮於行者伐。』楊注：『奮，猶振矜也。』」屈守元曰：「《說苑》作『賁於言者華也，奮於行者伐也』，與《荀子》微有不同，《家語》乃與《荀子》全同，周說殊不精細。俞樾曰：『《外傳》云云，當從之。華即譁之省文，兩奮字皆夲字之誤，乃古文慎字也。楊氏據誤本作注，非也。』」華當讀為誇，猶言虛誇。

（68）君子行不貴苟難，說不貴苟察，名不貴苟傳

按：三語本於《荀子・不苟》。《申鑒・雜言下》：「故名不貴苟傳，行不貴苟難。」亦本之。《文子・上仁》：「其計可用，不羞其位；其言可行，不貴其辯。」〔註316〕亦足參證。

〔註313〕 劉釗、張傳官《談「一沐三捉髮」的「捉」》，《復旦學報》2013 年第 6 期，第 31～36 頁。劉釗、張傳官《再談「一沐三捉髮」的「捉」》，《漢字漢語研究》2018 年第 3 期，第 40～54 頁。

〔註314〕 徐宗元《韓詩外傳札記》，《文史》第 26 輯，中華書局 1986 年版，第 352 頁。

〔註315〕 參見蕭旭《馬王堆帛書〈周易〉經傳校補》，唐山師範學院《中文研究集刊》2018 年第 1 期，社會科學文獻出版社 2018 年 12 月出版，第 118 頁。

〔註316〕 《淮南子・主術篇》「貴」誤作「責」，《治要》卷 41 引已誤，諸家並失校。

（69）王者之等賦正事

按：屈守元曰：「此文見《荀子・王制篇》。《荀子》『正』作『政』，下有『財萬物所以養萬民也』九字。劉台拱謂『所以』字，當在『財萬物』上。王念孫謂首句當為『王者之法』，『政』讀為『正』，『言等地賦，正民事，以成萬物而養萬民也。』案：劉、王二氏所說，亦不足憑。『政』、『正』二字皆讀為征。此傳『事』字，乃『財』字之誤。《荀子》則『財』上誤衍『事』字。」劉、王說是，許維遹從王說。然「法」字不煩補。屈說殊誤。此有脫文，當作「王者之等賦正事，所以財萬物、養萬民也」。「財萬物、養萬民」是《荀子》習語，屈氏所校，殊不合《荀子》文例，其誤斷可知也。《荀子・儒效》：「然而通乎財萬物、養百姓之經紀。」又《非十二子》：「一天下，財萬物，長養人民，兼利天下。」也作「裁萬物」、「材萬物」，《荀子・王制》：「故序四時，裁萬物，兼利天下。」又《富國》：「固以為王天下，治萬變，材萬物，養萬民，兼制（利）天下者。」

（70）相地而正壞

按：趙善詒曰：「瞿中溶《跋元本外傳》：『元本作「相地而攘正」，證以《荀子》作「衰政」，則元本第誤「衰」為「攘」耳。』『正』、『政』古通。」〔註317〕許維遹曰：「瞿校是也。《管子・小匡篇》：『相地而衰其政。』《齊語》：『相地而衰征。』韋注：『相，視也。衰，差也。視土地之美惡及所生出以差征賦之輕重也。』並其證。」屈守元曰：「攘正，薛本及蘇、沈、程、胡、唐、毛諸本皆作『正壞』，此從元本。《荀子》作『衰政』，『攘』字當即『衰』字之誤。楊倞註云：『相，視也。衰，差也。政為之輕重。政，或讀為征。』」沈本、薛本、程本、毛本、唐本、寶曆本、四庫本皆作「正壞」，屈氏誤校。胡本余未見。此文「壞」亦「衰」形謠。《國語・齊語》：「相地而衰征，則民不移。」《管子・小匡》作「相地而衰其政，則民不移矣」。韋昭注為楊倞註所本。又考《管子・乘馬數》：「相壞定籍而民不移。」「相壞」即「相地」，「籍」謂徵稅，則「政」讀為征，礭不可移矣。

（71）雖幽間僻陋之國，莫不趨使而安樂之

按：雖，各本同，獨元本作「無」，《荀子・王制》亦作「無」。屈守元本

〔註317〕趙氏誤「瞿中溶」作「曹中溶」，徑正。

作「無」，而失校。

　　裴學海曰：「無，猶雖也。《爾雅》：『使，從也。』」〔註318〕

（72）夫以跖而詐桀，猶有工拙焉

　　按：各本皆同，屈守元依元本作「猶有功拙幸焉」，朱季海亦補「幸」字。《荀子·議兵》作「故以桀詐桀，猶巧拙有幸焉」，《新序·雜事三》作「若以桀詐桀，猶有幸焉」，《漢書·刑法志》引《荀子》作「故以桀攻桀，猶有巧拙」。功，讀為工。「巧拙」、「工拙」義同。

（73）以桀而詐堯，如以指撓沸，以卵投石

　　按：屈守元曰：「《新序》『撓』作『繞』。」宋本《新序》作「澆」，讀為撓。

（74）彼則先覺其失，何可詐哉

　　按：周廷寀曰：「《荀》作『彼必將來告之，夫又何可詐也』。」此文「失」當作「夫」，「其」下脫「父母也」三字，當作「彼則先覺其父母也，夫何可詐哉」句。覺、告一音之轉。

（75）孝成王避席仰首曰：「寡人雖不敏，請依先生之兵也。」

　　按：趙懷玉曰：「『仰首』當是『抑首』之誤。」俞樾曰：「《比干篇》：『於是靈公避席抑手曰：「寡人雖不敏，請從先生之勇。」』〔註319〕兩文相似，則此文『仰首』當作『抑手』。」趙善詒從俞說。許維遹引趙說，「抑首」誤作「抑手」，則俞說與趙說相同，因從二氏說，疏矣。賴炎元引俞說，末四字誤作「當作抑首」〔註320〕，則俞說與趙說亦同，故賴氏於二家說無所取捨，亦疏矣。趙說是也，《說文》：「抑，按也。」抑首，猶言屈首、低頭。《史記·叔孫通傳》：「諸侍坐殿上皆伏抑首。」《集解》引如淳曰：「抑，屈也。」《漢書》顏師古注：「抑，屈也。謂依禮法不敢平坐而視。」《晏子春秋·內篇諫下》：「晏子抑首而不對。」卷6作「抑手」者，亦「抑首」音誤。《晏子春秋·內篇諫上》：「公怒，色變，抑手疾視曰。」亦然。《後漢書·

〔註318〕裴學海《古書虛字集釋》，中華書局1954年版，第900頁。
〔註319〕引者按：見本書卷6。
〔註320〕賴炎元《韓詩外傳校勘記》，（香港）《聯合書院學報》第1期，1962年版，第44頁。

蔡邕傳》《釋誨》：「於是公子仰首降階，怩怩而避。」「仰首」當作「抑首」，與「怩怩」相應，《蔡中郎集》卷 3 作「俛首」〔註 321〕。吳志忠曰：「原本、別本『俛』誤『仰』。」〔註 322〕吳氏已看出「仰」誤，改作「俛」得其義，但未得其字。

（76）知此三者

按：屈守元曰：「《治要》引無『此』字。」《治要》卷 8 引無「知」字，屈氏誤記。

（77）夫處飢渴，苦血氣，困寒暑，動肌膚，此四者，民之大害也

按：趙懷玉本「困」作「因」，而無說，「因」當是形訛。許瀚曰：「『處』、『困』二字，蓋後人妄加。下文云『四者民之大害』，『四』謂飢渴寒暑也。」趙善詒說同，許維遹從許說。趙幼文曰：「肌膚不可曰動。疑『動』為『勤』之訛，勤，病也。」〔註 323〕賴炎元全襲趙說〔註 324〕。屈守元曰：「《治要》引無『處』字、『困』字，則當以『飢渴苦血氣，寒暑動肌膚』為二句。許云云。」余疑「處」是「疲」形誤，「四者」指民疲飢渴、苦血氣、困寒暑、動肌膚而言。

（78）四體不掩，則鮮仁人；五藏空虛，則無立士

按：賴炎元曰：「立士，有節操的人。」屈守元曰：「『立』疑當作『廉』。」屈說是也，然其本於朱起鳳〔註 325〕，而不著所出。

卷第四校補

（1）紂囚殺之

按：周廷寀曰：「囚，《序》作『因』。」許維遹於「囚」下補「而」字。

〔註 321〕 《蔡中郎集》據明嘉靖刊本，四庫本作「俯首」，《四部叢刊》景明活字本、十萬卷樓叢書本、《四部備要》據海原閣校刊本卷 10 本亦誤作「仰首」。

〔註 322〕 吳志忠《校蔡中郎集疏證》，收入《續修四庫全書》第 1303 冊，上海古籍出版社 2002 年版，第 366 頁。

〔註 323〕 趙幼文《〈韓詩外傳〉識小》，《金陵學報》第 8 卷第 1、2 期合刊，1938 年版，第 111 頁。

〔註 324〕 賴炎元《韓詩外傳校勘記》，（香港）《聯合書院學報》第 1 期，1962 年版，第 44 頁。

〔註 325〕 朱起鳳《辭通》卷 12，上海古籍出版社 1982 年版，第 1207 頁。

《新序・節士》作「紂因而殺之」。石光瑛謂「因」是「囚」誤〔註326〕。下章「桀囚而殺之」，《新序・節士》作「桀因囚拘之」。疑二文本作「因囚而殺之」。

（2）古之人君，身行禮義，愛民節財

按：身，《新序・節士》同，《資治通鑑外紀》卷2作「躬」

（3）以德調君而輔之，是謂次忠也

按：屈守元曰：「《淨土三經音義》大正大學本引作『以德調之輔之』，大谷大學本作『以德言之輔之』。」《荀子・臣道》作「以德調君而補之」。補，讀為輔。大谷本「言」是「調」脫誤。

（4）愁悴哀憂，衰絰之色也

按：周廷寀曰：「《管》云『淵然清淨』。」許維遹曰：「愁悴讀為憔悴，說見俞樾《呂氏春秋平議・順民篇》。」《呂氏春秋・重言》：「湫然清淨者，衰絰之色也。」《意林》卷2引作「愀然」，《說苑・權謀》亦作「愀然」，《論衡・知實》作「愁然」，並同，皆形容清淨之貌。本書「愁悴」是「憔悴」音轉，許說是也。《淮南子・說林篇》：「有榮華者，必有憔悴。」《文子・上德》作「愁悴」。《賈子・官人》：「憔悴有憂色。」《治要》卷40、《御覽》卷203引作「愁悴」。皆其例。《說文》以「顦顇」為正字。

（5）今有堅甲利兵，不足以施敵破虜

按：賴炎元曰：「施，行，攻擊。」施，讀為弛，毀也。

（6）匹夫百畝一室，不遑啟處，無所移之也

按：室，當從《淮南子・詮言篇》作「守」。《荀子・王霸》：「人主得使人為之，匹夫則無所移之。百畝一守，事業窮，無所移之也。」許維遹謂「守」字誤，俱矣。

（7）夫以一人而兼聽天下，其日有餘而下治，是使人為之也

按：《荀子・王霸》作「今以一人兼聽天下，日有餘而治不足者，使人為之也」，《淮南子・詮言篇》無「今」、「者」二字，餘同。許維遹據《淮南》

〔註326〕石光瑛《新序校釋》，中華書局2001年版，第846頁。

謂此文「下治是」當作「治不足」，是也。楊倞注：「《尹子》曰：『堯南撫交阯，北懷幽都，東西至日之所出入，有餘日而不足於治者，恕也。』《韓子》曰：『夫為人主而身察百官，則日不足、力不給也。故先王舍己能而因法數審賞罰，故治不足而日有餘，上之任勢使然也。』」「日有餘而治不足」即《尹子》之「有餘日而不足於治」也。楊氏所引《韓子》見《有度篇》。

（8）寡人不可使燕失禮

　　按：《說苑·貴德》「可」作「道而」二字。

（9）是以刑罰競消而威行如流者，無他，由是道故也

　　按：趙懷玉曰：「《荀》作『是故刑罰省而威流』。」許維遹曰：「『消』當作『涫』，字之誤也。《說文》：『涫，少減也。』書傳通作『省』。《荀子·議兵篇》、《史記·禮書》並作『省』，今據正。」屈守元曰：「《史記》作『是故刑罰省而威行如流』，此『競消』二字，即『省』之義也。」《荀子·議兵篇》當脫「行如」二字。裴學海曰：「競，猶綦也，極也，皆一聲之轉也。《外傳》卷4云云，《荀子·君子篇》：『刑罰綦省而威行如流。』文義同此。」〔註327〕許、裴說是也，屈氏未得。

（10）如是則近者歌謳之，遠者赴趨之

　　按：周廷寀曰：「《荀》云：『近者歌謳而樂之，遠者竭蹶而趨之。』」屈守元曰：「起趨，蘇、沈、毛本作『赴趨』，今從元本，薛、程、胡、唐諸本皆同。」屈說非也。《荀子·議兵篇》作「竭蹶」，《儒效篇》同，疾走之貌也，此文當作「赴」，義與之合。寶曆本、國會本亦誤作「起」。《史記·殷本紀》：「赴火而死。」金澤文庫本《治要》卷11引「赴」誤作「起」。《韓子·外儲說左上》：「擊鼓而民不赴。」《御覽》卷582、《事類賦注》卷11引作「起」，今本「赴」是「起」之誤。皆其比。

（11）夫，照臨而有別

　　按：賴炎元曰：「照臨，這裏解作審理、照顧。」照臨，當從《荀子·君道》作「致臨」，謂致其臨御也。

〔註327〕裴學海《古書虛字集釋》，中華書局1954年版，第428頁。

（12）仁義兼覆天下而不窮

按：周廷寀曰：「義，《荀》作『厚』，『窮』作『閔』。」閔，讀為泯，盡
也。

（13）明通天地，理萬變而不疑

按：周廷寀曰：「通，《荀》作『達』。」《荀子・君道》作「明達用天地，
理萬變而不疑」（「用」字衍文）。「理萬變」即《荀子・富國》、《樂論》「治萬
變」之誼。屈氏以「理」屬上句，非是。許維遹句讀不誤。趙懷玉本作「明通
天地之理」，臆增一「之」字，亦誤。

（14）八家相保，出入更守，疾病相憂，患難相救，有無相貸，飲食相
　　　召，嫁娶相謀，漁獵分得，仁恩施行，是以其民和親而相好

按：《鶡冠子・王鈇》：「居處相察，出入相司。」張家山漢簡《二年律令》
同，《鹽鐵論・周秦》「處」作「家」。《孟子・滕文公上》：「死徙無出鄉，鄉田
同井。出入相友，守望相助，疾病相扶持，則百姓親睦。」《漢書・食貨志》：
「出入相友，守望相助，疾病相救，民是以和睦，而教化齊同，力役生產可得
而平也。」《漢紀》卷8：「出入相交（友），守望相接，疾病相救。」《五經算
術》卷上：「凡稅斂之事，所以必共井者，存亡更守，入出相伺，嫁娶相媒，
有無相貸，疾病相憂，緩急相救，以所有易以所無也。」《通典》卷3：「使八
家為井，井開四道而分八宅，鑿井於中。一則不洩地氣，二則無費一家，三則
同風俗，四則齊巧拙，五則通財貨，六則存亡更守，七則出入相司〔註328〕，
八則嫁娶相媒，九則無有相貸，十則疾病相救。」《皇王大紀》卷2：「於是畫
天下為九州，以井制地，使民存亡更守，出入相司，嫁娶相媒，有無相貸，疾
病相救。」《通志》卷1：「同井而飲，存亡更守，男女交姻，有無相貸，疾病
相扶。」《路史》卷14：「存亡相守，有無相權。」此文「出入更守」疑有脫
文，當作「出入相司（伺），存亡更守」。謀，讀為媒。

（15）今或不然，令民相伍，有罪相伺，有刑相舉，使搆造怨仇，而民
　　　相殘，傷和睦之心，賊仁恩，害士（上）化

按：《淮南子・泰族篇》：「使民居處相司，有罪相覺，於以舉姦，非不掇
也，然而傷和睦之心，而搆仇讐之怨。」

〔註328〕《通典》據宋元遞修本，別本「司」誤作「同」。

（16）故明主有私人以百金名珠玉，而無私以官職事業者，何也

按：屈守元本脫下「以」字。百金名珠玉，周廷案、趙懷玉據《荀子・君道》校作「金石珠玉」，趙幼文、賴炎元從周說〔註329〕。聞一多謂當作「金碧珠玉」。周、趙校是也，《路史》卷29作「百金良珠玉」，亦據誤本而改。《鹽鐵論・除狹》：「故人主有私人以財，不私人以官。」

（17）超然乃舉太公於舟人而用之

按：超然，《荀子・君道》作「俏然」。俏、超一音之轉，「超」是正字，遠跳義。俏然，超遠之貌〔註330〕。

（18）簡然聖王之文具

按：《荀子・非十二子》作「斂然聖王之文章具焉」。此文脫「章」字。楊倞注：「斂，聚集之貌。」王引之曰：「斂亦具也。斂之言僉也，檢也……是具備之義也。」〔註331〕賴炎元從王說〔註332〕。此作「簡然」，音之轉耳。

（19）鄙語曰：「癘憐王。」

按：屈守元曰：「諸本皆作『癘』，張氏《學津討原》本則作『厲』。此下各本『癘』、『厲』混出。此文當用『癘』，讀洛帶切；不能用『厲』字而讀力制切也。凡作『厲』者，皆譌文也。」元本作「厲」，非張氏《學津討原》本始作「厲」也。薛本、程本、毛本、寶曆本、國會本作「癘」。《戰國策・楚策四》作「癘人憐王」，《韓子・姦劫弑臣》引諺作「厲憐王」，《長短經・是非》引鄙諺、《路史》卷14引鄙語並作「厲人憐王。」厲，讀為癘，字亦作癩。《淮南子・主術篇》：「豫讓欲報趙襄子，漆身為厲。」《說苑・復恩》作「癘」。《史記・刺客傳》：「豫讓又漆身為厲。」《集解》：「駰案：音賴。」《索隱》：「癩，惡瘡病也。厲、癩聲相近，古多假厲為癩。今之癩字從广，故楚有賴鄉，亦作厲字。《戰國策》亦作厲。」《莊子・齊物論》：「厲與西施恢恑

〔註329〕趙幼文《〈韓詩外傳〉識小》，《金陵學報》第8卷第1、2期合刊，1938年版，第112頁。賴炎元《韓詩外傳校勘記》，（香港）《聯合書院學報》第1期，1962年版，第50頁。

〔註330〕參見蕭旭《荀子校補》，花木蘭文化出版社2016年版，第143頁。

〔註331〕王引之《經義述聞》卷22，江蘇古籍出版社1985年版，第534頁。

〔註332〕賴炎元《韓詩外傳校勘記》，（香港）《聯合書院學報》第1期，1962年版，第53頁。

憍怪，道通為一。」《釋文》：「厲，如字，惡也。李音賴。司馬云：『病癩。』」
《史記・范睢傳》：「臣憂，漆身為厲。」《索隱》：「厲，音賴，癩病也。言漆
塗身，生瘡如病癩。」亦皆用借字。屈氏未達音轉。

（20）夫人主年少而放，無術法以知奸

按：周廷寀曰：「放，《策》作『矜材』。」屈守元曰：「『放』當為『矜』，
字之誤也。『矜』下又脫『材』字。矜材，猶寡材也。」屈氏校為「矜材」，是
也，而所釋則非。矜讀為鰥，指孤寡之人，而無寡少義。矜材，矜尚其材智，
誇其材也。《長短經・是非》誤作「矜材」〔註333〕。知，讀為折、制。

（21）安舊侈質，習貫易性而然也

按：郝懿行曰：「『侈』疑當作『移』。」許維遹曰：「郝校是也。《荀子・儒
效篇》：『習俗移志，安久移質。』舊、久義同。」屈守元曰：「諸本皆作『侈質』，
惟周本作『移質』，未知所據。侈質，雖不可得詳解，然與『移質』之意似正相
反。周本改此字，誤矣。」侈，讀為移，實為迻，與下「易」字對舉同義。《晏
子春秋・內篇雜上》：「嬰聞汩常移質，習俗移性。」移質、易性一也。不煩改字。

（22）夫巧弓在此手也，傅角被筋，膠漆之和，即可以為萬乘之寶也

按：許維遹曰：「元本、沈本作『傅』，鍾本、黃本、楊本、毛本、程本、
劉本作『傳』。本或作『傅』，是，今據改。」屈守元曰：「『傳』或『傅』字之
訛，『傅』與『被』皆謂角、筋著弓體也。」二氏說是也，寶曆本、唐本、四庫
本、張海鵬《學津討原》本亦作「傅」。《周禮・考工記・弓人》：「角不勝幹，幹
不勝筋，謂之參均。」鄭玄注：「謂若幹勝一石，加角而勝二石，被筋而勝三
石。」「傅角」即「加角」。《列女傳》卷6弓人之妻曰：「傅以燕牛之角，纏以
荊蘗之筋，糊以河魚之膠。」「傳」亦「傅」形譌，《類聚》卷60、《御覽》卷347、
《事類賦注》卷13、《埤雅》卷1引正作「傅」。《說郛》卷101引王琚《射經》：
「弓有六善……欲其勁者，妙在治筋。凡筋生長一尺，乾則減半，以膠湯濡而
極之，復長一尺。然後用則筋力已盡，無復伸弛。又揉其材，令仰，然後傅角
與筋，此兩法所以為筋也。」《夢溪筆談》卷18同〔註334〕。正言「傅角」。被
筋亦稱作彉，《廣韻》：「彉，以筋帖弓。」《集韻》：「彉，以絲被弓也。」

〔註333〕《長短經》據南宋初年杭州淨戒院刊本，四庫本作「矜材」不誤。
〔註334〕《夢溪筆談》據元刻本，津逮秘書本同，古書叢刊本亦誤作「傳角」。

（23）孔子曰：「恨兮其心，顙兮其口，仁則吾不知也。」

　　按：周廷寀曰：「『恨』疑當為『很』。」〔註335〕趙幼文曰：「『恨』與『很』通。」〔註336〕賴炎元竊趙說〔註337〕。賴炎元又曰：「顙，疑當作『類』。類，善。」屈守元曰：「『顙』亦疑當為『爽』。」趙說是也，恨讀為很，不從也，非誤字。顙，讀為槍，《說文》：「槍，距也。」「距」同「拒」，引申有頂撞、冒突義。字亦作搶，元・楊梓《霍光鬼諫》第1折：「倒把我迎頭阻，劈面搶。」字亦作桑，元・李行道《灰闌記》第1折：「便是那狠毒的桑新婦，也不似你這個七世的娘。」字亦作嗓，《輟耕錄》卷23：「愛訐人之短者亦謂之嗓。」字亦作喪，平聲，今吳語、冀魯官話、中原官話謂態度生硬、脾氣暴躁曰喪〔註338〕。顙兮其口，謂其言語衝撞也。《御覽》卷510引袁淑《真隱傳》作「窅兮泛兮，吾不測也」。

（24）良玉度尺，雖有十仞之土，不能掩其光；良珠度寸，雖有百仞之水，不能掩其瑩

　　按：趙善詒曰：「瑩，玉色也，引伸為玉之光，與言珠不合。《類聚》卷83、《白帖》卷7、《初學記》卷27引俱作『輝』，當從之。《御覽》卷802引作『耀』，與『輝』義同。」賴炎元從趙說。許維遹曰：「《孔子集語》卷4引『瑩』作『氣』，《御覽》卷510引《高士傳》作『曜』。」屈守元曰：「《類聚》卷83引『瑩』作『輝』（《事文類聚》同）。《御覽》卷802引『掩』字作『奄』，『瑩』字作『耀』。《集語》引『瑩』字作『氣』。《白帖》卷2引《韓詩》云：『良珠度寸，雖有百仞之水，不能掩其輝。』《初學記》卷27與《白帖》卷2同。」《白氏六帖事類集》卷2即《白帖》卷7。「瑩」狀光明之貌，亦可言珠，《劉子・防慾》：「是以珠瑩則塵埃不能附。」梁簡文帝《弔道澄法師亡書》：「戒珠瑩淨，福翼該圓。」皆其例。趙氏必謂作「輝」是，拘矣。《記纂淵海》卷30、《合璧事類備要》外集卷63引「瑩」亦作「輝」〔註339〕。《御覽》卷

〔註335〕屈氏引「很」誤作「狠」。
〔註336〕趙幼文《〈韓詩外傳〉識小》，《金陵學報》第8卷第1、2期合刊，1938年版，第113頁。
〔註337〕賴炎元《韓詩外傳校勘記》，（香港）《聯合書院學報》第1期，1962年版，第57頁。
〔註338〕冀魯官話、中原官話參見許寶華、宮田一郎《漢語方言大詞典》，中華書局1999年版，第3168頁。吳語則吾親知之。
〔註339〕四庫本《記纂淵海》卷60，下注同。

510 引袁淑《真隱傳》:「夫良玉徑尺,雖有十仞之土,不能掩其光明;珠度寸,雖有函丈之石,不能戢其曜。」〔註 340〕《白氏六帖事類集》卷 2 引《抱朴子》佚文:「荊山之玉,潛光荊石之中,雖有千仞之土,不能掩其光。」〔註 341〕《宋高僧傳》卷 5:「將知良珠度寸,雖有百仞之水,不能掩其(瑩)也。」又「可謂良玉度尺,雖有十仞之土,不能揜其光矣。」《佛祖統紀》卷 9:「良玉徑尺,千仞之土,不能掩其光。」度,指直徑,字書失載其義。

(25) 閔閔乎其薄也

按:屈守元曰:「閔閔,讀為靡靡,形容其薄也。《高唐賦》:『薄草靡靡。』」屈說非是。閔,讀為曼。「閔閔」狀良玉之紋理輕細,故言「薄也」。字亦作皼、脕、娩,敦煌寫卷 P.2011 王仁昫《刊謬補缺切韻》:「皼(皼),細理,或作脕。」〔註 342〕《廣韻》:「皼,細理。」《玉篇》:「皼,皮理細皼皼。」《集韻》:「皼,皮理。」又考《說文》:「筡,竹膚也。」亦取竹理緻密細膩為義。又音轉作「浼浼」,《詩‧新臺》:「河水浼浼。」《說文》:「潣,水流浼浼兒。」潣、浼一音之轉。《廣韻》:「浼,水流平兒。潣,同上。」「浼浼」狀細流貌。音轉亦作「緜緜」、「民民」,《詩‧常武》:「緜緜翼翼。」《釋文》:「緜,如字,《韓詩》作『民民』,同。」又《載芟》:「緜緜其麃。」《釋文》:「緜緜,如字,《韓詩》作『民民』。」音轉亦作「鼻鼻」、「寡寡」、「矊矊」,《說文》:「矊,目旁薄緻宀宀也。」《繫傳》:「《楚辭》曰:『靡顏膩理,遺視矊矊。』」《廣韻》引作「矊矊」。《說文》:「寡,寡寡不見也。一曰寡寡不見省人。」「宀宀」即「鼻鼻」,亦即「緜緜」。今《楚辭‧招魂》作「遺視矊些」。《爾雅》:「矊,密也。」郭璞注:「謂緻密。」又作「緬緬」,《神仙服餌丹石行藥法》:「夫凡食石,欲得細理緬緬,專是自然,無有破缺之形者也。」又音轉作「緜蠻」、「綿蠻」、「緡蠻」等形〔註 343〕。

〔註 340〕 《記纂淵海》卷 30 引虞般佑《高士傳》「雖有十仞之土」作「雖千仞之土」。「高士傳」即「真隱傳」別名。

〔註 341〕 《記纂淵海》卷 30 引同。

〔註 342〕 周祖謨《唐五代韻書集存》錄作「皼」,未作校正,中華書局 1983 年版,第390 頁。張涌泉校作「皼」,是也,張涌泉《敦煌經部文獻合集》第 6 冊,中華書局 2008 年版,第 2782 頁。

〔註 343〕 參見蕭旭《敦煌變文校補(二)》,收入《群書校補(續)》,花木蘭文化出版社 2014 年版,第 1370~1371 頁。

（26）周公〔曰〕：「唯唯，旦也踰。」

按：周廷寀改「踰」作「喻」，許維遹從周校。趙懷玉改「踰」作「諭」。賴炎元從周、趙說〔註344〕。踰，讀為諭。不煩改字。

卷第五校補

（1）諸侯力政

按：趙幼文曰：「《大戴禮・用兵篇》：『諸侯力政。』盧注：『言以威力侵爭。』是以政訓征，古通。」〔註345〕許維遹曰：「『政』與『征』通。《大戴禮記・用兵篇》：『諸侯力征。』」二氏說是也，惟《大戴》仍作「政」字，許氏失檢。其說皆本於王念孫〔註346〕。《淮南子・覽冥篇》、《要略篇》皆作「諸侯力征」，《墨子・節葬下》、《鹽鐵論・伐功》同，用本字。《墨子・明鬼下》作「諸侯力正」，「正」亦借字。

（2）王覆無遺

按：王覆，趙懷玉據《荀子・王制》作「兼覆」，朱起鳳、賴炎元說同〔註347〕，許維遹從趙說。屈守元謂當作「并覆」。王，讀為廣。《類聚》卷87魏・鍾會《蒲萄賦》：「美乾道之廣覆兮，佳陽澤之至淳。」亦作「光覆」，《易林・遯之解》：「終身不辱，盈盛之門。高屋光覆，君先其固。」《文選・悼亡賦》：「承慶雲之光覆，荷君子之恩渥。」

（3）楚成王讀書於殿上，而倫扁在下，作而問曰：「不審主君所讀何書也？」

按：賴炎元曰：「作，站起來。」屈守元曰：「作，起也。」《莊子・天道》作「桓公讀書於堂上，輪扁斲輪於堂下，釋椎鑿而上，問桓公曰」，《淮南子・道應篇》作「桓公讀書於堂，輪人斲輪於堂下，釋其椎鑿而問」。此文疑有脫

〔註344〕 賴炎元《韓詩外傳校勘記》，（香港）《聯合書院學報》第1期，1962年版，第58頁。

〔註345〕 趙幼文《〈韓詩外傳〉識小》，《金陵學報》第8卷第1、2期合刊，1938年版，第113頁。

〔註346〕 王念孫《漢書雜志》，收入《讀書雜志》卷4，中國書店1985年版，本卷第70～71頁。

〔註347〕 朱起鳳《辭通》卷20，上海古籍出版社1982年版，第2164頁。賴炎元《韓詩外傳校勘記》，（香港）《聯合書院學報》第1期，1962年版，第59頁。

文，當作「而倫扁〔斲輪〕在〔堂〕下，〔釋椎〕作而問曰」。作，讀為鑿。
《漢書‧王莽傳》：「其文爾雅依託，皆為作說。」方以智曰：「作說，與『鑿
說』通。『作』與『鑿』同，京山說。」〔註348〕《周禮‧春官‧宗伯》：「卜
大封，則眂高作龜。」鄭司農曰：「作龜，謂鑿龜令可爇也。」《玄應音義》
卷18：「粔哉：字宜作昨、繫二形，同。今江南謂師米為繫，論文作粔，非體
也。」《御覽》卷598引王褒《僮約》：「種瓜作瓠。」注：「作，□也，音鑿。」
S.840《字音》「鑿」注音「昨」。《集韻》：「纞，油麻一榨曰纞。」《史記‧平
準書》：「故吏皆適令伐棘上林，作昆明池。」《漢書‧五行志》「作」作「穿」。
「作」是「鑿」聲轉，《廣雅》：「鑿，穿也。」此皆「作」、「鑿」相通之證。
字亦作筰，《國語‧魯語上》：「中刑用刀鋸，其次用鑽筰。」《漢書‧刑法志》
作「鑿」，《初學記》卷20二引《國語》皆作「鑿」，《禮記‧文王世子》孔疏、
《後漢書‧章帝紀》李賢注、《白氏六帖事類集》卷13引同〔註349〕。《御覽》
卷764引《尚書大傳》：「古者中刑用鑽鑿。」《文選‧長笛賦》：「刻鏤鑽筰。」
李善注：「《國語》臧文仲曰：『中刑用刀鋸，其次用鑽筰。』韋昭注為筰，而
賈逵注為鑿，然『筰』與『鑿』音義同也。」《御覽》卷648引《尚書刑德放》：
「涿鹿者，筰人顙也。黥者，馬羈筰人面也。」《酉陽雜俎》卷8引上「竿」
作「鑿」，下「竿」作「筰」。「竿」是「筰」形誤。

（4）師襄子曰：「夫子可以進矣。」

　　按：周廷案曰：「進，《世家》作『益』。」《家語‧辯樂解》亦作「益」。

**（5）紂之為主，勞民力，冤酷之令加於百姓，憯悽之惡施於大臣，群
下不信，百姓疾怨，故天下叛而願為文王臣，紂自取之也**

　　按：許維遹據《新序‧刺奢篇》「戮無辜，奪民力」，於「勞民力」上補
「戮無辜」三字。屈守元曰：「《新序》云：『冤酷施於百姓，慘毒加於大臣，
天下叛之，願臣文王。』」此文及《新序》皆本於《管子‧形勢解》：「紂之為
主也，勞民力，奪民財，危民死，冤暴之令加於百姓，憯毒之使施於天下。
故大臣不親，小民疾怨，天下畔之而願為文王臣者，紂自取之也。」陳士珂
《韓詩外傳疏證》未及《管子》。

〔註348〕方以智《通雅》卷8，收入《方以智全書》第1冊，上海古籍出版社1988年
　　　　　版，第313頁。
〔註349〕《白帖》在卷46。

－707－

（6）豐交之木，有時而落

按：孫詒讓曰：「『豐交』義難通。『交』疑『支』之誤，『支』、『枝』字通。」莫天一曰：「『交』字不誤，《玉篇》謂『兩木交陰之下曰樾』。《淮南子・人間訓》：『武王蔭暍人於樾下。』蓋盛暑之時，人思陰涼，以資休憩，木既交陰，得其所也。豐交之誼實如此。」〔註350〕朱起鳳曰：「廡，音無，茂盛也。『芙』、『廡』同音，『交』又即『芙』字之誤。」〔註351〕趙善詒謂莫說義迂，而從朱說。賴炎元則從莫說〔註352〕。屈守元曰：「豐交之木，《淮南》作『茂木豐草』，《說苑》同。孫云云。」交，讀為喬。《爾雅》：「喬，高也。」郭注：「高大貌。」豐交，長大、高大。

（7）故三王之道，周則復始，窮則反本

按：趙幼文曰：「周猶終也。《大戴禮・盛德篇》：『終而復始。』王念孫曰：『終、周二字可以互訓，一聲之轉。』」〔註353〕《文選・廣絕交論》李善注引《尚書大傳》：「三王之統，若循連環，周則復始，窮則反本。」〔註354〕《漢書・翼奉傳》：「天道終而復始，窮則反本。」

（8）成王之時，有三苗貫桑而生，同為一秀

按：周廷寀、郝懿行並曰：「秀，《大傳》作『穗』。」屈守元曰：「《說苑》亦作『秀』字。《詩・黍離》傳：『穗，秀也。』」《記纂淵海》卷4引《孫氏瑞應圖》：「周時嘉禾三本同穗，貫桑而生。」〔註355〕《白虎通義・封禪》：「成王時，有三苗異畝而生，同為一稯。」《類聚》卷98引《白虎通》作「穗」。「稯」同「穗」。

（9）大幾滿車，長幾充箱

按：周廷寀曰：「滿，《大傳》及作《說苑・辨物》作『盈』。」《白虎通義・

〔註350〕莫天一《詩外傳十卷題記》，《嶺南學報》第2卷第2期，1931年出版，第137頁。
〔註351〕朱起鳳《辭通》卷4，上海古籍出版社1982年版，第302頁。
〔註352〕賴炎元《韓詩外傳校勘記》，（香港）《聯合書院學報》第1期，1962年版，第62頁。賴氏引誤作「莫天一《韓外傳題記》」，又誤「暍」作「喝」，誤「憩」作「息」，誤「誼」作「義」。
〔註353〕趙幼文《〈韓詩外傳〉識小》，《金陵學報》第8卷第1、2期合刊，1938年版，第113～114頁。
〔註354〕《御覽》卷76引《周書》同，《周書》即《大傳》。
〔註355〕《玉海》卷197僅引「三本同穗」四字。

封禪》亦作「盈」。

（10）意者天下殆同一也

按：《白虎通義·封禪》作「天下當和為一乎」，《說苑·辨物》作「意天下其和而為一乎」。

其、當，猶殆也，表推測語氣。

（11）道路悠遠，山川幽深

按：幽深，《御覽》卷785引《尚書大傳》、《說苑·辨物》作「阻深」，《後漢書·南蠻傳》作「岨深」。《穆天子傳》卷3：「道里悠遠，山川間之。」間、阻義同。「悠遠」亦作「攸遠」，音轉又作「脩遠」，《墨子·非攻中》：「塗道之脩遠。」《御覽》卷85引《歸藏》：「龍降於天，而道里脩遠，飛而中（沖）天，蒼蒼其羽。」

（12）久矣，天之不迅風疾雨也，海不波溢也，三年於茲矣

按：趙善詒曰：「趙本『海』下有『之』之，是也。《類聚》卷8、《白帖》卷6、《御覽》卷401、872引『海』下有『之』字，可證。」許維遹說略同，賴炎元全襲趙說〔註356〕。屈守元曰：「《類聚》卷8、《事類賦注》卷6引『海』下皆有『之』字。《事類賦注》卷6引『波溢』作『揚波』，《白帖》卷2引仍作『波溢』。《帝王世紀》作『揚波』。」《白氏六帖事類集》卷2即《白帖》卷6，趙、屈所指相同。《御覽》卷872引「天」下衍「下」字。《御覽》卷60引《韓詩》：「天下不逆風疾雨，海之不波溢，三年矣。」「下」、「逆」二字雖皆誤，而「海」下亦有「之」字。

（13）意者中國殆有聖人

按：屈守元曰：「《類聚》卷8及《白帖》卷2引皆無『殆』字。」《事類賦注》卷6引無「意者」二字，「殆」作「必」，《御覽》卷60引《韓詩》同。《說苑》作「意中國有聖人耶」。

（14）周公乃敬求其所以來

按：周廷寀曰：「求，《說苑》作『受』。」《御覽》卷872引作「於是周

〔註356〕賴炎元《韓詩外傳校勘記》，（香港）《聯合書院學報》第1期，1962年版，第63頁。

公乃敬其所來」。「求」疑涉「來」誤衍。

（15）登高臨深，遠見之樂，臺榭不若丘山，所見高也；平原廣望，博
　　　觀之樂，沼池不如川澤，所見博也

　　　按：屈守元於「登高」下補「而」字，云：「『而』字，蘇、沈、毛本無。
此從元本，薛、程、胡、唐諸本皆同。」寶曆本「登高」下亦有「而」字，《喻
林》卷 24 引同。「登高臨深」、「平原廣望」對舉，欲補則「平原」下亦當補，
然各本皆無，則「登高」下不當補「而」字。

（16）被躧舄

　　　按：周廷寀曰：「『被』下疑脫『袞』字。」賴炎元從周說〔註357〕。屈守
元曰：「此語又見後章，亦無『袞』字，而『被』字誤『彼』。」屈說是也。舄，
木履。躧，讀為鞮，字亦作屣、蹝、縰，草鞋。《書敘指南》卷 4：「着鞋曰納
履（《莊子》），又曰躧舄（《韓詩外傳》）。」其說當云「着鞋曰被躧舄」。

（17）故獨視不若與眾視之明也，獨聽不若與眾聽之聰也，獨慮不若與
　　　眾慮之工也

　　　按：《新序・雜事五》有前二句，「若」作「如」。《韓子・外儲說右上》引
《申子》曰：「獨視者謂明，獨聽者謂聰，能獨斷者，故可以為天下主。」學
派不同，其說相反。

（18）天設其高，而日月成明；地設其厚，而山陵成名；上設其道，而
　　　百事得序

　　　按：趙善詒曰：「《治要》引『名』作『居』，疑是。《廣韻》：『居，安也。』」
許維遹曰：「『名』字亦通，名猶大也。」屈守元曰：「《治要》引『名』作『居』。
疑作『居』是也。『居』借為『堅』。《說文》：『堅，土積也。』」屈說非是，
無相通之理。「居」是「名」形譌。名，大也。

（19）秦之時……以貪利為俗，以較獵為化

　　　按：趙懷玉曰：「『告獵』字疑訛，當謂「告訐」耳。毛本作『較獵』，似
臆改。」俞樾曰：「獵，捕也。謂告於官而捕治之。」賴炎元從俞說。朱起鳳

曰：「《字林》云：『訐，紀列反。』紀列之合聲為訐，開口呼之，則『獦』字矣。」〔註358〕趙善詒曰：「俞說近迂。《漢書・賈誼傳》云：『及秦而不然，其俗固非貴辭讓也，所上者告訐也。』《賈誼新書・保傅篇》亦作『告訐』。朱起鳳云云，甚是。訐、獦蓋音相叚也。」聞一多曰：「《集韻》『擖』與『揭』同。『揭』有獦、揭二音。音揭者則與『訐』同音。告獦，即告擖（揭），亦即告訐也。」許維遹曰：「聞說是也，『訐』、『獦』音近，故義亦近。」屈守元曰：「告，蘇本作『較』，沈、毛本同。此從元本，薛、程、胡、唐諸本皆同。『告獦』義實難解，今姑錄俞說，亦殊勉強。」聞一多說是也。「獦」當作「擖」，是「揭」形誤（「揭」誤作「擖」，又易作「擖」）。《新序・雜事五》：「定公蹴席而起曰。」本書卷2「蹴」誤作「揭」〔註359〕，亦其比。「告揭」猶言告發、揭發。王力等謂「訐」、「揭」是同源字，云：「『訐』是用言語把事情揭發出來，『揭』是用手把事情揭舉出來，引申為一般的揭發、揭露。二字音近義通。」〔註360〕其說甚精闢。《漢書・刑法志》：「及孝文即位……懲惡亡秦之政，論議務在寬厚，恥言人之過失，化行天下，告訐之俗易。」是秦人固崇尚告訐也。《公羊傳・莊公十二年》何休注：「故訐閔公以此言。」《釋文》：「訐，一本作揭。」「揭」即「訐」借字，《集韻》二字同音蹇列切。楊樹達《古音對轉疏證》「曷部讀音字從寒部聲類」條云：「『舌』從干聲。干，寒部。舌，讀入曷部。『訐』從干聲。『訐』亦讀入曷部。」〔註361〕鳥名「渴鴡」即「鶡鴡」，又省作「曷旦」，亦作「鴠鴡」、「鴠旦」〔註362〕，亦其音轉之證。敦煌寫卷 P.2011 王仁昫《刊謬補缺切韻》：「獢，獢狟。」蔣斧印本《唐韻殘卷》：「犭犯（狟），獢犭犯（狟），獸名，似狼。」又「獢，獢狟獸。」《玉篇》：「獢，獢狟，獸名。」獸名「獢狟」，鳥名「鶡鴡」，其名義當同，乃曷、寒對轉疊韻連語，蓋取肥兒為義也。《集韻》：「胆，膈胆，肥兒。」〔註363〕又

〔註358〕朱起鳳《辭通》卷22，上海古籍出版社1982年版，第2466頁。

〔註359〕參見朱季海《新序校理》，中華書局2011年版，第220頁。

〔註360〕王力等《王力古漢語字典》，中華書局2000年版，第1261頁。此字條屬是書酉集，據第1816頁《後記》，酉集由郭錫良撰寫。

〔註361〕楊樹達《古音對轉疏證》，《清華學報》第10卷第2期，1935年出版，第330頁。

〔註362〕《集韻》：「鶡、鴠：鳥名，或從旱。」另參見楊慎《古音駢字》卷下、焦竑《俗書刊誤》卷8，並收入景印文淵閣《四庫全書》第228冊，臺灣商務印書館1986年版，第422、573頁。又參見戴震《方言疏證》卷8，收入《戴震全集（5）》，清華大學出版社1997年版，第2398頁。

〔註363〕四庫本誤作「狟，礘狟，肥兒」。

「臊，臊胆（胆），肥兒。」〔註364〕《廣韻》：「狙，玃狙，獸名，似狼。」《集韻》：「狙，獸名，玃狙也。」「玃」亦「玃」俗譌字。《山海經・東山經》：「北號之山有獸焉，其狀如狼，赤首鼠目，其音如豚，名曰玃狙，是食人。」郭璞注：「葛苴二音。」「狙」當從旦作「狚」，郭氏據誤字注音。郝懿行據《玉篇》、《廣韻》校作「玃狚」〔註365〕，是也。蔣斧印本《唐韻殘卷》、《集韻》「狚」字條引《山海經》正作「玃狚」。《集韻》：「玃，玃狙，巨狼。」亦誤〔註366〕。此皆可據同源詞定其是非。

（20）智可以砥，行可以為輔弼者，人友也

按：趙善詒曰：「《治要》、《長短經》卷4皆引『砥』下有『礪』字，當據補。『砥礪』與『輔弼』相對為文也。又『弼』，《治要》引作『檠』，《長短經》引作『警』。」許維遹從趙說補「礪」字。屈守元曰：「《治要》引『砥』下有『礪』字，『弼』作『擎』。《賈子》云：『知足以為礛礪。』此『礪』字似不可少。」諸說是也。《治要》卷8引作「檠」，屈氏誤記作「擎」。《長短經・量才》引「弼」作「警」，是「檠」音誤。《賈子・官人》「弼」作「助」。

（21）當前決意，一呼再喏者，人隸也

按：趙幼文曰：「『決』於此無義，疑為『快』之譌。李斯《諫逐客書》曰：『快意當前。』語意正同。」〔註367〕賴炎元全襲趙說，並指出《治要》引作「快」〔註368〕。許維遹曰：「『決』當作『快』，字之誤也。《治要》引作『快』，今據正。」二氏說是也，各本皆誤。《長短經・量才》、《類說》卷38、《山堂肆考》卷104引亦作「快」。

〔註364〕 「胆」當作「胆」，參見趙振鐸《集韻校本》引諸家說，上海辭書出版社2012年版，第905頁。

〔註365〕 郝懿行《山海經箋疏》、《山海經訂譌》，並收入《〈山海經〉〈穆天子傳〉集成》第2冊，上海交通大學出版社2009年版，第367、451頁。聞一多說同，聞一多《莊子內篇校釋》，收入《聞一多全集》卷9，湖北人民出版社1994年版，第37頁。

〔註366〕 參見趙振鐸《集韻校本》引諸家說，上海辭書出版社2012年版，第904頁。

〔註367〕 趙幼文《〈韓詩外傳〉識小》，《金陵學報》第8卷第1、2期合刊，1938年版，第114頁。

〔註368〕 賴炎元《韓詩外傳校勘記》，（香港）《聯合書院學報》第1期，1962年版，第65頁。

（22）語曰：「淵廣者其魚大，主明者其臣慧。」

按：慧，一本作「惠」，《喻林》卷 6 引作「愚」。趙懷玉曰：「『惠』、『慧』同。」許維遹曰：「《治要》引作『慧』。」考《左傳·襄公九年》：「君明臣忠，上讓下競。」《戰國策·秦策三》：「君明臣忠，國之福也。」《韓子·難四》：「君明而嚴則群臣忠，君懦而闇則群臣詐。」《新語·術事》：「上明而下清，君聖而臣忠。」《賈子·大政下》：「臣之忠者，君之明也。臣忠君明，此之謂政之綱也。」《說苑·尊賢》：「弘章對曰：『臣聞之，水廣則魚大，君明則臣忠。』」《潛夫論·交際》：「是以忠臣必待明君，乃能顯其節；良吏必得察主，乃能成其功。」又《明忠》：「人君之稱，莫大於明；人臣之譽，莫美於忠。」則「慧（惠、愚）」當作「忠」。《史記·蔡澤傳》：「君明臣直，國之福也。」《三國志·盧毓傳》：「毓進曰：『臣聞君明則臣直。』」「直」亦忠之行也。《淮南子·說山篇》：「水廣者魚大，山高者木脩。」〔註369〕《鹽鐵論·刺權》：「水廣者魚大，父尊者子貴。」《抱朴子外篇·清鑒》：「卉茂者土必沃，魚大者水必廣。」皆足參證。

（23）故同明相見，同音相聞，同志相從

按：許維遹曰：「《治要》、《長短經》卷 4 引『明』下『音』下『志』下並有『者』字。又《治要》音『音』作『聽』。」賴炎元曰：「音，聲音，這裏解作言論。」屈守元曰：「《潛夫論·本政》：『同明相見，同聽相聞。』可與此參證。」賴說非是。《長短經·量才》引「音」亦作「聽」。《長短經·論士》引語曰：「夫人同明者相見，同聽者相聞。」《易·乾》：「同聲相應，同氣相求。」《莊子·漁父》：「同類相從，同聲相應，固天之理也。」《史記·伯夷傳》：「同明相照，同類相求。」

（24）故無常安之國，宜治之民

按：周廷寀曰：「國，一本作『樂』，誤。今從後傳（引者按：指本書卷 7）校正。《說苑·尊賢篇》亦作『國』。」許維遹曰：「諸本『恒』上皆脫『無』字，『恒』皆誤為『宜』。《類聚》卷 23 引『宜』作『宣』。『宣』即『恒』字之形誤。卷 7、《大戴禮記·保傅篇》、《賈子·胎教篇》作『無宜治之民』，《說苑·尊賢篇》作『無恒治之民』，諸書皆有『無』字。俞樾校《賈子》『宜』字據《說苑》訂作『恒』，是也。」屈守元亦校「宜」作「恒」，說略同許氏。《大戴》、《賈子》

〔註369〕《文子·上德》「水」誤作「川」。

亦作「國」。「宜」當從《說苑》作「恒」〔註370〕。戴震、孫詒讓、王樹枏、戴禮校《大戴》作「恒」，俞樾校《賈子》同，趙幼文、賴炎元從孫說〔註371〕，方向東從諸說〔註372〕。《宋景文筆記》卷中：「故曰無常安之家，無常治之民。」亦其旁證。南宋本《類聚》卷23引此文作「宜」，嘉靖中天水胡纘宗刊本、四庫本誤作「宣」。許維遹、屈守元所據為誤本。「無」字不煩補，承上句省耳。本書卷6：「非劫之以刑勢，振之以誅殺，則無以有其下。」「振之以誅殺」承上句省「非」字，文法同（《荀子‧彊國》則作「非振之以誅殺」）。《淮南子‧原道篇》：「不變其宜，不易其常。」「宜」亦當作「亘（亙）」，即「恒」。

（25）得賢則昌，不肖則亡

按：周廷寀曰：「不肖，當從後傳作『失賢』，劉作『失之』。」許維遹、屈守元從其說。趙善詒曰：「後傳見卷7，《賈子‧胎教篇》作『失賢』，惟《類聚》卷23引同今本作『不肖』。」周說非也。此文「不肖則亡」承上句省「得」字。《大戴》作「得賢者安存，失賢者危亡」，《賈子》作「賢者顯昌，失賢者危亡」，《說苑》作「得賢者則安昌，失之者則危亡」，文法不同。

（26）夫明鏡者，所以照形也；往古者，所以知今也

按：屈守元曰：「《類聚》卷23及《後漢書‧楊賜傳》注〔註373〕、《張衡傳》注、《周舉傳》注引皆無二『者』字。」《說苑》無二「者」字，蓋省文。《賈子‧胎教》：「〔明〕鑑，所以照形也；往古，所以知今也。」亦從省。《大戴禮記‧保傅》：「明鏡者，所以察形也；往古者，所以知今也。」《家語‧觀周》：「夫明鏡〔者〕，所以察形；往古者，所以知今。」〔註374〕《後漢書‧馮異傳》「異乃遺李軼書曰：『愚聞明鏡所以照形，往事所以知今。』」李賢注引《家語》：「明鏡所以察形，古事所以知今。」〔註375〕

〔註370〕《治要》卷43引《說苑》作「恒」，是唐本固如此。

〔註371〕趙幼文《〈韓詩外傳〉識小》，《金陵學報》第8卷第1、2期合刊，1938年版，第114頁。賴炎元《韓詩外傳校勘記》，（香港）《聯合書院學報》第1期，1962年版，第65頁。

〔註372〕方向東《大戴禮記匯校集解》，中華書局2008年版，第411頁。方向東《賈誼集匯校集解》，河海大學出版社2000年第2版，第414頁。

〔註373〕引者按：當是《楊震傳》注，下同。

〔註374〕「者」字文例及據《治要》卷10引補。《書鈔》卷136、《御覽》卷76引無二「者」字。

〔註375〕《三國志‧孫奮傳》引里語同。

（27）夫知惡往古之所以危亡，而不襲蹈其所以安存者

按：周廷寀曰：「襲蹈，劉作『襲迹』。」許維遹曰：「《後漢書・楊震傳》
注引『蹈』作『積』，『積』即『蹟』之誤。《大戴》、《賈子》、《說苑》作『迹』，
『蹟』與『迹』通。『蹈』、『迹』義亦相近。」屈守元曰：「《後漢書・楊賜傳》
注引『襲』上有『知』字，『蹈』字作『積』，無『者』字。《御覽》卷 496 引
『襲蹈』作『知積』，亦無『者』字。」不襲蹈，本書卷 7 作「不務襲蹈」，《大
戴》、《家語》、《賈子》、《說苑》作「不務襲迹」。此文「襲」上當補「知」或
「務」字。《後漢書》注引「襲蹈」作「襲積」者，積讀為迹，《後漢書・鄧晨
傳》、《南匈奴傳》李賢注並曰：「積與迹同，古字通用。」《御覽》引「不襲蹈」
作「不知積」者，「知」字不脫，脫「襲」字。《宋景文筆記》卷中作「不務矯
蹟於其所以安昌」，「矯」字誤。「蹟」同「迹」，俗字亦作「跡」，猶言循道。
《韓子・孤憤》：「今襲跡於齊、晉，欲國安存，不可得也。」

（28）故盈把之木，無合拱之枝；榮澤之水，無吞舟之魚

按：趙懷玉曰：「『熒』舊作『榮』，非。」俞樾曰：「其字或作『熒』，或
作『榮』〔註376〕，而同為澤名，則是一定之地名，非可虛舉以與盈把之木相
配也。疑『榮澤』乃『滎濘』之誤。『滎濘』疊韻字〔註377〕，蓋小水之貌。」
趙善詒從俞說。許維遹曰：「榮，黃本、周本作『滎』。俞校近是，惟改『澤』
為『濘』則非。《說文》『滎』、『榮』兩字均從熒省聲，其義相通。《水部》：
『滎，絕小水也。』《淮南子・泰族篇》：『滎水不能生魚鱉。』滎水猶小水也。
本書卷 6：『吞舟之魚不居潛澤。』『潛澤』與『榮澤』、『滎澤』皆言小澤也。
《淮南子・繆稱篇》文與此略同，作『尋常之溝無吞舟之魚』，尋常之溝亦謂
小溝也。」屈守元曰：「《淮南子》云：『交拱之木，無把之枝；尋常之溝，無
吞舟之魚。』趙云云，俞云云。俞說是也。《淮南子》作『尋常之溝』，即小
水矣。俞氏未見《淮南》，而說與之合。」寶曆本亦作「榮」。俞氏得其誼，
而改字非也。許維遹說是。賈誼《弔屈原賦》：「彼尋常之汙瀆兮，豈能容吞
舟之魚？」榮，讀為滎。《廣韻》：「滎，小水也。」字或作瀅、濚、濴、潆、
淡、濴。《玄應音義》卷 20：「滎水：小水也，亦流也。」中醫穴名「滎」，字
或作「榮」，亦取細流為義。小水為滎，小瓜為熒（《說文》），小聲為嫈（《說
文》，字亦作謍、營、聲），小心態為婗（《說文》），小視為覺（《淮南子・原

〔註376〕屈守元引「滎」誤作「榮」。
〔註377〕屈守元引「滎」誤作「濴」。

道篇》），小光為熒（《字林》），其義一也。

（29）水淵深廣則龍魚生之，山林茂盛則禽獸歸之，禮義脩明則君子懷之

按：《逸周書‧大聚解》：「泉深而魚鼈歸之，草木茂而鳥獸歸之，稱賢使能官有材而〔賢〕歸之，關市平商賈歸之，分地薄斂農民歸之。」〔註378〕《荀子‧致士》：「川淵深而魚鼈歸之，山林茂而禽獸歸之，刑政平而百姓歸之，禮義備而君子歸之。」《呂氏春秋‧功名》：「水泉深則魚鱉歸之，樹木盛則飛鳥歸之，庶草茂則禽獸歸之，人主賢則豪桀歸之。」《史記‧貨殖傳》：「淵深而魚生之，山深而獸往之，人富而仁義附焉。」《文子‧上德》：「因高為山，即安而不危；因下為淵，即深而魚鼈歸焉。」諸文並可參證。周廷寀、屈守元僅取《荀子》、《呂氏》參校。《荀子》「川」是「水」形譌，「備」是「脩」形譌。懷，亦歸也。

（30）嗜欲將至，有開必先

按：《禮記‧孔子閒居》「嗜」作「耆」，借字。《家語‧問玉》作「有物將至，其兆必先」。

（31）夫鳥獸魚猶相假，而況萬乘之主

按：許維遹本於「猶」下補「知」字，「主」下補「乎」字，云：「《治要》引『相』作『知』，有『乎』字。《說苑‧復恩篇》作『猶知比假而相有報也』。」猶相假，各本同，《治要》卷8引作「猶知假」，《長短經‧是非》引《淮南子》作「猶知假力」。各有脫字，當作「猶知相假力」。日本鈔本《治要》卷8引「魚」下有「鰈」字（天明刊本無）。

（32）福生於無為，而患生於多欲

按：屈守元曰：「《漢書‧蒯伍江息夫傳》蒯通說韓信有云：『患生於多欲，而人心難測也。』是此二語當為古語。」《淮南子‧繆稱篇》：「福生於無為，患生於多欲，害生於弗備，穢生於弗耨。」《韓子‧解老》：「禍難生於邪心，邪心誘於可欲。」諸語皆本於《老子》第46章：「罪莫大於可欲，禍莫大於不知足，罪莫大於欲得。」本書卷9引「可欲」作「多欲」。

〔註378〕「賢」字據《玉海》卷60、《黃氏日抄》卷52引補。

（33）至精而妙乎天地之間者，德也

按：屈守元曰：「競清，蘇本作『至精』，沈、毛本同。此從元本，薛、程、胡、唐諸本皆同。福，蘇本作『如』，沈、毛本同。此從元本，薛、程、胡、唐諸本皆同。」沈、毛本作「妙」，屈氏誤記作「如」。趙懷玉從毛本。福，讀為冨，猶言充滿。《廣雅》：「福，盈也。」王念孫曰：「福，各本譌作『福』。顏師古《匡謬正俗》云：『副貳之字本為福，字從衣冨聲。』今據顏說訂正。《韓詩外傳》：『福乎天地之間者德也。』謂盈乎天地之間也。今本『福』字亦誤從示。」〔註379〕

（34）王政怵迫而不得見

按：賴炎元曰：「怵，恐懼。迫，逼迫。」賴說非是。《漢書·賈誼傳》：「怵迫之徒，或趨西東。」孟康曰：「怵，為利所誘訹也。迫，迫貧賤，西東趨利也。」王念孫曰：「孟說是也。《管子·心術篇》曰：『人之可殺，以其惡死也。其可不利，以其好利也。是以君子不怵乎好，不迫乎惡。』然則『怵迫』者，怵乎利、迫乎害也。」〔註380〕王念孫又曰：「『怵』與『訹』通。《說文》曰：『訹，誘也。』」

（35）善粉飾人者，故人樂之

按：賴炎元曰：「粉飾，修飾。」屈守元引翟灝《通俗編》卷22，謂「粉飾」以喻言。皆非是。《荀子·君道》「粉」作「藩」，一聲之轉。《荀子·榮辱》楊倞注：「藩飾，藩蔽文飾也。」又《富國》楊注：「藩飾，藩衛文飾也。」

（36）四統者具，〔而〕天下往之；四統無一，而天下去之

按：二「統」，《荀子·君道》同，《御覽》卷76引誤作「德」。

卷第六校補

（1）遂解髮佯狂而去

按：許維遹曰：「鍾本、黃本、楊本、程本『解』作『被』。」屈守元曰：「解，薛本作『被』，程、胡、唐諸本同。此從元本，蘇、沈、毛本同。」四

〔註379〕 王念孫《廣雅疏證》，收入徐復主編《廣雅詁林》，江蘇古籍出版社 1992 年版，第 74 頁。

〔註380〕 王念孫《漢書雜志》、《管子雜志》，收入《讀書雜志》卷 5、7，中國書店 1985年版，本卷第 63、136 頁。

庫本作「解」，寶曆本作「被」。《資治通鑑外紀》卷 2 作「乃被髮佯狂為奴」。《大戴禮記·保傅》：「箕子被髮陽狂。」盧辯注用此傳，作「解衣被髮為狂而去之」，趙幼文謂當據盧注補作「解衣被髮」〔註381〕，賴炎元全襲趙說〔註382〕，未必是。

（2）入其境，田疇〔甚易〕，草萊甚辟

按：周廷寀曰：「『田疇』下《家語·辨政》有『盡易』二字。」趙懷玉據《文選·籍（藉）田賦》注引補「甚易」二字。趙幼文曰：「趙校補是也。《孟子·盡心篇上》：『易其田疇。』趙岐注；『易，治也。』」〔註383〕賴炎元全襲周及二趙說〔註384〕。許維遹曰：「趙校是也。《文選·甘泉賦》注引亦有『甚易』二字，今據補。《家語·辨政篇》作『田疇盡易』。」《文選·甘泉賦》注未引此文，蓋以《文選》之《甘泉賦》、《藉田賦》二篇相連，許氏誤記耳。《治要》卷 42 引《新序》佚文亦有「甚易」二字，當據補。《御覽》卷 267 引此文作「田疇闢」，《類聚》卷 52 引《家語》作「田疇治，草萊闢」。《鹽鐵論·力耕》：「草萊不辟，田疇不治。」辟，讀為闢，《新序》佚文亦作「闢」。

（3）墉屋甚尊

按：周廷寀曰：「《家語》云：『牆屋完固。』」《御覽》卷 625 引《家語》作「墉屋宅（完）固」，《記纂淵海》卷 157 引《家語》作「墙瓦完固」〔註385〕，《治要》卷 42 引《新序》佚文作「牆屋甚崇」。墉亦牆也。

（4）之（民）有能敬長憐孤

按：憐，《類聚》卷 71、《御覽》卷 815 引《尚書大傳》同，《說苑·脩文》亦同，《後漢書·王符傳》李賢注引《大傳》作「矜」。矜，憐也。

〔註381〕趙幼文《〈韓詩外傳〉識小》，《金陵學報》第 8 卷第 1、2 期合刊，1938 年版，第 114 頁。
〔註382〕賴炎元《韓詩外傳校勘記》，（香港）《聯合書院學報》第 1 期，1962 年版，第 70 頁。
〔註383〕趙幼文《〈韓詩外傳〉識小》，《金陵學報》第 8 卷第 1、2 期合刊，1938 年版，第 115 頁。
〔註384〕賴炎元《韓詩外傳校勘記》，（香港）《聯合書院學報》第 1 期，1962 年版，第 71 頁。
〔註385〕四庫本《記纂淵海》在卷 64。

（5）天下之辯，有三至五勝，而辭置下

按：孫詒讓曰：「《史記・平原君傳》《集解》引劉向《別錄》云：『彼天下之辯，有五勝三至，而辭正為下。』此云『辭置下』當作『辭正為下』（『置』或當為『直』之誤）。」許維遹據孫說校作「而辭直為下」。趙善詒、賴炎元從孫說〔註386〕。屈守元曰：「『置』當為『至』，聲之訛也。《別錄》作『正』，亦誤字，孫不當以誤字校改誤字。『辭至』即『三至』之一，而為最下。今本『至』誤作『置』，又脫『為』字。《公孫龍子》謝希深《序》正作『辭至為下』。」屈校「置」作「至」是也，《冊府元龜》卷833亦誤作「而辭正為下」。但「至」非「三至」之一，下文亦未言另外二至。「至」是副詞，猶言極也，甚也。言以言辭辯論，是天下之辯的最下者。

（6）辯者，別殊類使不相害，序異端使不相悖

按：賴炎元曰：「《別錄》『悖』作『亂』。」〔註387〕《鄧子・無厚》、《冊府元龜》卷833亦作「亂」。

（7）聰明聖知，不以幽人

按：周廷寀曰：「幽，《荀》作『窮』。」《說苑・敬慎》亦作「窮」，《鄧子・轉辭》誤作「寵」（一本作「籠」）。幽讀為約，亦窮也。

（8）眊眊乎其猶醉也

按：周廷寀曰：「眊眊乎，《書》作『純純然』。」趙懷玉曰：「眊眊，《賈子》作『忳忳』。」屈守元曰：「眊眊，元本作『芼芼』。此從蘇本，沈、薛、程、胡、唐、毛諸本皆同。『芼』乃聲假之字。《賈子》作『忳忳』。」《賈子・先醒》作「忳忳」（《治要》卷40引誤作「忙忙」，日本鈔本《治要》作「托托」），周、屈皆誤記。《喻林》卷47引作「芼芼」，同元本。「眊眊」音轉亦作「翟翟」、「貿貿」、「瞀瞀」，又轉作「夢夢」、「瞢瞢」〔註388〕。方言音變作「木」音〔註389〕，今人因書作「木」矣。

〔註386〕賴炎元《韓詩外傳校勘記》，（香港）《聯合書院學報》第1期，1962年版，第72頁。

〔註387〕賴炎元《韓詩外傳校勘記》，（香港）《聯合書院學報》第1期，1962年版，第72頁。

〔註388〕參見方以智《通雅》卷9，收入《方以智全書》第1冊，上海古籍出版社1988年版，第370頁。

〔註389〕《方言》卷13郭璞注：「翟，音沐。」《漢書・鮑宣傳》顏師古注同。

（9）昔者楚莊王謀事而居，有憂色

按：周廷寀、趙懷玉並謂「居」當作「當」，趙善詒、賴炎元從其說〔註390〕。許維遹校作「謀事而〔當〕，居有憂色」。二說並通。石光瑛曰：「此『居』字乃平居之義，兼在朝時言，非必指燕居時也。近周廷寀、趙懷玉校並云『居當作當』，此誤以《荀》、《呂》、本書（引者按：指《新序》）之文律《外傳》。」〔註391〕此乃彊說之。屈守元曰：「《荀子‧堯問》、《呂氏春秋‧驕恣》、《吳子‧圖國》皆作『當』。此『居』與『當』字同義。《禮記‧王制》注：『居，猶當也。』周、趙不達居、當同義，議欲改字，非也。」《新序‧雜事一》、《冊府元龜》卷 743 亦作「當」。屈說非是，「居」訓當之「當」是介詞，讀平聲。此「當」讀去聲。

（10）吾發言動事

按：周廷寀曰：「《書》作『發政舉吏』。」屈守元曰：「《新序》與此同。」《新序‧雜事五》作「發政舉吏」，與此不同。《新書》無此語。周氏誤記，屈氏誤校。《路史》卷 28 作「發言舉事」。

（11）御自易以備，疎行而去

按：周廷寀曰：「塊，舊作『備』，誤，今從《新書》校正。疎行，間行也，《書》作『逃行』。」賴炎元、屈守元從其說〔註392〕。許維遹曰：「郝懿行曰：『備疑當為糒，乾食也。疎與疏同，菜茹也。』案：『備』與『壿』通，《爾雅》：『凷，壿也。』『塊』即『凷』之異構。《賈子‧先醒》字正作『塊』，是其證。」趙幼文說同許氏〔註393〕。吳闓生曰：「考《淮南》書：『踰備之姦。』高注：『備，後垣也。』又『言闒鑿培而遁。』注：『培，屋後牆也。』繇此言之，『備』、『培』古通，而『鑿培』之培，揚子《解嘲》作『鑿坏』，是『備』、『培』、『坏』為一字也。改『備』為『塊』，則後人孰知『備』本為『坏』哉？」〔註394〕賴

〔註390〕賴炎元《韓詩外傳校勘記》，（香港）《聯合書院學報》第 1 期，1962 年版，第 73 頁。

〔註391〕石光瑛《新序校釋》，中華書局 2001 年版，第 60 頁。

〔註392〕賴炎元《韓詩外傳校勘記》，（香港）《聯合書院學報》第 1 期，1962 年版，第 74 頁。

〔註393〕趙幼文《〈韓詩外傳〉識小》，《金陵學報》第 8 卷第 1、2 期合刊，1938 年版，第 115 頁。

〔註394〕北江（吳闓生）《與李杏南論〈韓詩外傳〉書》，北京《雅言》1941 年第 6 期，第 13～14 頁。

炎元曰：「疎行，遠行。」周、郝、吳說誤，許、趙說是也。《路史》卷 28 亦作「塊」，《資治通鑑外紀》卷 4 作「土」。疎行，赤足而行。《淮南子·道應篇》高誘注：「疏，徒跣也。」

（12）夫聲無細而不聞，行無隱而不形

按：《大戴禮記·勸學》同，《說苑·談叢》「形」作「明」。《列女傳》卷 5：「夫名無細而不聞，行無隱而不彰。」《荀子·勸學》：「故聲無小而不聞，行無隱而不形。」

（13）吞舟之魚不居潛澤，度量之士不居汙世

按：潛，《文選·遊仙詩》李善注（凡二引）、《後漢書·王暢傳》李賢注引同。趙幼文曰：「潛澤即涔澤。」〔註395〕賴炎元曰：「潛澤，深的池沼。」趙說至確，潛讀為涔，古書相通之例甚多〔註396〕。《淮南子·俶真篇》：「夫牛蹄之涔，無〔徑〕尺之鯉。」〔註397〕高誘注：「涔，潦水也。」又《氾論篇》：「夫牛蹄之涔，不能生鱣鮪。」高誘注：「涔，雨水也。滿牛蹄跡中，言其小也。」字亦作霠，《廣雅》：「霠，霖也。」霖指久雨。本字作霒，《說文》：「霒，久陰。」指久陰之雨。

（14）寡人無良邊陲之臣以干大禍（天禍），使大國之君沛焉遠辱至此

按：大禍，諸家據《公羊傳·宣公十二年》、《新序·雜事四》改為「天禍」，是也。余舊說「禍讀為害，禍、害義同」〔註398〕，非是。沛焉，《公羊傳》同，《新序》作「眛焉」。何休注：「良，善也。無善，喻有過，言己有過於楚邊垂之臣，謙不敢斥莊王。沛焉者，怒有餘之貌，猶《傳》曰『力沛若有餘』。」石光瑛曰：「『眛』正字，『沛』叚借字。眛焉猶芒然。」〔註399〕趙仲邑曰：「『眛』通『沛』。沛焉，匆促也。」何休以「寡人無良邊垂之臣」為句，許維遹、屈守元、石光瑛、賴炎元從之〔註400〕，是也。下文「君子（之）

〔註395〕趙幼文《〈韓詩外傳〉識小》，《金陵學報》第 8 卷第 1、2 期合刊，1938 年版，第 115 頁。
〔註396〕參見張儒、劉毓慶《漢字通用聲素研究》，山西古籍出版社 2002 年版，第 1009 頁。
〔註397〕「徑」字據《御覽》卷 38 引補。
〔註398〕蕭旭《韓詩外傳補箋》，收入《群書校補》，廣陵書社 2011 年版，第 459 頁。
〔註399〕石光瑛《新序校釋》，中華書局 2001 年版，第 519 頁。
〔註400〕石光瑛《新序校釋》，中華書局 2001 年版，第 517 頁。

不令臣」云云〔註401〕，「不令」即「無良」之誼。《晏子春秋·外篇》：「寡人不敏，無良左右淫蠱寡人，以至於此。」《新序·刺奢》：「寡人無良左右淫湎寡人，以至於此。」文例同。「無良邊陲之臣以干天禍」猶言不善邊臣闖下大禍。清華簡（七）《越公其事》有「亡（無）良僕駛（禦）」語，又有「亡（無）良鄗（邊）人」語，皆同。「沛焉」何說是，石、趙解非也。沛、昧讀為怖，朱駿聲正讀沛為怖〔註402〕。音轉亦作勃、悖，怒也。屈守元以「沛焉遠辱至此」為句，亦非。

（15）外立節矜，而敵不侵擾；內禁殘害，而君不危殆

按：許維遹曰：「《御覽》卷436引『擾』作『掠』。」賴炎元曰：「節，節制。矜，堅強。」屈守元曰：「節矜，猶《韓策二》所謂『氣矜』。」《御覽》卷436引「而敵」誤倒作「敵而」。屈說是也，其說本於王引之。《淮南子·人間篇》：「如此不報，無以立務於天下。」王引之曰：「『務』當為『矜』，字之誤也。《列子·說符篇》『立矜』作『立懂』。『懂』與『矜』古同聲而通用。張湛注《列子》云：『懂，勇也。』此注云：『矜，勢也。』『勢』與『勇』亦同義。《說山篇》云：『立懂者非學鬭爭，懂立而生不讓。』《氾論篇》云：『立氣矜，奮勇力。』《韓詩外傳》云：『外立節矜，而敵不侵擾。』是『立矜』即『立懂』也。《趙策》云：『勇哉氣矜之隆。』《史記·王翦傳》云：『李將軍果勢壯勇。』是『矜』與『勢』、『勇』並同義。」〔註403〕周悅讓、岡本孝說同〔註404〕，當是襲取王說。

（16）而成威於閭巷之間

按：《御覽》卷436引無「成」字。今本「成」涉「威」形誤而衍。

（17）眾之所誅鋤也

〔註401〕 趙懷玉據《新序》改「子」作「之」，是也。

〔註402〕 朱駿聲《說文通訓定聲》，武漢市古籍書店1983年版，第681頁。

〔註403〕 王引之說轉引自王念孫《淮南子雜志》，收入《讀書雜志》卷14，中國書店1985年版，本卷第122～123頁。劉台拱說《淮南子》「立務」當作「立懂」，注「勢」當作「勇」，不如王說之善。劉台拱《淮南子補校》，收入《子藏·道家部·淮南子卷》第46冊，國家圖書館出版社2017年版，第427頁。

〔註404〕 周悅讓《淮南子通》，收入《倦遊庵槧記·子通》，齊魯書社1996年版，第727頁。況齊岡本孝《淮南子疏證》，收入《日本先秦兩漢諸子研究文獻集成》第5輯第2冊，上海社會科學院2017年版，第938頁。

按：《御覽》卷 436 引無此句。

（18）於是靈公避席抑手曰：「寡人雖不敏，請從先生之勇。」

按：趙幼文曰：「『手』當為『首』，古通。」〔註405〕賴炎元曰：「抑手，當作『抑首』，低下頭。」屈守元曰：「《御覽》引『抑手』作『抑乎』，在『曰』字之下。」趙、賴說是，《御覽》誤也。本書卷 3：「孝成王避席仰首曰：『寡人雖不敏，請依先生之兵也。』」文例同。「首」字作正字，「仰」當作「抑」。抑首，猶言屈首、低頭，另詳。

（19）子路慍怒，奮戟將下

按：許維遹曰：「《說苑‧雜言篇》『下』下有『鬭』字。」定縣漢簡《儒家者言》作「奮戟欲下」，《家語‧困誓》作「奮戟將與戰」。

（20）孔子止之曰：「由，何仁義之寡裕也？」

按：許維遹曰：「裕、容古同聲，然則寡裕猶言少容忍也。《說苑》作『何仁義之不免俗也』，《家語‧困誓篇》作『惡有修仁義而不免世俗之惡者乎』，此與兩書異。」屈守元曰：「竹簡『寡裕』作『不意』。《說苑》作『不免俗』。」此文當作「何〔修〕仁義之（而）不免俗也」，《說苑》脫「修」字。「俗」字形誤作「裕」，文義不通，俗人因又改作「寡裕」。竹簡作「不意」，疑是「不免」誤釋，原簡已損，不可覆核。

（21）君子者，貌恭而行肆，身儉而施博

按：賴炎元曰：「行肆，行為正直。」屈守元曰：「肆，正也。」《爾雅》：「肆，力也。」郭璞注：「肆，極力也。」謂勤力。

（22）君子者……殖盡於己，而區略於人，故可盡身而事也

按：朱季海曰：「丘、區有闕略之意。區略於人，言不求備於人也。」賴炎元曰：「殖，財貨。區略，愛利。」屈守元曰：「『殖盡』以下諸句，似有錯訛。此即卷 2 所謂『直己不直人』之意也。」屈說即「直己不直人」之意，是也，但文無錯訛。殖，讀為直。盡，詳盡。《廣雅》：「區，小也。」區略猶言簡略。此言君子以直嚴格要求自己，而對別人則否，故別人能夠盡身而事

〔註405〕趙幼文《〈韓詩外傳〉識小》，《金陵學報》第 8 卷第 1、2 期合刊，1938 年版，第 115 頁。

之也。余舊說云：「區讀為傴，《說文》：『傴，僂也。』《莊子·人間世》：『以下傴拊人之民。』李注：『謂憐愛之也。』略讀為賂，《說文》：『賂，遺也。』即贈送義。句謂竭盡己財，而疏送於人，則別人以身報之也。或曰：『區略，愛利。』近之。」〔註406〕亦非是。

（23）篤愛而不奪，厚施而不伐

按：「奪」當作「奮」，字之誤也。《呂氏春秋·本味》：「人主有奮而好獨者。」俞樾曰：「奮，猶矜也。《荀子·子道篇》：『奮於言者華，奮於行者伐。』楊注曰：『奮，振矜也。』故古書每以『奮矜』連文。《荀子·正名篇》曰：『有兼聽之明，而無奮矜之容。』《墨子·所染篇》曰：『其友皆好矜奮。』《淮南·說林篇》曰：『呂望使老者奮，項託使嬰兒矜。』」〔註407〕此文奮、伐同義對舉。《管子·宙合》：「功大而不伐，業明而不矜。」《鹽鐵論·非鞅》：「君子高而勿矜，勞而不伐。」是其比也。

（24）是以中立而為人父母也，築城而居之，別田而養之，立學以教之

按：屈守元曰：「養，元本作『事』。」《淮南子·泰族篇》：「乃裂地而州之，分職而治之，築城而居之，割宅而異之，分財而衣食之，立大學而教誨之，夙興夜寐而勞力之。」

（25）持以巧敏拜請畏事之

按：趙懷玉曰：「『持』當作『特』。」許維遹曰：「元本『持』作『特』，趙校與元本合，今據正。《荀子·富國篇》作『直將巧繁拜請而畏事之』，『直』、『特』義同。」朱季海、賴炎元說同許氏〔註408〕。屈守元亦從趙說。特、直一聲之轉。王引之據此文讀巧繁為巧敏，解作便佞〔註409〕，賴炎元襲用其說而無說明。

（26）故明君不道也

按：《荀子·富國》同。楊倞注：「故明君不言也。」王念孫曰：「道，由

〔註406〕 蕭旭《韓詩外傳補箋》，收入《群書校補》，廣陵書社 2011 年版，第 460 頁。

〔註407〕 俞樾《呂氏春秋平議》，收入《諸子平議》，上海書店 1988 年版，第 467～468 頁。

〔註408〕 賴炎元《韓詩外傳校勘記》，（香港）《聯合書院學報》第 1 期，1962 年版，第 74 頁。

〔註409〕 王引之說轉引自王念孫《荀子雜志》，收入《讀書雜志》卷 11，中國書店 1985 年版，本卷第 20 頁。

也。楊注失之。」許維遹曰:「本書卷3作『明君不蹈也』,『道』與『蹈』同,皆言行也。」許說是也,《荀子‧王制》亦作「蹈」。《釋名》:「蹈,道也。」此乃聲訓。

(27) 勇士一呼,而三軍皆避,士之誠也

按:趙善詒曰:「《淮南子‧繆稱篇》、《文子‧精神(誠)篇》下『士』字俱作『出』,疑是。《新序‧雜事四》作『士』,疑後人據《外傳》改之耳。」許維遹從趙說。屈守元亦校下「士」作「出」,又曰:「《文子》、《淮南子》及《新序》『避』皆作『辟』。《文子》徐靈府注以『駭』釋『辟』,則此『辟』字,當即與《史記‧項羽本紀》『辟易數里』之『辟』字同義。」石光瑛曰:「出、士形近,〔出〕似優。一曰『士』當作『志』。」〔註410〕「士」為「出」形誤,《淮南》下文「誠出於己,則所動者遠矣」,是其確證。《淮南子‧兵略篇》:「今使兩人接刃,巧拙不異,而勇士必勝者,何也?其行之誠也。」文亦近之。《御覽》卷437引《新序》「碎(辟)」下有「易」字。

(28) 彎弓而射之

按:周廷寀曰:「彎,《序》作『關』。」關、彎一音之轉,音轉亦作「貫」。

(29) 下視,知其為石

按:趙懷玉本作「下視,知其石也,因復射之,矢躍無跡」。趙善詒曰:「趙本不知何據,抑所據本有之。《後漢書‧光武十王列傳》注引全同趙本。《類聚》卷74引亦有之,惟『射之』作『射石』。《御覽》卷51、又卷744引同,惟少後二句。《白帖》卷5作『下視乃石也,因復射之,無跡』,其節文耳,皆可以為證。」許維遹說略同趙善詒,指出《御覽》卷51、744引作「下視知其石,因復射之,矢摧無跡也」(趙說「少後二句」未是)。屈守元曰:「《御覽》卷51引『石』下有『也』字,又有『因復射之,矢摧無跡』八字,《類聚》卷6、74引皆同。《合璧事類》前集卷6、57引亦同,惟『矢摧』作『矢躍』。又《事文類聚》前集卷14亦與《御覽》同。」《類聚》卷74、《事文類聚》前集卷42引「因復射石,矢摧無跡」八字(《類聚》不作「射之」,屈校疏),《合璧事類》前集卷57引作「因復射石,矢躍無跡」(不作「射之」,屈校疏),《後漢書‧光武十王傳》李賢注、《御覽》卷744、《記纂淵海》卷36引有「因復射之,矢摧

無跡」八字（《搜神記》卷 11 同）〔註 411〕。李賢注、《類聚》卷 74 不作「矢躍」，許校謂趙校據李賢注補，非也。趙本與《書鈔》卷 160 引同，趙氏或本《書鈔》耳。《記纂淵海》卷 7 引有「因復射一矢躍無跡」八字〔註 412〕，《事類賦注》卷 7 引有「因復射之，莫能入」七字，《鼠璞》卷上引有「復射，矢摧無跡」六字。《新序·雜事四》有「卻復射之，矢摧無跡」八字（《能改齋漫錄》卷 5、14 引「摧」作「躍」），《冊府元龜》卷 846 有「因復射之，矢摧迸火」八字。《事類賦注》卷 7 引「下視」作「晝視」。各書引「知其為石」作「知其石也」，無「為」字。摧，折也。陳茂仁曰：「《說文》：『摧，擠也。』段注云：『摧，至也。即抵之義也。』職此，摧、躍，並通。」〔註 413〕其說非是。

（30）石為之開，而況人乎

按：屈守元曰：「《類聚》卷 74 引此云：『渠子見其誠心，金石為之開，而況於人乎？』《合璧事類》前集卷 57 同。《新序》云：『熊渠子見其誠心，而金石為之開，況人心乎？』此書此節當有脫誤。」屈說是也，趙懷玉早已補之，但未言所據。《事文類聚》前集卷 42 引同《類聚》，《後漢書·廣陵思王荊傳》李賢注引「石為之開」作「熊渠子見其誠心，而金石〔為〕之開」，《書鈔》卷 160 引作「熊渠子見其誠心，而石〔為〕之開」。

（31）葬五日，襄子興師而次之

按：周廷寀曰：「『次』當從《新序·雜事》作『伐』。」趙懷玉本據《御覽》卷 192「葬」上補「既」字，改「次」作「攻」。趙善詒曰：「趙補『既』字，是也。《淮南子·道應篇》作『已』，音義並通。趙校作『攻』，是也。《御覽》卷 279 引及《淮南子》『次』皆作『攻』，可證。周校非。」許維遹從二趙說。《論衡·變動》、《資治通鑑外紀》卷 10 亦作「攻」。

（32）圍未匝而城自壞者十丈

按：周廷寀曰：「匝，《序》作『合』。」朱季海曰：「韓『合』謂之『匝』，《道應訓》作『合』。」《資治通鑑外紀》卷 10 亦作「合」。合，讀為匀，《說文》：「匀，帀也。」俗字亦作卥、匎。「匝」為「帀」俗字。

〔註 411〕四庫本《記纂淵海》在卷 61。
〔註 412〕四庫本《記纂淵海》在卷 55，作「因復射之，矢躍無跡」。
〔註 413〕陳茂仁《新序校證》，花木蘭文化出版社 2007 年版，第 292 頁。

（33）此三威不可不審察也

按：審，《荀子・彊國》作「孰」。

（34）百姓劫則致畏，忌則傲上

按：周廷寀曰：「忌，《荀》作『嬴』。『傲』作『敖』，古通。」朱季海曰：「楊讀是也。《說文》：『綎，緩也。綎，綎或從呈。』又『紿，絲勞即紿。』嬴之為忌，猶綎之於紿，語轉義亦相受也。」龍宇純曰：「此讀嬴為綎，《說文》：『綎，緩也。』《外傳》卷 6 作『忌則傲上』，是嬴訓緩之證，緩與忌義同。綎或又通作嬴。」〔註 414〕屈守元曰：「楊倞注云：『稍嬴緩之則敖慢。嬴，音盈。』郝懿行曰：『嬴，猶盈也。嬴與贏同。贏，有餘也。有餘即弛緩，故注訓嬴為緩。』」郝、朱、龍說皆是也。「贏」指財有餘。「綎（經）」指絲有餘，故訓緩。贏、綎、紿三字同源，音轉亦作「挺」。

（35）蓋主君無好士之意耳，無患乎無士也

按：許瀚曰：「《治要》、《藝文》引並作『何患於無士乎』。」許維遹曰：「《治要》、《類聚》卷 90、《御覽》卷 916 引作『何患於無士乎』，《文選・陶徵士誄》注引作『何患無士乎』，今據正。」朱季海曰：「《文選・答魏子悌詩》注作『何患無士乎』，《陶徵士誄》注同。」《類聚》、《御覽》引作「何患無士乎」，無「於」字，二許說皆稍疏。《戰國策・齊策四》：「王亦不好士也，何患無士？」文例同。

卷第七校補

（1）非君之祿，無以養吾親

按：《說苑・修文》同，《類說》卷 30 引《說苑》，「祿」上有「穀」字。

（2）宣王悒然無以應之

按：周廷寀曰：「悒然，《說苑》作『邑邑』。」《類說》卷 30 引《說苑》作「默然」。本書卷 8：「於是楚王蓋悒如也。」

（3）絃有緩急

按：絃，《說苑・奉使》同，《治要》卷 8 引亦同，《文選・廣絕交論》李

〔註 414〕龍宇純《讀荀卿子三記》，收入《荀子論集》，學生書局 1987 年版，第 280 頁。

善注引作「弦」;《御覽》卷 576、《記纂淵海》卷 78 引誤作「絲」。《淮南子·泰族篇》:「絃有緩急小大，然后成曲。」《文子·微明》作「弦」。

（4）里母曰:「安行，今令姑呼汝。」

按:《漢書·蒯通傳》作「女安行，我今令而家追女矣」，顏師古曰:「安，徐也。而，亦汝。」家亦姑也。

（5）鳥之美羽勾啄者，鳥畏之

按:周廷寀疑「啄」當作「喙」，趙懷玉、桂馥徑改作「喙」〔註415〕，賴炎元從趙校〔註416〕。趙善詒曰:「《御覽》卷 464 引『啄』作『喙』，趙本與周校是也。《御覽》引『畏』上有『共』字。」許維遹曰:「各本皆作『啄』，宋本《御覽》亦仍作『啄』。」朱季海曰:「『啄』疑當為『噣』。」屈守元曰:「『啄』定當作『喙』，然元、明諸本皆作『啄』，今指出其誤，仍不輒改。」《外傳》元本、沈本、唐本、程本作「啄」，是「啄」俗譌〔註417〕;寶曆本作「喙」。景宋本《御覽》卷 464、《類說》卷 38 引作「啄」，亦「啄」俗譌。《記纂淵海》卷 37 引「啄」作「喙」〔註418〕。「啄」字不誤，當讀為噣、咮〔註419〕。王念孫曰:「字本作咮，或作噣，通作啄，又通作注。《說文》:『咮，鳥口也。噣，喙也。』《玉篇》引《曹風·候人篇》『不濡其噣』，今《詩》作『咮』，毛傳曰:『咮，喙也。』《外傳》云云。《漢書·東方朔傳》:『尻益高者，鶴俯啄也。』師古曰:『啄，鳥嘴也。』咮、噣、注、啄，古同聲而通用，『喙』則聲遠而不可通。」〔註420〕敦煌寫卷 P.2011 王仁昫《刊謬補缺切韻》:「噣，鳥口，或作咮。」蔣斧印本《唐韻殘卷》:「咮，鳥口，亦作噣。」又「噣，鳥口，或作咮（咮）。」《集韻》:「啄，咮也。」又「噣，《說文》:『喙也。』或作咮、注。」《易林·井之恒》:「方啄宣口，聖知仁

〔註415〕 桂馥《說文解字義證》，齊魯書社 1987 年版，第 320 頁。

〔註416〕 賴炎元《韓詩外傳校勘記》，（香港）《聯合書院學報》第 1 期，1962 年版，第 79 頁。

〔註417〕 敦煌寫卷 Φ096《雙恩記》「啄」作「啄」形，S.1722《兔園策府》卷 2「㭻」作「㭻」。

〔註418〕 四庫本《記纂淵海》在卷 42，引仍作「啄」。

〔註419〕 相通之例參見張儒、劉毓慶《漢字通用聲素研究》，山西古籍出版社 2002 年版，第 296 頁。

〔註420〕 王念孫《漢書雜志》，收入《讀書雜志》卷 4，中國書店 1985 年版，本卷第 54 頁。

厚。」《節之睽》同，《小畜之噬嗑》作「方喙廣口」。「啄」即「喙」，其義本同，而字形亦復相似。本書卷 8：「燕頷而雞啄。」屈氏改「啄」作「喙」。《論衡‧累害》：「蜂蠆之黨啄螫懷操。」黃暉改「啄」作「喙」〔註 421〕。皆非是。《劉子‧傷讒》：「鳥之曲喙銳距者，羽類畏之。」即本於此文，彼自作「喙」字。

（6）魚之侈口垂腴者，魚畏之

按：屈守元曰：「《廣雅》王念孫《疏證》云：『《說文》：「鯱，哆口魚也。」口大，故謂之哆口魚。《韓詩外傳》云云，「侈」與「哆」同。』」鯱之言厊、庀，開張也。《說文》：「哆，張口也。」又「腴，腹下肥也。」《劉子‧傷讒》：「魚之哆脣鋸齒者，鱗族畏之。」即本於此文。「哆」俗字音轉作「爹」，今吳語尚謂張口曰爹口。垂腴，垂其腴也。

（7）人之利口瞻辭者，人畏之

按：趙善詒曰：「《御覽》卷 464 引『瞻辭』作『巧辯』。」《記纂淵海》卷 37 引同今本〔註 422〕，《類說》卷 38 引作「瞻詞」。《劉子‧傷讒》：「人之利口讒諂者，人共畏之。」即本於此文。

（8）即三經之席

按：許維遹曰：「元本『即』作『席』。本或作『席』，與《說苑‧雜言篇》合。」朱季海、屈守元說同。《類聚》卷 69、《事文類聚》續集卷 11 引《說苑》作「坐三經之席」，《白氏六帖事類集》卷 4 引《說苑》作「席布三經」〔註 423〕。布席而坐曰席，故《類聚》引改作「坐」。作「即」亦通，即，就也，登也。

（9）呂望行年五十，賣食棘津

按：《說苑‧雜言》同。朱起鳳曰：「盟、孟古通用，盟字古又通作望，沿望之音，又轉為樊，棘即樊之訛字也。」〔註 424〕趙善詒曰：「《尉繚子‧兵（武）議篇》作『賣食盟津』。《水經‧河水注》：『棘津猶孟津也。』朱氏起鳳云云。」許維遹從趙說。朱季海曰：「《說苑‧尊賢》：『太公望，故老婦

〔註 421〕黃暉《論衡校釋》，中華書局 1990 年版，第 12 頁。
〔註 422〕四庫本《記纂淵海》在卷 42。
〔註 423〕《白帖》在卷 14。
〔註 424〕朱起鳳《辭通》卷 5，上海古籍出版社 1982 年版，第 469 頁。

之出夫也，朝歌之屠佶也，棘津迎客之舍人也。』」屈守元曰：「《史記·齊太公世家》《索隱》引譙周曰：『呂望屠牛於朝歌，賣飲於孟津。』《御覽》卷 739 引《尉繚子》云：『太公望行年七十，屠牛朝歌，賣食棘津。』」《尉繚子》出《武議篇》，「棘津猶孟津也」是《水經注·河水》所引服虔《左傳解誼》佚文，非酈氏語。趙氏皆承朱起鳳之誤。服虔謂「棘津猶孟津」，是指津名皆取濟渡之義，不是說棘津就是孟津音轉。朱起鳳音轉字訛之說不可信。《史記·遊俠傳》：「呂尚困於棘津。」《正義》引《尉繚子》作「賣食棘津」，《御覽》卷 739 引同，今本《尉繚子》作「盟津」蓋誤。本書卷 8：「（太公）賃于棘津。」《戰國策·秦策五》：「太公望，齊之逐夫，朝歌之廢屠，子良之逐臣，棘津之讎不庸。」「棘津」決非誤字也。

（10）管夷吾束縛自檻車，以為仲父，則遇齊桓公也

按：趙懷玉曰：「自，《說苑》作『膠目』，此脫誤。」趙善詒曰：「趙校是也，《呂氏春秋·贊能篇》亦云『乃使吏鞹其拳，膠其目，盛之以鴟夷，置之車中』。」許維遹曰：「《說苑》作『管夷吾束縛膠目，居檻車中，自車中起為仲父』，《呂氏春秋·贊能篇》云『管仲束縛在魯』，又云『魯君乃使吏鞹其拳，膠其目，盛之以鴟夷，置之車中』。本書若有『膠目』之文，據《說苑》當云『管夷吾束縛膠目，居檻車以為仲父』。或『自檻車』作『自檻車起』，不加『膠目』亦通。據《呂氏春秋》則『自檻車』當作『置檻車』。」道藏本《易林·豐之困》：「管仲遇桓，得其願歡。膠目殺糾，振冠無憂。」《莊子·胠篋》：「滅文章，散五采，膠離朱之目，而天下始人含其明矣。」此春秋戰國時「膠目」之確證也。《急就篇》卷 4：「攻擊劫奪檻車膠。」顏師古註：「言強盜。群盜相與攻擊劫奪人者，吏捕得之，載以檻車，又加膠漆，取周密也。一曰：膠者，謂膠罪人之目，使不得開絕變難也。」顏氏後說是。《嶽麓書院藏秦簡（肆）》簡 0898：「膠致桎傳。」《史記·張耳陳餘列傳》：「乃檻車膠致。」膠亦指膠目。

（11）是故孝子欲養而親不待也，木欲直而時不待也

按：許維遹、屈守元並從元本作「時不使」。許氏云：「本或作『使』，與卷 1『樹木欲茂，霜露不使』之『使』同義。」屈氏云：「使，諸本皆作『待』，今從元本，此『使』與上句『待』字協韻，不宜相重也。」許、屈說非是。《天中記》卷 24 引作「時不待」，《冊府元龜》卷 751、《曾子全書》用此文，皆作「時不待」。是宋人所見作「待」字，元本偶誤，不可據信。

（12）是故椎牛而祭墓，不如雞豚逮存親（親存）也

按：屈守元曰：「《類聚》卷 20 引作『椎牛而葬』，《白帖》卷 8、《群書通要》乙一、《群書故事類編》卷 6、《事文類聚》後集卷 3 所引皆同，《初學記》卷 17 引作『椎牛之葬』，皆不云墓也。」今本不誤，《冊府元龜》卷 751、《曾子全書》皆同今本作「椎牛而祭墓」。《白氏六帖事類集》卷 8 引作「推（椎）牛而葬」，四庫本《白帖》卷 25 引作「椎牛而祭」。《合璧事類備要》前集卷 24 引作「椎牛而葬」。《事文類聚》後集卷 3 引作「椎牛而祭」（屈氏誤校）。宋刻配抄補本《初學記》卷 17 引作「推（椎）牛之葬」，古香齋本作「椎牛之葬」，四庫本引同今本作「椎牛而祭墓」。

（13）尚猶欣欣而喜者

按：欣欣，《白氏六帖事類集》卷 8 引作「忻然」。

（14）轉轂百乘

按：許維遹曰：「《白帖》卷 25 引同。《史記·仲尼弟子傳》《正義》引『轉』作『躬』，《御覽》卷 414 引作『數』。」屈守元曰：「《史記正義》引『轉』作『躬』，《御覽》卷 414 引作『數』。《群書故事類編》卷 6 引『轉轂』作『傳嘗』。《初學記》卷 17 引仍作『轉轂』。」《事文類聚》後集卷 3、《合璧事類備要》前集卷 24 引亦作「傳嘗」，《類聚》卷 20 引作「轉嘗」〔註 425〕。王叔岷曰：「『躬』蓋俗『戾』字。《文選·射雉賦》『戾翳旋把』，徐爰注：『戾，轉也。』」〔註 426〕王說是也，俗字亦作捩，轉動。

（15）墨筆操牘

按：趙懷玉曰：「墨，《御覽》卷 603 引作『秉』。」許維遹曰：「《書鈔》卷 96、《御覽》卷 606 引『墨』亦作『秉』，《玉篇》引作『執』，《治要》、《史記·趙世家》《集解》引與今本同。」賴炎元謂當從《御覽》作「秉筆」〔註 427〕。石光瑛曰：「墨筆，染墨于筆也。」〔註 428〕朱季海曰：「《御覽》作『秉』，後人臆改。」屈守元曰：「《事類賦注》卷 15 引『操』作『執』，《文房四譜》卷

〔註 425〕 《類聚》據南宋本，四庫本引作「車嘗」。
〔註 426〕 王叔岷《史記斠證》，中華書局 2007 年版，第 2124 頁。
〔註 427〕 賴炎元《韓詩外傳校勘記》，（香港）《聯合書院學報》第 1 期，1962 年版，第 80 頁。
〔註 428〕 石光瑛《新序校釋》，中華書局 2001 年版，第 77 頁。

1 引同。《御覽》卷 603 引作『操牘秉筆』，又卷 601 引作『秉筆操牘』，《天中記》卷 15 引作『抱筆執牘』。《類聚》卷 58、《廣韻》『筆』下、《學林》卷 4 引作『墨筆操牘』，《初學記》卷 21 作『操牘秉筆』，《慧琳音義》卷 31 引作『執筆操牘』。」《書鈔》卷 104 引亦同今本作「墨筆操牘」，《新序‧雜事一》、《冊府元龜》卷 792、831 亦同。《類聚》卷 58 引作「墨筆執牘」（不作「操牘」），《御覽》卷 606 引作「秉筆操牘」（非卷 601），屈氏皆失檢。《書鈔》卷 96 引作「操牘秉筆」，《書鈔》卷 104 又一引作「持簡執牘」，《御覽》卷 177 引作「抱筆執牘」。

（16）酒酣，簡子涕泣，諸大夫皆出走

按：皆出走，《新序‧雜事一》作「起而出」。石光瑛曰：「『起』疑『趨』字之譌。《外傳》『走』字，即『趨』字之義。」趙仲邑說同〔註 429〕。二氏說是也，本文當乙作「走出」。《治要》卷 8、《御覽》卷 497 引已誤倒作「出走」。本書卷 2「晏子起而出，授綏而乘」，《晏子春秋‧內篇雜上》作「趨出」，《新序‧義勇》作「趍出」。《新序‧雜事一》「黃起而出」，《類聚》卷 24、《御覽》卷 457 引「起」作「趨」，《呂氏春秋‧自知》亦作「趨」。《史記‧南越列傳》「嘉見耳目非是，即起而出」，《漢書‧南粵傳》、《漢紀》卷 14「起」作「趨」。

（17）眾人諾諾，不若一士之諤諤

按：許維遹曰：「一士，當從元本作『直士』，《治要》、《御覽》卷 497 引作『直士』，今據補正。」屈守元曰：「一士，元本作『直士』，此從薛、蘇、沈、程、胡、唐諸明刻本。《御覽》卷 497 引作『眾人之唯唯，不若直士之諤諤』，又卷 866 引亦作『之唯唯』，《治要》引與卷 497 引同。又《御覽》卷 166 引『一士』作『周舍』。」《治要》卷 8 引作「眾人之唯唯，不若直士之愕愕」，與《御覽》卷 497 稍異。《御覽》卷 177 引作「眾人之唯唯，不如周舍之諤諤」，卷 166、866 未引此文，屈氏失檢；《記纂淵海》卷 91、《太平寰宇記》卷 56 引同《御覽》卷 177〔註 430〕，《新序‧雜事一》、《後漢書‧陳忠傳》李賢注引《史記》亦同，《史記‧趙世家》作「徒聞唯唯，不聞周舍之

〔註 429〕石光瑛《新序校釋》，中華書局 2001 年版，第 80 頁。趙仲邑《新序詳注》，中華書局 1997 年版，第 15 頁。
〔註 430〕四庫本《記纂淵海》在卷 52。

鄂鄂」。《白氏六帖事類集》卷 11 作「眾人之唯唯，不如一士之諤諤」〔註 431〕，未言出處。屈氏校本書，多從元本，此處不從元本，亦不從唐、宋時之《治要》及《御覽》，甚可怪也。考《史記・商君列傳》：「趙良曰：『千人之諾諾，不如一士之諤諤。』」許校是也，此文自作「直士」，《史記・商君列傳》作「一士」，《新序》及《史記・趙世家》作「周舍」。

（18）出則賣君以要利

按：許維遹曰：「諸本皆同，惟元本作『效利』。《韓非子・外儲說右上篇》作『收利』。」朱季海曰：「元本是也。」屈守元曰：「要利，元本作『効利』，此從薛本，諸本同。《類說》引作『效利』。」《後村詩話》卷 5 引作「效利」，《事文類聚》後集卷 41 引《家語》同。《韓子》作「出則為勢重而收利於民」，疑「效」為「收」形譌，諸明本又改作「要」。

（19）殺身以捷其君

按：趙懷玉曰：「《呂氏春秋・忠廉篇》『捷』作『徇』。」陳喬樅說同〔註 432〕。《爾雅》：「接，捷也。」郭璞注：「謂相接續也。」郝懿行曰：「《外傳》云云，蓋演剖腹納君之肝，捷訓接續。」〔註 433〕趙幼文曰：「高注訓徇為從，疑捷當訓接，接有續義。」〔註 434〕賴炎元曰：「捷，與『接』通，接納。」屈守元曰：「《冊府元龜》『捷』作『狥』，此誤字，當從《冊府》校正。」周志鋒曰：「捷，當讀為扱，《說文》、《廣雅》並云：『收也。』捷其君即收納其君。」〔註 435〕趙幼文說是，捷，讀為接。捷其君，指「內懿公之肝」而言（《冊府元龜》卷 739「內」作「納」）。周說非是，「扱」訓收，是收斂義。

（20）孫叔敖蹵然易容曰

按：蹵，《冊府元龜》卷 788 作「蹙」。本卷下章：「造然召蘧伯玉而貴

〔註 431〕《白帖》在卷 39。
〔註 432〕陳壽祺《韓詩遺說考》卷 3《韓詩小雅二》（陳喬樅述），收入《續修四庫全書》第 76 冊，上海古籍出版社 2002 年版，第 626 頁。
〔註 433〕郝懿行《爾雅義疏》，收入《郝懿行集》第 4 冊，齊魯書社 2010 年版，第 2934 頁。
〔註 434〕趙幼文《〈韓詩外傳〉識小》，《金陵學報》第 8 卷第 1、2 期合刊，1938 年版，第 116 頁。
〔註 435〕周志鋒《〈韓詩外傳〉詞語校釋》，收入《訓詁探索與應用》，浙江大學出版社 2014 年版，第 220 頁。

之。」《賈子・胎教》作「戚然」，《新序・雜事一》作「蹴然」。造、戚、蹙、蹴，並一聲之轉，字亦作跙，本字為欶、怒，《說文》：「欶，怒然也。《孟子》曰：『曾西欶然。』」

（21）吾祿益厚，吾施益博

按：屈守元曰：「《御覽》引《真隱傳》作『溥』，疑『溥』字是也。」《淮南子・道應篇》、《列子・說符》、《文子・符言》、《御覽》卷459引《晏子》同此，並作「博」字。博，廣也。本書卷6：「身儉而施博。」《荀子・天論》：「風雨博施。」正「博施」連文，尤為此文不誤之證。《意林》卷2引《列子》作「溥」，《御覽》卷483引《文子》作「薄」，皆借字。

（22）后挖冠纓而絕之

按：周廷寀曰：「挖，劉作『援』。」郝懿行曰：「挖音骨，又音槷，摩也。」朱季海曰：「《說文》：『搳，把也。挖，搳或從乚。援，引也。』」屈守元曰：「《初學記》卷25引司馬彪《戰略》亦作『援』。挖，摩也。」賴炎元曰：「挖，拔。」郝、屈說非也，「挖」訓摩，非其誼。《書鈔》卷127引《說苑》「援」作「據」。宋本《冊府元龜》卷865作「扡」，四庫本作「拖」，字同。《列女傳》卷6：「楚莊王臣援其夫人之衣而絕纓。」亦作「援」字。挖，讀為扤〔註436〕。《說文》：「扤，動也。」《周禮・考工記》鄭玄注：「扤，搖動貌。」敦煌寫卷P.3694V《箋注本切韻》：「扤，動搖。」P.2058《碎金》：「動扤扤：五骨反。」蔣斧印本《唐韻殘卷》：「扤，搖動。」字亦音轉作抈，《國語・晉語八》：「其為本也固矣，故不可抈也。」韋昭注：「抈，動也。」謂搖動。字亦音轉作拍（字從「曰（yue）」，俗誤從「日（ri）」），《廣韻》：「拍，牽物動轉。」《集韻》：「拍，牽動。」《冊府》作「扡（拖）」雖通，然恐是「挖」形譌。

（23）願趣火視絕纓者

按：許維遹曰：「趣讀為促。」許說是也，《說苑・復恩篇》亦作「趣」，

《方言》卷9：「偽謂之扤。扤，不安也。」郭璞注：「偽音訛，船動搖之貌也。」
戴震曰：「偽，各本訛作『偽』。扤亦作仡。《玉篇》於『偽』字云：『偽謂之仡。仡，不安也。』義本此。曹毅之本作『扤』。《說文》云：『扤，動也。』《說文》又作『𦩘』，『船行不安也，讀若兀。』仡、扤、𦩘義同。」戴震《方言疏證》卷9，商務印書館1937年版，第223頁。此其音轉之證。此例承石立善教授檢示，謹致謝忱！《文選・南都賦》「屼嵲」，即《廣韻》之「屼嵲」，亦其例。

《治要》卷 43 引《說苑》正作「促」。《書鈔》卷 127 引《說苑》作「取」，亦借字。《御覽》卷 479 引《說苑》作「趀」，俗「趨」字。趨亦音促，急也，速也。

（24）《詩》曰：「有漼者淵，萑葦淠淠。」言大者無不容也

　　按：周宗杬曰：「《詩攷》：《外傳》第十九事引《小弁》『萑』，與《毛詩》『雈』異文。」趙善詒曰：「今本《外傳》同《詩攷》作『萑』。《說文》：『萑，萑爵也。』〔註 437〕與『葦』非連文，且義不可通。當為『雈』之誤刊，本同《毛詩》也。佛典引《外傳》云：『老筐為雈，老蒲為葦（見《經義考》引董斯張語）。』亦作『雈』，可證。」許維遹從二氏說。所引董斯張語，見《經義考》卷 100 引。《文選・齊故安陸昭王碑文》李善注引《韓詩外傳》孔子曰：「水之精為土，老蒲為葦，願無怪之。」《海錄碎事》卷 8 引《韓詩外傳》曰：「老蒲為葦也。」董氏所引佛典，《法苑珠林》卷 32 引《韓詩外傳》孔子曰：「老韮為雈，老蒲為葦。」宋、元、明、宮本「雈」作「雀」。四部叢刊景明徑山寺本、四庫本《珠林》在卷 43，亦作「雀」；又「韮」作「薤」，當是俗字〔註 438〕。考《列子・天瑞》：「老韭之為莞也。」《御覽》卷 910、976、《埤雅》卷 17 引《列子》作「莞」。《爾雅翼》卷 5：「物久必變，故老韭為莞。」「韭」同「韭」。董斯張所引，誤「薤」作「筐」，諸家皆承其誤而不辨。屈守元曰：「『筐』當作『筐』。」〔註 439〕非是。《珠林》所引《外傳》「老韮為雈，老蒲為葦」，乃以釋《詩・小弁》「萑葦淠淠」，「雈」當作「萑」。「萑」本作「雈」，因而形誤作「雈」。「雈」又形誤作「雀」，「萑」又以同音誤作「莞」，「莞」俗體形誤作「莧」〔註 440〕。《御覽》卷 887 引《莊子》（引者按：當是《列子》）又誤作「芫」。一誤再誤，其義遂晦。殷敬順《列子釋文》本「莧」作「莞」，云：「莞，音官，似蒲而圓，今之為蓆是也。楊承慶《字統》音關。一作『莧』，侯辨切，轉寫誤也。」任大椿曰：「『莞』、『莧』通……莧與莞皆近于蒲，故老韭為莞，莞一作莧也。」楊伯峻從任說〔註 441〕。

〔註 437〕引者按：《說文》作「萑，小爵也」。
〔註 438〕《可洪音義》卷 27「薤園」當即「韭園」。
〔註 439〕屈守元《韓詩外傳箋疏》後附《韓詩外傳佚文》，巴蜀書社 1996 年版，第 905 頁。
〔註 440〕相譌之例參見王念孫《管子雜志》，收入《讀書雜志》卷 8，中國書店 1985 年版，本卷第 44～45 頁。
〔註 441〕楊伯峻《列子集釋》，中華書局 1979 年版，第 15 頁。

諸說皆非。萑（萑），荻類植物，也稱作蒹，與葦相類，故《詩》以「萑葦」連文。《廣韻》：「萑，萑葦，《易》亦作萑，俗作萑，萑本自音灌。」《墨子·旗幟》：「凡守城之法……菅茅有積，萑葦有積。」孫詒讓曰：「《說文》：『萑，薍也。葦，大葭也。萑，小爵也。』音義並別。此『萑』當為『萑』，經典省作『萑』。或掍作『萑』，非是。」〔註442〕《說苑·雜言》：「《詩》云：『菀彼柳斯，鳴蜩嘒嘒。有漼者淵，莞葦淠淠。』言大者之旁無所不容。」「莞」即「萑」同音借字，亦「萑」之誤。關嘉僅指出《詩》「莞」作「萑」的異文〔註443〕，未能定其正誤。諸家皆失校〔註444〕。《左傳·昭公二十年》：「取人於萑苻之澤。」P.3722、S.1440、《治道集》卷4作「萑蒲」，《文選·齊安陸昭王碑文》李善注、宋本《類聚》卷52、《御覽》卷499、622引同，「萑」字並誤。

（25）傳曰：「伯奇孝而棄於親，隱公慈而殺於弟，叔武賢而殺於兄，比干忠而誅於君。」

按：《漢書·諸葛豐傳》：「豐復上書言：『臣聞伯奇孝而棄於親，子胥忠而誅於君，隱公慈而殺於弟，叔武弟而殺於兄。』」「比干」作「子胥」，蓋臨文易之。

（26）紂殺王子比干，箕子被髮佯狂

按：朱季海曰：「《大戴·保傅》『佯』作『陽』。」《說苑·尊賢》同此作「佯」，《賈子·胎教》作「狂」。

（27）夫薑桂因地而生，不因地而辛；女因媒而嫁，不因媒而親

按：屈守元曰：「《淮南子·說山篇》云：『因媒而嫁，而不因媒而成；因

〔註442〕 孫詒讓《墨子閒詁》，中華書局1986年版，第581頁。
〔註443〕 關嘉說轉引自左松超《說苑集證》，（臺灣）國立編譯館2001年版，第1072頁。
〔註444〕 盧文弨《說苑校正》，收入《群書拾補》，《續修四庫全書》第1149冊，上海古籍出版社2002年版，第425頁。俞樾《讀書餘錄二·說苑》，收入《諸子平議補錄》，中華書局1956年版，第122～130頁。趙萬里《說苑斠補》，《國學論叢》第1卷第4期，1928年版，第172頁。崔垂言《說苑斠錄》，《清華週刊》第39卷第11～12期，1933年版，第1105～1106頁。向宗魯《說苑校證》，中華書局1987年版，第426頁。劉文典《說苑斠補》，收入《劉文典全集（3）》，安徽大學出版社、雲南大學出版社1999年版，第273頁。朱季海《說苑校理》，中華書局2011年版，第116～124頁。

人而交，不因人而親。」此蓋古語也。」《新序・雜事五》「女」作「婦人」，餘同此傳，《渚宮舊事》卷3同。《說苑・善說》：「縷因針而入，不因針而急；嫁女因媒而成，不因媒而親。」〔註445〕《鹽鐵論・大論》：「故士因士，女因媒，至其親顯，非媒士之力。」

（28）昔者齊有狡兔

按：《新序・雜事五》、《御覽》卷907引《春秋後語》「狡」作「良」。

（29）使之瞻見指注，雖良狗猶不及狡兔之塵

按：周廷寀曰：「瞻，《序》作『遙』。『注』作『屬』，屬、注古通。」趙善詒曰：「周校是也。《說苑・善說篇》云：『見兔而指屬，則無失兔矣。』亦『指屬』連文。朱起鳳謂『指示』誤作『指注』，非也。」朱季海曰：「《新序》『注』作『屬』，疑本故書。」《渚宮舊事》卷3、《御覽》卷907引《春秋後語》同《新序》，《御覽》有注：「指屬，猶指蹤也。屬，音之欲切。」注，讀為屬〔註446〕。《老子》第49章：「百姓皆注耳目。」馬王堆帛書甲本、北大漢簡本「注」作「屬」。《集韻》：「注，或作屬、主。」亦其例。「瞻」為「遙」形譌。

（30）若攝纓而縱緤之

按：周廷寀曰：「攝纓，《序》作『躡迹』，『緤』作『緤』。」屈守元曰：「『躡迹』作『攝纓』者，纓所以指示蹤跡者也。」《冊府元龜》卷881同《新序》，《渚宮舊事》卷3作「躡迹而縱之」，《御覽》卷907引《春秋後語》作「躡迹而蹤之」，皆無「緤」字。狗無攝纓事，屈氏臆說耳。此當從《新序》作「躡迹」，「躡」誤作「攝」，俗人又改「迹」作「纓」。緤，牽犬的繩索，俗字作「緤」。縱緤，縱其緤也。亦稱作「投緤」，北齊・魏收《為侯景叛移梁朝文》：「指蹤投緤，鷙兔或擒。」正用《新序》典。反之則曰「執緤」，《禮記・少儀》：「犬則執緤。」孔疏：「緤，牽犬繩。」

（31）宋燕相齊，見逐，罷歸之舍

按：屈守元曰：「《文選・苦熱行》注引『見逐』作『還遂』，無『之』

〔註445〕《類聚》94、《御覽》632引「親」作「畜」。畜讀為嫶，《說文》：「嫶，媚也。」《廣雅》：「嫶，好也。」
〔註446〕參見張儒、劉毓慶《漢字通用聲素研究》，山西古籍出版社2002年版，第273頁。

字。」「還遂」是「遇逐」形誤，《說苑・尊賢》作「遇逐」。

（32）饒曰：「君弗能用也，則有不平之心，是失之己而責諸人也。」

按：屈守元曰：「《治要》引『君』上有『非士大夫易得而難用也』十字，『則』上有『君不能用』四字，當依《治要》補訂，則語意暢矣。」其說同許維遹，是也，《長短經・論士》同《治要》。

（33）三斗之稷

按：周廷寀曰：「斗，劉作『升』。」屈守元曰：「《治要》引『斗』作『升』。此言其少，當作『升』字。」屈說是也，《長短經・論士》亦作「升」。

（34）而君鴈鶩有餘粟

按：鴈鶩，《說苑・尊賢》、《長短經・論士》同，《戰國策・齊策四》作「鵝鶩」，《類聚》卷 91 引《魯連子》作「鶩鴨」。鶩，家鴨也。《說文》：「鴈，䳎也。」《方言》卷 8：「鴈，自關而東謂之䳇䳎，南楚之外謂之䳎，或謂之倉䳇。」鴈、䳎音之轉耳。黃生曰：「古之所謂鴈，即今之所謂鵝，疑古鴈正作鵝音。」〔註447〕王引之曰：「雁，謂鵝也。《晏子春秋・外篇》亦曰：『君之鳬雁食以菽粟。』此鳬，謂鴨也。《廣雅》：『鳬，鶩，鴄也。』『鴄』與『鴨』同。」〔註448〕

（35）果園梨栗，後宮婦人以相提擲

按：周廷寀曰：「劉云『摭以相摘』。」屈守元曰：「《治要》引『擲』作『挃』。『挃』乃『挃』之異體。《廣韻》：『挃，摘也。』提亦擲字之意。」《長短經・論士》亦作「挃」。挃，擣擊、擲擊也，「挃」乃俗字。《淮南子・兵略篇》：「不若卷手之一挃。」許慎注：「挃，擣也。」《淮南子・修務篇》：「攘捲一擣。」俗字亦作挃，睡虎地秦簡《日書》甲種：「以沙人一升挃其舂臼。」

（36）靡麗於堂

按：《說苑・尊賢》作「靡麗堂楯」，《長短經・論士》作「美麗於堂」。靡、

〔註447〕黃生《義府》卷下，收入黃生、黃承吉《字詁義府合按》，中華書局 1954 年版，第 217 頁。

〔註448〕王引之《經義述聞》卷 8，江蘇古籍出版社 1985 年版，第 190 頁。其說又見王念孫《晏子春秋雜志》，收入《讀書雜志》卷 9，中國書店 1985 年版，本卷第 18 頁。

嬓一聲之轉，「嬓」為古「美」字。《御覽》卷 995 引《春秋說題辭》：「麻之為言微也。」《文選·南都賦》李善註引《本草經》：「麋蕪，一名薇蕪。」〔註449〕《淮南子·泰族篇》「刺幾辯義者，《春秋》之靡也」，蔣禮鴻讀靡為微〔註450〕。《文選·西京賦》「麗美奢乎許史」，P.2528 作「麗靡」，《御覽》卷 828 引同。

（37）不知為政者，使情厭性，使陰乘陽，使末逆本，使人詭天

按：許維遹曰：「詭，猶違也。」賴炎元曰：「乘，陵駕、逾越。」屈守元曰：「元、明諸本皆作『乘』，周作『勝』，不知所據。乘，陵也。義本明瞭，不煩改字。」此文與上文「善為政者，循情性之宜，順陰陽之序，通本末之理，合天人之際」相反，「乘」當作「乖」，與「順」相對。

（38）謂簡主曰：「從今已後，吾不復樹德於人矣。」

按：屈守元曰：「吾，薛本作『而』，程、胡、唐本皆同。此從元本，蘇、沈、毛本同。」S.78《語對》、S.2588《語對》、《文選·七命》李善注引作「吾」。

（39）夫春樹桃李，夏得陰其下，秋得食其實；春樹蒺藜，夏不可採其葉，秋得其刺焉

按：許維遹曰：「《文選·七命》注、《類聚》卷 86、《御覽》卷 18、632、968、《考古質疑》引『陰』作『蔭』，古通用。」S.2588《語對》引「陰」作「蔭」，脫「蒺藜」，「可」作「得」，餘同今本。S.78《語對》引作「夫春樹桃李，夏得其蔭，秋得其食；〔春〕植蒺藜者，夏不得蔭涼，秋得其刺矣」。《埤雅》卷 17 引二「樹」作「殖」。《爾雅翼》卷 10 引《韓子》（當是《韓詩》）「陰」作「蔭」，二「樹」分別作「植」、「種」，「葉」作「實」。《齊民要術·種李》注引下「樹」字作「種」，「葉」作「實」。「葉」字是。

（40）不為安肆志，不為危激行

按：趙善詒曰：「《書鈔》卷 37、《御覽》卷 439（引者按：當是卷 429）引『激』作『易』，義極明顯，當從訂正。」賴炎元全竊趙說〔註451〕。許維

〔註449〕《類聚》卷 81 引「靡」作「薜」。
〔註450〕蔣禮鴻《續〈淮南子校記〉》，收入《蔣禮鴻集》卷 3，浙江教育出版社 2001年版，第 377 頁。
〔註451〕賴炎元《韓詩外傳校勘記》，（香港）《聯合書院學報》第 1 期，1962 年版，

遹曰：「諸本作『激』，元本作『敫』。本或作『敫』，最是。《御覽》卷429引作『易』，『敫』、『易』古通用，今據正。《史記・李斯傳》：『不為安肆志，不以危易心。』義與此略同，可為旁證。」朱季海曰：「覆元本『激』作『敫』。尋《說文》：『敫，侮也。』即此字，元本是也。」元本作「易」，不作「敫」，許氏誤記。屈守元曰：「易，諸本作『激』，元甲本作『易』。《書鈔》、《御覽》引皆作『易』。」諸家校作「易」是也，《史記・蔡澤傳》：「不為危易行，行義不辟難。」《新序・節士》：「吾聞之，君子〔不以安肆志〕，不為危易行，今吾從子，是安則肆志，危則易行也。」〔註452〕皆其確證。《淮南子・主術篇》：「窮不易操，通不肆志。」〔註453〕《文子・道德》：「達不肆意，窮不易操。」《莊子・繕性》：「故不為軒冕肆志，不為窮約趨俗。」亦足參證。

（41）行昔衛獻公出走反國，及郊，將班邑於從者而後入

按：屈守元曰：「獻，元乙本鈔作『簡』，朱改『獻』。《禮記・檀弓下》正作『衛獻公』。」《御覽》卷359引作「衛獻公」，元鈔本偶誤。班邑，《禮記》同，鄭玄注：「欲賞從者以懼居者。」《類聚》卷22引《禮記》作「頒邑」。班、頒，正、借字。

（42）南假子過程本〔子〕，本〔子〕為之烹鱺魚

按：周廷寀、趙懷玉並指出《說苑・雜言》「鱺魚」作「鯢魚」。S.133V《失名類書》：「南瑕子過程本，本為之烹鯢魚。」即本其文。郝懿行曰：「鱺音黎。《玉篇》：『魚似蛇，無鱗甲，其气避蠱蟲也。』」許維遹從郝說。桂馥曰：「鯢名人魚，故不忍食。《異物志》『人魚似人形』是也。《外傳》作『鱺魚』。案《本草》：『鯢魚，鰻鱺。』故通作『鱺』。」屈守元從桂說。鱺、鯢音之轉耳。「鯢」的語源是「婗（唲）」，俗稱為「娃娃魚」，此魚能上樹，聲如小兒唬，以聲得名〔註454〕。鰻鱺是似蛇之魚，「鱺」與「鱧」同，不能上

第83頁。

〔註452〕「不以安肆志」五字盧文弨據《御覽》卷410引補，石光瑛從其說；趙仲邑、武井驥、梁容茂、蔡信發說同。石光瑛《新序校釋》，中華書局2001年版，第1004頁。趙仲邑《新序校證》，《中山大學學報》1961年第4期，第90頁。武井驥等三家說轉引自陳茂仁《新序校證》，花木蘭文化出版社2007年版，第522頁。陳氏已引《史記・李斯傳》及《莊子》，而未及此傳。

〔註453〕《文子・微明》「通」作「達」。

〔註454〕參見蕭旭《「嬰兒」語源考》，收入《群書校補（續）》，花木蘭文化出版社2014

樹，與「鯢魚」非一物，《本草綱目》卷 44 引蘇恭說已辨之。郝氏引《玉篇》，桂氏引《本草》，皆非是。《廣雅》：「鱺，鮦也。」王念孫曰：「鱺，一作『鱧』，一作『鯬』。《說文》云：『鯬，鮦也。』今人謂之烏魚，首有班文，鱗細而黑，故名鱺魚。鱺之言驪也。《說文》云：『驪，馬深黑色。』《韓詩外傳》云云。」〔註455〕王氏亦誤以為此文「鱺魚」即「鱧魚」。

（43）由願奮長戟，盪三軍

按：賴炎元曰：「盪，衝殺。」屈守元曰：「《御覽》卷 436 引『盪』作『揚』。揚，舉也。揚三軍猶言舉兵，作『揚』為是。」屈說非是。《類說》卷 38 引作「盪」。盪，衝蕩、搖動，字亦作蕩。

（44）蠡躍蛟奮

按：許維遹曰：「諸本皆同，元本『躍蛟』作『使志』。《御覽》卷 436 引作『搏躍快志』。」賴炎元曰：「蠡，蟲名，齧木蟲。」屈守元曰：「《御覽》卷 436 引作『搏躍快志』，《類說》卷 38 及《說郛》卷 7 引皆無此四字，元本作『蠡使志奮』，恐有誤字也。」《御覽》引作「搏躍快志」，許氏不誤，屈氏誤校。元本作「蠡躍使志」，許氏、屈氏皆誤校。唐本、程本、毛本、寶曆本、四庫本皆同沈本作「蠡躍蛟奮」，《山堂肆考》卷 117 引同。疑各有脫文，當作「蠡躍蛟奮，搏攫快志」。元本「使」是「快」形誤，《御覽》「躍」是「攫」形誤。賴說非是，「蠡」是「螭」音誤，無角之龍。螭躍蛟奮，言如蛟龍之奮躍也。「搏攫」是秦漢人成語，見於《呂氏春秋‧決勝》、《淮南子‧說林》；倒言則曰「攫搏」，見於《禮記‧儒行》、《淮南子‧說山》。《淮南子‧主術篇》：「若五指之屬於臂，搏援攫捷，莫不如志。」

（45）兩國搆難

按：屈守元曰：「《類說》引無『兩國構難』四字。」搆，各本同，《御覽》卷 464 引作「構」。

（46）塵埃漲天

按：屈守元曰：「張，諸本皆作『漲』，此從元本。《類說》引亦作『張』。」

年版，第 2077 頁。

〔註455〕 王念孫《廣雅疏證》，收入徐復主編《廣雅詁林》，江蘇古籍出版社 1992 年版，第 959 頁。

明刊本《類說》引作「張」，四庫本作「漲」。《御覽》卷 464 引作「張」。

（47）昔者孔子鼓瑟，曾子、子貢側門而聽

　　按：周廷宷曰：「《孔叢子·記義》以為鼓琴也。」趙善詒曰：「『瑟』當作『琴』，《書鈔》卷 109 引作『琴』，孔廣陶校云：『近本琴作瑟，則斷非是。本鈔既入《琴篇》，是隋以前所見本必作琴也。』孔校甚是，《類說》引作『琴』，則宋時尚作『琴』也。《孔叢子》作『琴』。」屈守元說略同趙氏。隋·杜公瞻《編珠》卷 2 引亦作「琴」。明刊本《類說》引標題作「琴」，正文仍作「瑟」，四庫本都作「瑟」。下句，《編珠》、《類說》引同，《書鈔》卷 109 引作「曾子、子貢侍，側聞而知之」。

（48）夫子瑟聲殆有貪狼之志，邪僻之行

　　按：趙幼文曰：「《孔叢子·記義》云『發沈則貪得之所為』，與此文義略同，疑『狼』為『得』之誤。」〔註 456〕賴炎元全襲趙說〔註 457〕，而不知其誤也。賴炎元又曰：「貪狼，貪狠好像狼一般。」諸書引皆作「貪狼」。《廣雅·釋詁三》：「狼、戾，很也。」又《釋詁四》：「狼、很，鷙也。」「貪狼」即「貪很」。

（49）鄉者丘鼓瑟，有鼠出遊，狸見於屋，循梁微行，造焉而避，厭目曲脊，求而不得

　　按：賴炎元曰：「造，至。避，躲避。厭目，眼睛顯露憎惡的光。」朱季海曰：「覆元本『於』作『屬』，『而避』作『便弊』，元本是也。《說文》：『踽，足不正也，一曰拖後足馬。弊，一曰跋也。』『便弊』借為『踽弊』。」屈守元曰：「屬，明刻諸本作『於』，此從元本。《書鈔》、《類說》引皆作『屬』。屬謂貼近也。而避，元本作『便弊』，義不可解。此從諸明刻本。《能改齋漫錄》引亦作『而避』，是宋以來傳本如是也。《類說》引『而避』作一『偏』字。『厭目曲脊，逆色獲而不得』，諸明刻本作『厭目曲脊，求而不得』，此從元本。《書鈔》引無『造焉而避，厭目』六字，『求』字作『則逆懼』三字。

〔註 456〕趙幼文《〈韓詩外傳〉識小》，《金陵學報》第 8 卷第 1、2 期合刊，1938 年版，第 116 頁。
〔註 457〕賴炎元《韓詩外傳校勘記》，（香港）《聯合書院學報》第 1 期，1962 年版，第 84 頁。

《類說》引有『逆色』二字，『求』作『攫』。《能改齋漫錄》引作『求而不得』，與今本同。今定從元本。《類說》『獲』作『攫』，似比元本更善。明刻以下作『求』，恐出後人臆改。」「有鼠」下數句，《編珠》卷 2 引作「狸見於屋，厭目曲脊，求而不得」，《書鈔》卷 109 引作「狸見屬屈（屋），循梁微行，曲脊，則逆懼而不得」，《困學紀聞》卷 5 引作「狸微行造焉，獲而不得」，《記纂淵海》卷 92 引作「狸見屬屋，循梁，獲而不得」〔註 458〕，《類說》卷 38 引作「狸見屬屋，循梁微行，造焉偏，厭目曲脊，逆色攫而不得」。《編珠》卷 2 引同諸明刻本，不得謂「明刻出後人臆改」也。屈氏所據《能改齋漫錄》乃中華書局點校本，底本為聚珍版，與墨海金壺本同，石印本作「狸見屬，循屋微行，便豎，厭目曲脊，逆色獲不得」，四庫本「屬」作「鼠」，餘同石印本。《書敘指南》卷 14：「貓捕鼠狀曰便弊厭目，又曰曲脊逆色。《外傳》。」亦同元本作「便弊」。《書鈔》脫「厭目」二字，「懼」為「攫」形誤。《說文》：「攫，爪持也。」與「攫」同。元本作「獲」，是「攫」形誤。「色」字衍文。逆，迎也。厭，讀為厴、撖。《說文》：「厴，一指按也。」《荀子·解蔽》：「厭目而視者，視一以為兩。」楊倞注：「厭，指按也。」亦作借字。作「便弊（豎）」者，讀為「便辟」、「盤辟」，退縮盤旋之皃〔註 459〕。

（50）丘以瑟淫其音

按：許維遹曰：「淫，沈本、張本、毛本、劉本同，鍾本、黃本、楊本、程本作『浮』，元本作『為』。」賴炎元曰：「淫，浸漬。」屈守元曰：「為，蘇、沈、毛本作『淫』，程、胡、唐本作『浮』。此從元本，《類說》引同。竊疑『為』字或乃『寫放』之『寫』字。」寶曆本作「浮」，《編珠》卷 2、《古微書》卷 25 引作「淫」，《書鈔》卷 109、《能改齋漫錄》卷 14 引作「為」。「浮」字是，浮其音，謂貪狼之志邪僻之行發於音也。《編珠》卷 2 引華嶠《漢書》：「人有以酒召蔡邕者，客彈琴於屏，邕潛聽之，曰：『以樂召我而有殺心，何也？』琴者曰：『我向見螳螂方向鳴蟬，一前一卻，我心惟恐螳螂之失蟬也，此豈為殺心而形於聲者乎？』」〔註 460〕與孔子此事相類，「形於聲」是其誼。

〔註 458〕 四庫本《記纂淵海》在卷 53。
〔註 459〕 參見蕭旭《「便辟」正詁》，《中國文字研究》第 27 輯，上海書店出版社 2018 年 5 月出版，第 135～139 頁。
〔註 460〕 《類聚》卷 44、97 亦引，《後漢書·蔡邕傳》略同。

卷第八校補

（1）越王勾踐使廉稽獻民於荆王

按：趙懷玉曰：「廉稽，《說苑・奉使篇》作『諸發』。」王紹蘭曰：「古諸侯聘問，無獻民之事。蓋古文『民』字，《說文》作『𡰥』，與篆文『每』字作『𣫭』相似。《外傳》本作『獻梅』，『梅』壞為『每』，因誤作『民』耳。《說苑》：『越使諸發執一枝梅遺梁王。』即此事也。」向宗魯引王說，且云：「《魯連子》『一枝梅』作『一鶴母』，羅刊《修文御覽》收入《鶴門》，必非誤字。而『梅』與『母』形亦相近，未審孰為得實也。」屈守元從向說。莫天一曰：「《外傳》卷 10 亦有『齊使使獻鴻于楚』之言，鴻、梅均為使物，則『民』當為『梅』，益有徵矣。」〔註 461〕趙善詒曰：「《國語・吳語》『廉稽』作『諸稽郢』，《漢書・人表》作『諸稽到』。《考證》云：『到應作郢。』《史記・越世家》作『柘稽』，《說苑》作『諸發』。朱氏起鳳云：『諸、柘形之近，郢、到蓋草書相似而訛。諸發、廉稽，他書皆不載，當並為「諸稽」之誤。』朱說甚是。王、莫之說是，《書鈔》卷 40、《御覽》卷 779 引俱已作『民』，則自唐已誤矣。」敦煌寫卷 P.2526《修文殿御覽》引《魯連子》作「吳王使其臣諸樊奉一鶴母以問梁王」。王紹蘭謂「民」、「每」相近是也，或「民」、「母」一音之轉〔註 462〕。疑當從《修文御覽》作「一鶴母」為是，後脫為「母」，《說苑》因改作「一枝梅」，本書因改作「民」字。《說苑・奉使》：「魏文侯使舍人毋擇獻鵠於齊侯。」《御覽》卷 916 引作「獻鴻」。《史記・滑稽傳》：「昔者齊王使淳于髡獻鵠於楚。」《索隱》引《外傳》、《說苑》「獻鵠」；本書卷 10 作「獻鴻」，《類聚》卷 90 引《史記》作「獻鶴」。《初學記》卷 20 引《魯連子》：「展無所為魯君使，遺齊襄君鴻。」〔註 463〕「鶴」同「鵠」。《說文》：「鵠，鴻鵠也。」即天鵝。古人以鶴為祥，故有獻鵠於別國人君之事。《史記・越世家》：「（越）大夫柘稽。」《國語・吳語》、《吳越春秋・勾踐入臣外傳》作「諸稽郢」。「廉稽」當即「諸稽」、「柘稽」，以地名為氏。金文有「越王者旨于賜戈」〔註 464〕、「越王者旨于賜矛」〔註 465〕，

〔註 461〕莫天一《詩外傳十卷題記》，《嶺南學報》第 2 卷第 2 期，1931 年出版，第 138 頁。

〔註 462〕「滑」、「慁」為異體字是其例。

〔註 463〕敦煌寫卷 P.2526《修文殿御覽》引同。

〔註 464〕參見《殷周金文集成》11310.A1，中華書局 1992 年版，第 17 冊第 408 頁。

〔註 465〕參見《殷周金文集成》11511B，中華書局 1994 年版，第 18 冊第 48 頁。

「者旨」即「諸稽」，亦以地名為氏，單稱則作「諸」。「廉」疑「庶」形誤〔註466〕，《書鈔》卷40、《御覽》卷779引已誤作「廉」。「庶」、「柘」、「諸（者）」一音之轉，「諸發」、「諸樊」音相轉，吳國金文作「姑發（發）者（諸）阪」或「姑發者（諸）反」、「姑發郎」〔註467〕。朱起鳳謂「諸、柘形近，諸發、廉稽為諸稽之誤」，俱未達音轉之理，其說非是。古本《竹書紀年》卷下作「鹿郢」，恐也是「庶郢」之誤〔註468〕。駱珍伊說「鹿」是「麃」訛字，與「諸」、「柘」音近〔註469〕，恐未得。後世地名「諸暨」即「諸稽」音變。

（2）荊王曰：「越王賢人也，其使者亦賢。子其慎之。」

按：屈守元曰：「《書鈔》引無『其』字。」《書鈔》卷40引「亦」下有「宜」字，《御覽》卷779引亦無「其」字。

（3）又何賞之

按：「之」下當據《莊子·讓王》補「有」字（一本作「言」〔註470〕），《御覽》卷509引嵇康《高士傳》、《渚宮舊事》卷2亦作「有」字。

（4）惡富貴於上，甘貧苦於下

按：許維遹曰：「諸本皆同，元本『甘貧苦』作『習俗』。」屈守元曰：「貧苦，元本誤作『習俗』，諸明本皆不誤。」《渚宮舊事》卷2「甘貧苦」作「安習俗」。元本不誤，但脫「安」字，諸明本見其不通，因改作「甘貧苦」耳。

〔註466〕「兼」的俗字下部作四點，故與「庶」相近，參見黃征《敦煌俗字典》，上海教育出版社2005年版，第185頁。

〔註467〕見《吳王諸樊戈》、《吳王諸樊之子通劍》、《攻廬王姑發郎之子劍》。

〔註468〕「鹿」的俗字下作二「厶」，故亦與「庶」字相近。敦煌寫卷S.388《正名要錄》：「鹿、麃：二同。」李家浩則認為「鹿」用為「麗」，「麗郢」是「旨賜」的對音。本文不取其說。李家浩《「越王者旨於賜」新考》，《歷史語言學研究》第7輯，商務印書館2014年版，第140～148頁。李家浩《新見越王者旨於賜劍和越王州句劍》，《中國文字研究》第27輯，上海書店出版社2018年版，第1頁。

〔註469〕駱說轉引自江秋貞《〈吳越題銘研究〉補箋》，《中國文字》新44期，藝文印書館2019年版，第147頁。

〔註470〕《白氏六帖事類集》卷7、14、24、《後漢書·蘇竟傳》李賢注引《莊子》作「有」（其中卷7失記出處），《白帖》分別在卷28、50、83。

（5）夫鳳象鴻前麟後

按：鴻前麟後，《類聚》卷 99、《白氏六帖事類集》卷 29〔註 471〕、《御覽》卷 79、915、《事類賦注》卷 18、《事文類聚》後集卷 42 引同，《說苑·辨物》、《史記·屈原傳》《正義》引《瑞應圖》亦同，《爾雅翼》卷 13 引「麟」作「麠」，《說文》「鳳」字條亦作「麠」，《爾雅釋文》引《毛詩草木疏》「麟」作「鹿」。「麠」同「麟」。《爾雅釋文》、《詩·卷阿》《正義》引《說文》作「麟前鹿後」，《急就篇》卷 4 顏師古註作「麟前而鹿後」。

（6）蛇頸而魚尾

按：郝懿行曰：「《說文》引天老，於『尾』下有『鸛顙鴛思』一句，疑此有脫文也。」屈守元曰：「《群書故事類編》引『頸』作『頭』。《爾雅翼》此下有『鸛顙而鴛思』一句，《說苑》作『鶴植鴛鴦思』，盧文弨校改『鶴植』作『鸛顙』，又云『衍鴦字』。向先生《校證》云：『盧校據《說文》。』《事文類聚》後集卷 42 引「頸」亦作「頭」，《宋書·符瑞志》同。《白氏六帖事類集》卷 29、《錦繡萬花谷》前集卷 37 引有「鸛顙鴛鴦臆，龜目而中注」之文。《急就篇》卷 4 顏師古註有「鶴立鴛思」四字。《宋書·符瑞志》：「青首駢翼，鷺立而鴛鴦思。」《說苑·辨物》：「駢翼而中注。」

（7）龍文而龜身

按：屈守元曰：「《爾雅翼》、《群書故事類編》引『身』皆作『背』。《說苑》作『龍文龜身』。『背』當是誤字。」《事文類聚》後集卷 42 引亦作「背」，《說文》「鳳」字條、《宋書·符瑞志》亦作「背」。

（8）燕頷而雞啄

按：許維遹曰：「啄，元本、沈本、張本、毛本同，鍾本、黃本、楊本、劉本、程本作『喙』。本或作『喙』，誤。《御覽》卷 915 引亦作『喙』，是其誤已久。《說苑·辨物篇》作『燕喙而雞囑』，『喙』為『頷』之誤，『啄』與『囑』同。」屈守元曰：「喙，元本及蘇、沈、毛本皆誤作『啄』。此從薛本，胡、唐諸本皆同。《類聚》及《御覽》卷 79、915、《玉海》卷 199、《事類賦注》卷 18、《爾雅翼》、《群書故事類編》引皆作『喙』。《說苑》作『燕喙雞囑』，盧文弨云：『喙，《外傳》作頷，《詩·卷阿》《正義》同。』」向先生云：

〔註 471〕《白帖》在卷 94，下引同。

『《詩疏》係引《說文》。又陸《疏》亦作頷，《廣雅》同。』」《事文類聚》後集卷 42、《合璧事類備要》別集卷 62 引「啄」亦作「喙」，《說文》「鳳」字條、《爾雅釋文》引《毛詩草木疏》、《史記‧屈原傳》《正義》引《瑞應圖》、《宋書‧符瑞志》亦作「喙」。許說是也，本書「啄」讀為噣、咮，《說苑》作「噣」是正字，即「喙」義，另詳卷 7 校補。頷，《類聚》卷 99、《御覽》卷 79、915 引作「鴿」〔註 472〕。「頷」指下巴，《說文》作「頷」。「鴿」當是「頷」的俗分別字，專指鳥的下巴。

（9）戴德負仁，抱中挾義

按：中，一本作「忠」。趙善詒曰：「《白帖》卷 94 引作『戴德揚義，背負仁，翼挾信，心抱忠，足履正，尾繫武』，《御覽》卷 915 引作『首戴德，頸揭義，背負仁，心入信，翼挾義，足履正，尾繫武』，皆與《說苑》略同。」許維遹說同。屈守元曰：「《類聚》及《御覽》卷 915、《事類賦注》卷 18、《群書故事類編》引作『首戴德，頸揭義，背負仁，心入信，翼採義（《事類賦注》作『挾義』），足履正，尾繫武』。以《說苑》考之，此當有脫文。《說苑》云：『翼挾義，衷抱忠，足履正，尾繫武。』似文亦未備。」《白帖》「揚」是「揭」形譌。《類聚》卷 99 引同《御覽》〔註 473〕；《事文類聚》後集卷 42 引「正」誤作「文」，餘亦同《御覽》。《說文繫傳》「鳳」字條引作「首戴德，項倡（揭）義，背負仁，心抱忠，翼挾信，足履正」，《事類賦注》卷 18 引作「鳳首戴德，頸揭義，背負仁，足履正」，比《類聚》簡略，屈校未是。《合璧事類備要》別集卷 62 引作「首戴法（德），頭（頸）揭義，背負仁，心入信，翼挾禮，足履文（正），尾繫武」。《爾雅釋文》引《毛詩草木疏》：「首戴德，頸揭義，背負仁，翼挾信，心抱忠，足履正，尾繫武。」《史記‧屈原傳》《正義》引《瑞應圖》：「首戴德，頸揭義，背負仁，心入信，翼俟順，足履正，尾繫武。」《宋書‧符瑞志》：「首戴德而背負仁，項荷義而膺抱信，足履正而尾繫武。」《禽經》張華註：「首載德，頂（頸）揭義，背負仁，心抱忠，翼挾信，足履正。」

（10）延頸奮翼，五彩備明，舉動八風，氣應時雨

按：趙懷玉乙作「五采備舉，明動八風」，校云：「《說苑》『采』作『光』。」

〔註 472〕 《類聚》據南宋紹興刊本，嘉靖中天水胡纘宗刊本、四庫本作「頷」。
〔註 473〕 《類聚》據南宋紹興刊本，嘉靖中天水胡纘宗刊本同，四庫本「正」誤作「文」。

趙幼文曰：「趙校是也，《說文》『鳳』字下引天老曰作『五色備舉』，是其證。『明』即『鳴』也，古字通。」〔註474〕賴炎元曰：「《御覽》引作『五光備舉』，《說苑》同。」以下全襲趙幼文說〔註475〕，不錄。許維遹曰：「《御覽》卷915引作『五光備舉』。《說文》『鳳』下引天老之言作『五色備舉』。」屈守元曰：「《御覽》卷915引『彩』作『光』。《類聚》卷99及《事類賦注》卷18引作『五色備舉』，則以『舉』字屬上讀，而無『明』字。」二趙說是也。《事文類聚》後集卷42、《合璧事類備要》別集卷62引亦作「五色備舉」，《史記・屈原傳》《正義》引《瑞應圖》同；《初學記》卷30引皇甫謐《帝王世紀》作「體備五色」。《說苑・辨物》：「延頸奮翼，五光備舉。光興八風，氣降時雨。」《宋書・符瑞志》：「延頸奮翼，五光備舉。興八風，降時雨。」

（11）食有質，飲有儀

按：《御覽》卷915引同，《宋書・符瑞志》「質」作「節」。

（12）往即文始，來即嘉成

按：趙善詒曰：「《御覽》卷915引作『住即文，來則喜』，下有云：『游必擇所，饑不妄下。』」「住」是「往」形譌。《事文類聚》後集卷42引作「住（往）即安，來則喜。游必擇所，饑不妄下」，《合璧事類備要》別集卷62引「往」誤作「佳」，餘同。「安」為「文」誤，「喜」為「嘉」誤。《宋書・符瑞志》：「往有文，來有嘉。遊必擇地，飲不妄下。」《白氏六帖事類集》卷29引《白虎通》言鳳「遊必擇地，飢不妄食」，今本《白虎通》無其文，疑即此文而誤記出處。

（13）惟鳳為能通天祉，應地靈，律五音，覽九德

按：趙幼文曰：「『祉』當作『祇』，『祇』與『靈』應互易。《翻譯名義》卷5引《尸子》：『天神曰靈，地神曰祇。』」〔註476〕趙氏改易其文，非是。

〔註474〕 趙幼文《〈韓詩外傳〉識小》，《金陵學報》第8卷第1、2期合刊，1938年版，第117頁。

〔註475〕 賴炎元《〈韓詩外傳〉校勘記》，（香港）《聯合書院學報》第1期，1962年版，第86頁。

〔註476〕 趙幼文《〈韓詩外傳〉識小》，《金陵學報》第8卷第1、2期合刊，1938年版，第117頁。原文「祇」誤作「祇」，徑正。又《翻譯名義》見卷2，而非卷5。唐・湛然《止觀輔行傳弘決》卷2亦引《尸子》此文。

趙善詒曰：「《御覽》卷915引作『夫唯鳳為能究萬物，通天地，象百物，達乎道，律五音，成九德，覽九州，觀八極，則有福，備文武，王下國，嚴照四方，人聖皆服』，與《說苑》略同。《初學記》卷30作『究方物，通天地』（『萬』俗作『万』，故誤作『方』）。」屈守元曰：「《御覽》卷915、《初學記》卷30引云云，《事類賦注》卷18引作『鳳能究萬物，通天地，合（律）五音〔註477〕，覽九州，觀八極』。據諸書所引，此又有脫文，可確定矣。《說苑》作『夫惟鳳為能究萬物，隨天祉，象百狀，達于道，去則有災，見則有福，覽九州，觀八極，備文武，正王國』。知今本必有脫文也。」屈說有脫文是也。《宋書・符瑞志》：「唯鳳凰為能究萬物，通天祉，象百狀，達王道，率五音，成九德，備文武，正下國。」各書引作「天地」，當是「天祉」之誤。

（14）致齋于宮

按：趙懷玉據《初學記》卷30補作「中宮」，趙善詒指出《路史》、《御覽》卷915引俱有「中」字，許維遹指出《說苑》亦有「中」字。屈守元曰：「《類聚》及《玉海》卷199引作『齋于殿中』，《御覽》卷79、915引作『致齋于中宮』。《初學記》卷30亦作『中宮』。『齋』諸書或作『齊』，古字通。」《類聚》卷99引作「齊於殿中」。《初學記》卷30、《御覽》卷79引作「齋于中宮」；《御覽》卷915引作「齊于中宮」，無「致」字，屈氏失檢。《白氏六帖事類集》卷29、《事類賦注》卷18引作「齋于宮中」，《事文類聚》後集卷42、《合璧事類備要》別集卷62引作「齋於中宮」，《玉海》卷81「致齋於宮」，《路史》卷14引作「齊中宮」，《文選・七命》李善注引《禮瑞命記》作「齊于宮」，《初學記》卷30引皇甫謐《帝王世紀》作「服齋于中宮」。

（15）鳳乃止帝東國，集帝梧桐，食帝竹實，沒身不去

按：①周廷寀從《說苑》改「東國」作「東囿」。元本、寶曆本、趙懷玉本作「東園」，朱季海謂「趙本是也」。郝懿行、趙善詒、許維遹、屈守元據《初學記》卷9、30、《御覽》卷79、184、915、《後漢書・馬融傳》李賢注、《事類賦注》卷18、《群書故事類編》、《錦繡萬花谷》後集卷9、《路史》注引校作「東園」，是也。②梧桐，元本作「桐樹」，屈守元從元本，而未出校語。許維遹曰：「《初學記》卷9引『梧桐』作『梧樹』。」《初學記》卷9引

〔註477〕屈守元引「律」誤作「合」，茲據宋本訂正，四庫本則脫之。

作「梧桐樹」，許氏失檢。屈守元曰：「《天中記》卷 14 引此云：『黃帝時鳳凰集東園，止於阿閣。』《玉海》卷 163 亦引云：『黃帝時鳳皇止阿閣。』又卷 199 引云：『集東囿，棲梧桐，食竹實。』《白帖》卷 19（引者按：當是卷 29）引云：『止帝東園，集梧桐，食竹實，沒身不去。』《永樂大典》卷 2337 引云：『黃帝時鳳凰棲帝梧桐，食帝竹實。』皆與今本不同，亦非《說苑》之文，悉錄之以為參證。」「止帝東園」三句，《初學記》卷 30、《後漢書·馬融傳》李賢注引同，《白氏六帖事類集》卷 29、《事類賦注》卷 18 引作「止帝東園，集梧桐，食竹實」，《類聚》卷 99、《御覽》卷 915、《事文類聚》後集卷 42、《合璧事類備要》別集卷 62 引作「止帝東園，集梧樹，食竹實」，《御覽》卷 184 引作「鳳皇集東園，止於阿閣，棲梧桐」，《事物紀原》卷 8 引作「止帝東園，巢於阿閣」。《說苑·辨物》作「鳳乃遂集東囿，食帝竹實，棲帝梧樹」，《文選·七命》李善注引《禮瑞命記》作「止帝〔東〕園，食竹實，棲帝梧桐」。《廣韻》：「囿，園囿。」

（16）魏文侯有子曰擊，次曰訴

按：周廷寀本作「訴」，曰：「《說苑·奉使》『訴』作『摯』。」〔註478〕趙懷玉曰：「疑是『訢』，但《文選·四子講德論》注亦引作『訴』，仍之。」許維遹曰：「鍾本『訴』作『訢』。」賴炎元曰：「疑當作『訢』，《御覽》卷 779 引作『訢』，可證。」〔註479〕朱季海曰：「『擊』、『摯』並從手，似《說苑》得之。」屈守元曰：「《御覽》卷 779 引『訴』作『訢』。然《說苑》謂此子名摯。『摯』、『訴』同在段氏《音均表》十五部，字可得通，作『訴』是也。」《說苑》宋本作「摯」，元大德七年雲謙刻本、明鈔本作「摯」。《文選》李善注引此文，宋淳熙八年刻本、四部叢刊影印宋刊六臣注本、嘉靖元年金臺汪諒刊本、奎章閣本、慶長十二年活字印本皆作「訢」，未見作「訴」之本，未知趙氏何據。屈說非是，段氏「訴」在五部，非十五部，屈氏失檢，「訴」、「摯」古字不得相通。此當作「訢」，寶曆本不誤。《漢書·杜鄴傳》顏師古注：「魏文侯廢太子擊，立擊弟訢。」與《御覽》合。是唐、宋人所見，俱作「訢」字。北大漢簡（三）《周馴》作「頎」，整理者亦指出「訴」當為「訢」

〔註478〕屈守元引「訢」誤作「訴」，「摯」誤作「摯」。
〔註479〕賴炎元《韓詩外傳校勘記》，（香港）《聯合書院學報》第 1 期，1962 年版，第 87 頁。

之誤〔註480〕。尤為確證。古人多以「訢」或「欣（忻、昕）」為名，本書卷10有「蓾丘訢」。

（17）欲知其子視其母，欲知其君視其所使

按：許維遹曰：「《說苑・奉使篇》：『欲知其子視其友，欲知其君視其所使。』又《說苑・雜言篇》孔子曰：『不知其子視其所友，不知其君視其所使。』並有脫文，本作『欲知其子視其母，〔欲知其人視其友〕，欲知其君視其所使』，『母』與『友』、『使』為韻。《家語・六本篇》：『不知其子視其父，不知其人視其友，不知其君視其所使。』『父』亦當作『母』。」屈守元曰：「《說苑》『視其母』作『視其友』。向先生《校證》云：『友，《外傳》作「母」，非是。《荀子・性惡篇》引傳曰：「不知其子視其友，不知其君視其左右。」』」向說是也，《史記・田叔傳》引傳曰：「不知其君視其所使，不知其子視其所友。」《論衡・問孔》：「夫欲知其子視其友，欲知其君視其所使。」皆其確證。《御覽》卷779引已誤作「母」。

（18）不齊時發倉廩，振困窮，補不足

按：屈守元曰：「《冊府元龜》卷702用此文，無『發』字，『振』作『賑』，無『困』字。」《冊府》無「時」字，有「發」字，屈氏誤記。《冊府》脫「困」字，「振困窮，補不足」是秦漢成語，見《戰國策・齊策四》、《淮南子・本經篇》。《史記・司馬相如傳》：「發倉廩以振貧窮補不足。」

（19）孔子曰：「是小人附耳，未也。」

按：許維遹曰：「元本脫『人』字，《說苑・政理篇》、《家語・辨政篇》作『小民附矣，猶未足也』。」《冊府元龜》卷702亦脫「人」字〔註481〕。

（20）吾君有治位之坐

按：趙幼文曰：「『位』疑為『仕』之訛。『仕』與『事』通。『治位』不辭。」〔註482〕賴炎元全襲趙說〔註483〕。趙善詒曰：「《治要》引『坐』字作

〔註480〕 《北京大學藏西漢竹書（三）》，上海古籍出版社2015年版，第137頁。
〔註481〕 周勳初等《冊府元龜（校訂本）》失校，鳳凰出版社2006年版，第8106頁。
〔註482〕 趙幼文《〈韓詩外傳〉識小》，《金陵學報》第8卷第1、2期合刊，1938年版，第117頁。
〔註483〕 賴炎元《韓詩外傳校勘記》，（香港）《聯合書院學報》第1期，1962年版，

『堂』，是也。」許維遹說同。《冊府元龜》卷657亦作「堂」。

（21）土階三等

按：等，《治要》卷8引作「尺」。

（22）猶以謂為之者勞，居之者泰

按：《列女傳》卷6：「猶以為為之者勞，居之者逸也。」《文選・東京賦》：「猶謂為之者勞，居之者逸。」李善注引《賈子》：「猶以作者大勞，居者大逸也。」《賈子・退讓》作「猶以作之者大苦，居之者大佚」，《意林》卷2引作「猶以為作之者勞，居之者佚」。《渚宮舊事》卷2：「猶謂為之者勞，居之者佚。」

（23）於是楚王蓋悒如也

按：悒，《治要》卷8引形誤作「怉」。

（24）若臣之事仲尼，譬猶渴操壺杓就江海而飲之，腹滿而去，又安知江海之深乎

按：屈守元曰：「桓譚《新論》云：『臣之事仲尼，譬如渴而操杯器就江海飲，滿腹而去，又焉知江海之深？』（《全後漢文》卷14）」桓譚《新論》見《文選・運命論》李善注引，又《頭陀寺碑文》注引無「器」字，「滿腹」作「飲滿」。「譬猶」句，《類說》卷38、《記纂淵海》卷15引作「如飲江海」〔註484〕。

（25）譬猶兩手捧土而附泰山，其無益亦明矣

按：附，讀為坿，《說文》：「坿，益也。」音轉亦作培，謂增益。

（26）譬猶兩手杷泰山，無損亦明矣

按：趙善詒曰：「趙本『把』作『杷』，是也。《漢書・貢禹傳》：『捽（捽）中（中）杷土。』〔註485〕注：『手掊之也。』作『把』者，形似之譌。」賴炎元襲趙說〔註486〕。屈守元曰：「把，蘇本作『杷』，沈、毛本同。此從元本，

第88頁。

〔註484〕四庫本《記纂淵海》在卷57。
〔註485〕趙氏引「捽中」誤作「捽中」，茲據原書訂正。
〔註486〕賴炎元《韓詩外傳校勘記》，（香港）《聯合書院學報》第1期，1962年版，

薛、程、胡、唐諸本同。《永樂大典》引亦作『把』。」寶曆本亦作「把」。《類說》卷 38、《記纂淵海》卷 11、《喻林》卷 7 引作「把」〔註 487〕。趙說非是，周志鋒已指出「把」、「杷」同〔註 488〕。把，搔也，以手掊之也，字亦作爬。

（27）范昭趨曰：「願君之倅樽以為壽。」

按：賴炎元曰：「倅，副。」朱季海曰：「《說文新附》：『倅，副也。』」屈守元曰：「倅，副也。字或作『卒』。《晏子春秋》作『請君之棄罇』，《新序》作『願請君之樽酌』。《新序》過於直冗，必有訛脫也。」沈欽韓曰：「『棄酌』、『棄樽』皆誤也，《韓詩外傳》作『倅樽』。倅，貳也。」〔註 489〕孫詒讓曰：「《外傳》云云，倅尊，亦即副尊也。」〔註 490〕于省吾曰：「『棄罇』不詞，作『倅樽』者是也……《易·坎》六四虞注『禮有副尊』，蓋君之飲酒，用尊非一，故有副尊，亦猶鼎之有陪鼎也。」〔註 491〕其說早於賴、屈二氏。《晏子春秋·內篇雜上》、《新序·雜事一》脫「趨（起）」字。石光瑛曰：「『趨』字乃『起』字之誤。倅，副也。」〔註 492〕《文選·演連珠》、《雜詩》李善注二引《晏子》並作「范昭起曰」，《玉海》卷 89 引同。

（28）太師對曰：「盲臣不習。」

按：朱季海曰：「韓謂之『盲』者，〔晏子〕謂之『冥』。《晏子》作『冥』。」《新序·雜事一》「盲」亦作「冥」，《冊府元龜》卷 655 作「愚」。《晏子》之文，《文選·演連珠》、《雜詩》李善注二引並作「盲」，《事類賦注》卷 11 引作「瞑」，《御覽》卷 574 引作「瞑」。孫星衍曰：「『冥』、『盲』音義俱相近。」〔註 493〕石光瑛曰：「『冥』、『盲』雙聲，義亦通也。」〔註 494〕《玄應音義》卷 9、12、16「婆娛」條謂經文作「瞹暗」，亦其音轉之證。

第 89 頁。

〔註 487〕四庫本《記纂淵海》在卷 56。
〔註 488〕周志鋒《〈韓詩外傳〉詞語校釋》，收入《訓詁探索與應用》，浙江大學出版社 2014 年版，第 220 頁。
〔註 489〕沈欽韓《後漢書疏證》卷 7，上海古籍出版社 2006 年版，第 139 頁。
〔註 490〕孫詒讓《周禮正義》卷 9，中華書局 1987 年版，第 356 頁。
〔註 491〕于省吾《晏子春秋新證》卷 2，收入《雙劍誃諸子新證》，上海書店 1999 年版，第 257 頁。
〔註 492〕石光瑛《新序校釋》，中華書局 2001 年版，第 112 頁。
〔註 493〕孫星衍《晏子春秋音義》，收入《諸子百家叢書》，上海古籍出版社 1989 年影印浙江書局本，第 92 頁。
〔註 494〕石光瑛《新序校釋》，中華書局 2001 年版，第 116 頁。

（29）范昭起出門

　　按：起出門，《晏子春秋·內篇雜上》、《新序·雜事一》作「趨而出」。石光瑛曰：「『起』乃『趨』字之誤。」〔註495〕

（30）故陰陽不和，四時不節

　　按：趙善詒曰：「《書鈔》卷50、《後漢書·郎顗傳》注二引『和』俱作『調』。」《冊府元龜》卷906作「調」。《後漢書·百官志》劉昭注、《通典》卷20、《御覽》卷209引仍作「和」。《職官分紀》卷2二引，一作「和」，一作「調」。

（31）山陵崩竭，川谷不流

　　按：趙善詒曰：「《書鈔》卷50、《後漢書·郎顗傳》注『竭』作『絕』。」賴炎元曰：「《御覽》卷208引作『崩陁』。案：『崩竭』不辭，當作『崩陁』，劉昭《續漢書》注作『崩陁』。《集韻》：『陁，或作阤。』《說文》：『陁（引者按：當作『阤』），小崩也。』《書鈔》卷50引『竭』作『絕』。《御覽》引『流』作『通』，劉昭《續漢書》注同。」〔註496〕屈守元曰：「《書鈔》卷50引『竭』作『絕』，《通典》卷20引作『弛』，《御覽》卷208引作『陁』。『陁』字為是。『陁』即『陀』字。陀，落也。《通典》及《續漢志》注引『通』皆作『流』。」當云「《通典》及《續漢志》注引『流』皆作『通』」。《後漢書·百官志》劉昭注、《職官分紀》卷2引「竭」作「阤」（不作「陁」），《職官分紀》卷2二引，一作「絕」，一作「阤」。《說文》：「阤，小崩也。」《方言》卷6：「阤，壞也。」郭璞注：「謂壞落也。」《漢書·楚元王傳》：「山陵崩阤。」顏師古注：「阤，下頹也。」正作本字。俗字作「陁」、「陀」，借字作「弛」。《新序·雜事二》：「山陵崩弛。」亦用借字。屈氏以俗字作本字，則疏矣。朱起鳳以「弛」為本字〔註497〕，則誤矣。「絕」、「竭」同義，亦通，非誤字。《淮南子·本經篇》：「江河三川，絕而不流。」高誘注：「絕，竭也。」《開元占經》卷99引《京房易妖占》：「山崩絕，輔臣去。」《劉子·慎言》：「地文失則有崩竭之災。」庾信《哀江南賦》：「水木交運，山川崩竭。」皆其證也。《大

〔註495〕石光瑛《新序校釋》，中華書局2001年版，第116頁。

〔註496〕賴炎元《韓詩外傳校勘記》，（香港）《聯合書院學報》第1期，1962年版，第90頁。

〔註497〕朱起鳳《辭通》卷12，上海古籍出版社1982年版，第1141頁。

戴禮記·誥志》:「川澤不竭，山不崩解陵不施。」「施」亦「阤」借字。《文選·賢良詔》:「山陵不崩，川谷不塞。」李善注引《大戴禮》:「川澤不竭，山不崩解陵不絕矣。」李氏改「施（阤）」作「絕」，亦其比也。

（32）日慎一日，完如金城

按：屈守元曰:「《說苑·談叢篇》:『犬吠不驚，命曰金城。』」屈引未切。《意林》卷1引《太公金匱》:「慎終與始，完如金城。」

（33）才竭而智罷，振於學問，不能復進

按：許維遹曰:「『振』當作『倦』，字之誤也。《荀子·大略篇》、《列子·天瑞篇》、《家語·困誓篇》並作『倦』，今據正。」朱季海曰:「覆元本『智』作『短』。此文當有脫誤。振猶奮也。或此文本作『才竭而短，罔能振於學問』云云。」屈守元曰:「振讀為震。《漢書·武紀》:『震於怪物，欲止不敢。』用法與此相同。」許、屈說非是。「振」、「倦」形聲俱遠，無由相訛。振，疑讀為眕。《說文》:「眕，目有所恨而止也。」《後村詩話》卷5引「智罷」作「短」，蓋臆改。

（34）孔子曰:「闔棺兮乃止播耳，不知其時之易遷兮，此之謂君子所休也。」

按：一本「播耳」作「播兮」。《鶡冠子·學問》:「龐子問鶡冠子曰:『聖人學問服師也，亦有終始乎？抑其拾（或作『捨』）誦記辭，闔棺而止乎？』鶡冠子曰:『始於初問，終於九道，若不聞九道之解，拾（或作『捨』）誦記辭，闔棺而止，以何定乎？』」亦謂學而不已，可以參證。聞一多曰:「此『播』當讀為『蟠』，或即『蟠』之誤字。蟠猶伏也，猶息也。」劉潔修曰:「播，『蟠』的假借字。伏，止息。」〔註498〕劉說當即出自聞氏，是也，然猶未盡。實讀為般，字亦作盤，亦借番、潘為之〔註499〕。朱季海以「播兮」屬下句，非是。

（35）曾子有過，曾晳引杖擊之，仆地

按：屈守元曰:「《說苑·建本篇》作『援大杖擊之』，援即引也。」《家

〔註498〕劉潔修《漢語成語考釋詞典》，商務印書館1989年版，第351頁。
〔註499〕參見蕭旭《淮南子校補》，花木蘭文化出版社2014年版，第366～367頁。

語·六本》作「建大杖以擊其背」，《後漢書·崔烈傳》注引「建」作「舉」。
定縣漢簡《儒家者言》作「曾折援木擊曾子□」。建，讀為掭。《說文》：「掭，
相援也。」俗字作搟，舉也。

（36）小箠則待笞，大杖則逃

按：許維遹曰：「『笞』字衍。《家語·六本篇》作『小棰則待過，大杖則
逃走』。《說苑·建本篇》作『小箠則待，大箠則走』，正無『笞』字。」河北
定縣漢墓竹書《儒家者言》殘存文字作「小棰則待笞，大」，此文「笞」非衍
文，「逃」下脫「走」〔註 500〕。《家語》之文，《文選·奏彈劉整》李善注引
「棰」作「捶」，《類聚》卷 87 引作「得小捶則受，大杖則走」，《御覽》卷 650
引作「小杖則受，大杖則走」。箠，讀為棰，亦杖也。《說文》：「捶，以杖擊
也。」用為名詞，即指杖，專字從木作「棰」。

（37）騂牛之角，荊麋之筋，河魚之膠

按：周廷寀、趙懷玉並指出《列女傳》「騂」作「燕」。許維遹曰：「『騂』
當作『燕』。今本作『騂』，校者或據《論語·雍也》『犁牛之子騂且角』妄改。
《初學記》卷 22、《御覽》卷 347 引作『燕』，《列女傳》同，今據正。」賴
炎元曰：「騂牛，赤色的牛。」屈守元曰：「《御覽》卷 347 引綦毋邃《列女傳》
注云：『燕角善，楚筋善，河膠粘也。』『騂牛』當依《列女傳》作『燕牛』。
《書鈔》及《御覽》卷 347、《初學記》卷 22 引皆作『燕』。」《御覽》引綦
毋邃注作「楚筋紃」〔註 501〕，屈氏誤記；《書鈔》出卷 125，屈氏上文誤記
作卷 135。《錦繡萬花谷》後集卷 30、《事文類聚》續集卷 27、《合璧事類備
要》外集卷 56 引亦作「燕牛」。然「燕」無緣誤作「騂」，余謂諸書皆依《列
女傳》改耳，未足據。疑「騂」當作「㹀」。㹀牛，幼牛也。《周禮·考工記·
弓人》：「㹀牛之角直而澤，老牛之角紾而昔（錯）。」「㹀」是「㹀」俗字，
因而形誤作「騂」。

（38）四物者，天下之練材也

按：周廷寀曰：「練材，《列女傳》作『妙選』。」趙善詒曰：「《書鈔》卷
125、《初學記》卷 22、《御覽》卷 347 引『練』俱作『精』。」屈守元校同。

〔註 500〕何直剛《〈儒家者言〉略說》已及，《文物》1981 年第 8 期，第 22 頁。
〔註 501〕《事類賦注》卷 13、《埤雅》卷 1 引「紃」作「細」。

許維遹曰：「『精』、『練』同義。」《錦繡萬花谷》後集卷 30、《事文類聚》續集卷 27、《合璧事類備要》外集卷 56 引亦作「精材」。

（39）夫射之道在手若附枝

按：周廷寀曰：「《列女傳》云：『左手如拒，右手如附枝。』疑此訛脫。」趙善詒曰：「周校是也，《書鈔》卷 125 引與《列女傳》同。」許維遹曰：「周、趙校是。梁端『拒』下據《御覽》補『石』字，其說甚是。本書『在』字即『左』之形誤。」賴炎元曰：「疑『在』為『左』之誤，下脫『拒右手若』四字。《書鈔》卷 125 引作『左手如拒，右手如附枝』，可證。」〔註502〕屈守元曰：「此語不全，周疑有訛脫，是也。」屈氏既取《書鈔》校此文，不知何以失之目前？《列女傳》之文，《御覽》卷 746、《記纂淵海》卷 191 引「拒」作「矩」〔註503〕。許維遹謂「在」為「左」形誤，是也，餘說均誤。賴炎元說是。「拒」讀為巨，字或作榘，省作矩。言射箭之法，左手持弓，右手拉弦，左手臂彎屈而成矩形，右手如枝條附幹，配合於左手也〔註504〕。

（40）掌若握卵，四指如斷短杖

按：許維遹曰：「元本『杖』作『校』。」元本作「杖」，校者朱筆改作「校」。「校」字無義。《書鈔》卷 125 引作「掌如握卵精，四指則如斷柱」。《書史會要》卷 9 引唐·盧雋《臨池妙訣》：「令掌心虛如握卵。」

（41）魏文侯問狐卷子曰

按：屈守元曰：「《類聚》卷 20、《說郛》卷 7 引『狐』皆作『孤』。《元和姓纂》卷 3 有『狐』姓及『狐丘』二姓，皆無『狐卷』。」《治要》卷 8、《御覽》卷 402、《類說》卷 38 引同今本作「狐卷子」，《長短經·是非》、《長短經·難必》、《冊府元龜》卷 743 同。《姓氏急就篇》卷上引亦作「狐卷子」，以「狐」為姓。

（42）君欲治，從身始

〔註502〕 賴炎元《韓詩外傳校勘記》，（香港）《聯合書院學報》第 1 期，1962 年版，第 91 頁。
〔註503〕 四庫本《記纂淵海》在卷 81。
〔註504〕 詳見蕭旭《〈史記〉校正》，收入《群書校補（續）》，花木蘭文化出版社 2014年版，第 1984～1986 頁。

按：屈守元曰：「《治要》、《類聚》引『從』上有『亦』字。」《長短經・難必》亦有「亦」字，《長短經・是非》有「亦須」二字。

（43）湯作護

按：護，各本同，獨四庫本作「濩」。屈守元曰：「《初學記》卷 15 引『護』作『大濩』，《玉海》卷 103 引作『濩』，《御覽》卷 565 引仍作『護』。《周禮・春官・大司樂》『大濩』，賈疏直以護釋濩，是知濩、護一也。其字作護，作濩，作護，其義皆通。」，《玉海》卷 103 引作「護」，屈氏失檢。《樂書》卷 167 引作「大濩」。

（44）聞其宮聲使人溫良而寬大，聞其商聲使人方廉而好義，聞其角聲使人惻隱而愛仁，聞其徵聲使人樂養而好施，聞其羽聲使人恭敬而好禮

按：許維遹曰：「《史記・樂書》『養』作『善』。」賴炎元曰：「『養』當從《樂書》作『善』。」〔註505〕屈守元曰：「《初學記》卷 15 引《五經通義》云：『聞徵聲無不善養而好施者也。』《白虎通・禮樂篇》同。」《隋書・音樂志下》引「溫良」作「溫厚」。《晉書・樂志上》、《御覽》卷 565、《樂書》卷 167 引「恭敬」作「恭儉」，《說郛》卷 5 引《五經通義》亦作「恭儉」。作「恭儉」是也，《禮記・樂記》：「恭儉而好禮者，宜歌《小雅》。」是其證。《初學記》卷 15 引《五經通義》：「聞宮聲無不溫雅而和之。」又引邯鄲綽《五經析疑》：「聞商聲無不斷割而亡（立）事也〔註506〕。聞角聲無不惻隱而慈者。」亦當徵引。《風俗通義・聲音》：「聞其宮聲使人溫潤而廣大，聞其商聲使人方正而好義，聞其角聲使人整齊而好禮，聞其徵聲使人惻隱而博愛，聞其羽聲使人善養而好施。」《白虎通・禮樂》：「聞角聲莫不惻隱而慈者，聞徵聲莫不喜養好施者，聞商聲莫不剛斷而立事者，聞羽聲莫不深思而遠慮者，聞宮聲莫不溫潤而寬和者也。」《公羊傳・隱公五年》何休注：「聞宮聲則使人溫雅而廣大，聞商聲則使人方正而好義，聞角聲則使人惻隱而好仁，聞徵聲則使人整齊而好禮，聞羽聲則使人樂養而好施。」《史記・樂書》：「故聞宮音使人溫舒而廣大，聞商音使人方正而好義，聞角音使人惻隱而愛人，聞徵音使人樂善而好施，聞羽音使人整齊而好

〔註505〕 賴炎元《韓詩外傳校勘記》，（香港）《聯合書院學報》第 1 期，1962 年版，第 92 頁。

〔註506〕 「亡事」當從《白虎通》作「立事」。

禮。」此文作「樂養」，何休注同，《風俗通》作「善養」，《史記》作「樂善」，其義並同。《白虎通》「喜」是「善」形譌。《廣雅》：「養，樂也。」王念孫曰：「養者，《韓詩外傳》云云，《白虎通義》『樂養』作『喜養』。嵇康《琴賦》云：『怡養悅恣。』是養為樂也。養之言陽陽也，《王風·君子陽陽篇》云：『君子陽陽，其樂只且』，『陽』與『養』古同聲，故孫陽字伯樂矣。」〔註507〕

（45）故德行寬容，而守之以恭者榮；土地廣大，而守之以儉者安

按：周廷寀曰：「寬容，前傳作『廣大』。廣大，前傳作『博裕』。」周氏誤校，屈氏照鈔，而不知檢正。本書卷3「寬容」作「寬裕」，餘同此文。《說苑·敬慎》：「德行廣大，而守以恭者榮；土地博裕，而守以儉者安。」是周氏校語「前傳」乃「《說苑》」之誤記。容，讀為裕。

（46）昔者田子方出見老馬於道

按：道，《類聚》卷93、《事文類聚》後集卷38、《合璧事類備要》別集卷81引作「野」。

（47）少盡其力，而老去其身，仁者不為也

按：趙懷玉曰：「《文選·赭白馬賦》注引作『棄其身』，又《東武吟》注亦同。」趙善詒曰：「《類聚》卷93、《治要》、《白帖》卷96、《御覽》卷486、893引『去』俱作『棄』，當是。『棄』、『棄』古今字，『棄』、『去』形近致譌。《淮南子·人間篇》亦作『棄』。」賴炎元約取趙善詒說〔註508〕。屈守元曰：「《治要》及《類聚》、《御覽》卷893、《事類賦注》卷21、《類說》引皆作『棄』字，『棄』與『棄』同，此『去』字當作『棄』，字之誤也。」《文選·赭白馬賦》李善注、《事類賦注》卷21引作「棄」，《類說》卷38引作「出」，皆不作「棄」，趙、屈失校。《記纂淵海》卷32引亦作「棄」〔註509〕，《事文類聚》後集卷38、《合璧事類備要》別集卷81引作「棄」，《資治通鑑外紀》卷10亦作「棄」。周志鋒指出「去」、「棄」同義〔註510〕。《冊府元龜》卷864

〔註507〕王念孫《廣雅疏證》，收入徐復主編《廣雅詁林》，江蘇古籍出版社1992年版，第14頁。

〔註508〕賴炎元《韓詩外傳校勘記》，（香港）《聯合書院學報》第1期，1962年版，第92頁。

〔註509〕四庫本《記纂淵海》在卷60，作「棄」。

〔註510〕周志鋒《〈韓詩外傳〉詞語校釋》，收入《訓詁探索與應用》，浙江大學出版社2014年版，第220頁。

用此文亦作「去」。《淮南子・人間篇》「盡」作「貪」。

（48）窮士聞之，知所歸心矣

按：趙善詒曰：「《淮南子・人間篇》『窮士』作『罷武』。『罷』、『窮』義同。『士』、『武』相通。《淮南子・齊俗篇》：『為天下顯武。』高注：『楚人謂士為武。』可證。」趙氏謂「士、武相通」，非是。《淮南》用楚語「武」，劉盼遂遂謂「『武』以雙聲借為『夫』」〔註511〕。

（49）有螳蜋舉足將搏其輪

按：賴炎元曰：「搏，當從周廷案校本作『摶』。摶，擊也。」屈守元曰：「《後漢書・袁紹傳》注引『搏』字作『持』。《類聚》卷97引作『將且轉其輪』。《淮南子・人間篇》字作『摶』，周、趙本皆作『搏』字，然元本及諸明本分明作『摶』字。『摶』即圜轉之義，則作『摶』非誤字也。」周本仍作「搏」，《類聚》卷97引作『將且轉』〔註512〕，無「其輪」二字，屈氏皆誤記。作「搏」是也，寶曆本、四庫本不誤，屈氏妄說耳。《御覽》卷436引作「搏其轉輪」，《書鈔》卷139、《御覽》卷946、《事類賦注》卷30、《事文類聚》別集卷18、《合璧事類備要》續集卷31引作「搏其輪」〔註513〕，《類說》卷38引作「搏輪」。《淮南》作「搏其輪」，《雲仙雜記》卷9引《家語》同，今本《家語》無其文，蓋誤記出處。搏，執持，故《後漢書》注引作「持」。《莊子・天地》：「螳蜋之怒臂以當車軼。」《類聚》卷97引作「拒車轍」。執持車輪即謂當拒車輪。

（50）其為蟲知進而不知退，不量力而輕就敵

按：屈守元曰：「《類聚》引作『為蟲知進而不量力，其輕執敵』。《御覽》卷436、《事文類聚》別集卷18引無『就』字。《合璧事類》續集卷31引作『此蟲知進不量力，而輕敵』〔註514〕。」就，《後漢書・袁紹傳》注、《書鈔》卷

〔註511〕 劉盼遂《淮南許注漢語疏》，《國學論叢》第1卷第1號，1927年版，第121頁；又收入《劉盼遂文集》，北京師範大學出版社2002年版，第547頁。另參見蕭旭《〈淮南子〉古楚語舉證》，蕭旭《淮南子校補》附錄二，花木蘭文化出版社2014年版，第804頁。

〔註512〕 《類聚》據南宋刻本，四庫本作「搏其輪」。

〔註513〕 《事類賦注》據宋刻本，四庫本亦誤作「搏」。

〔註514〕 屈氏引脫「知」字，據原書補。

139、《御覽》卷946、《事類賦注》卷30、《類說》卷38引同，《合璧事類備要》
續集卷31引無「就」字。《淮南子‧人間篇》「退」作「卻」，無「就」字。

（51）以為人必為天下勇士矣

按：按：屈守元曰：「《類聚》卷97引作『此為天下勇蟲矣』。《事文類聚》
別集引『勇士』作『勇力』。」《類聚》引作「此為天下勇蟲大」，「大」是「矣」
脫誤。勇士，《合璧事類備要》續集卷31引作「勇力」，《事類賦注》卷30引
作「勇蟲」，《淮南子》作「勇武」。楚語謂「士」為「武」，已詳上文。

（52）臣聞貴而下賤，則眾弗惡也；富能分貧，則窮士弗惡也；智而教愚，則童蒙者弗惡也

按：郭店楚簡《成之聞之》：「福（富）而貧（分）賤，則民谷（欲）丌
（其）福（富）之大也。」《說苑‧善說》：「其窮事賢，其通舉窮，其富分貧，
其貴禮賤。窮以事賢則不侮，通而舉賢則忠於朋友，富而分貧則宗族親之，
貴而禮賤則百姓戴之。」可以參證。「富能分貧」即「富而分貧」，能、而一
聲之轉。

（53）天噎然而風，則葭折而巢壞

按：屈守元曰：「天噎然而風，《類說》卷38引作『大風』。」《記纂淵海》
卷141引「天噎然而風」作「天風」，又引「壞」作「毀」〔註515〕。《事文類
聚》別集卷19引《莊子》亦作「大風」，蓋誤記出處。《廣雅》：「颲，風也。」
王念孫曰：「《說文》：『颲，大風也。』《韓詩外傳》云：『天噎然而風。』『噎』
與『颲』通。」〔註516〕

（54）稷蜂不攻而社鼠不薰

按：許維遹曰：「《說苑‧善說篇》『蜂』作『狐』，《類聚》卷97引作『稷
蜂不螫』。」屈守元曰：「《類聚》卷97引『攻』作『螫』。《類說》引『薰』
作『熏』。《說苑》作『燻』，俗字。」《類聚》卷97、《事文類聚》後集卷48、
《事文類聚》別集卷19引「薰」亦作「燻」。《事文類聚》後集卷48、《合璧
事類備要》別集卷91引「攻」作「蓺」。《漢書‧景十三王傳》：「臣聞社鼷

〔註515〕四庫本《記纂淵海》在卷70。
〔註516〕王念孫《廣雅疏證》，收入徐復主編《廣雅詁林》，江蘇古籍出版社1992年
　　　　版，第323頁。

不灌，屋鼠不熏，何則？所託者然也。」《說苑・善說》：「臣未嘗見稷狐見攻，社鼠見燻也，何則？所託者然也。」《埤雅》卷 11 引《傳》曰：「稷蜂不熏，社鼴不灌。」

（55）其所托者善也

按：善，《類聚》卷 97、《記纂淵海》卷 141、《類說》卷 38、《事文類聚》後集卷 48、《事文類聚》別集卷 19、《翰苑新書》前集卷 70 引作「然」，非是。「善」與上文「弱」對舉。

（56）故聖人求賢者以輔

按：周廷寀曰：「『者』疑當為『自』，在『以』字下。」屈守元從其說。趙善詒曰：「周疑有『自』字，則是；謂『者』為『自』之誤，則非也。《類聚》卷 20、《類說》皆引『以』下有『自』字，蓋今本奪之耳。」許維遹曰：「趙校是也，《類聚》卷 97 引亦有『自』字。」賴炎元曰：「《類聚》卷 20、《類說》『以』下皆有『自』字，周校是也。」〔註517〕《類說》卷 38 引作「故聖人求賢以自輔」，正同周說。然《類聚》卷 20、97、《帝範》卷 1 引作「聖人求賢者以自輔」，是唐人所見有「者」字，今本但脫「自」字耳，趙、許說是也。賴炎元蓋襲取趙善詒說而為之辭，竟未一檢《類聚》與《類說》的異同。《家語・辨政》：「昔堯舜聽天下，務求賢以自輔。」

卷第九校補

（1）孟子少時誦，其母方織。孟〔子〕輟然中止，乃復進，其母知其諠也

按：許維遹曰：「諠，忘也。《詩・淇奧》毛傳：『諼，忘也。』《禮記・大學篇》引《詩》『諼』作『諠』。」賴炎元曰：「諠，遺忘。」屈守元曰：「『諠』與『諼』同。《說文》：『諼，詐也。』《廣雅》：『諼，欺也。』」屈氏謂「諠與諼同」，是也，而未得其解。許、賴說是也。《集韻》：「諼，《爾雅》：『忘也。』亦作諠。」上文「輟然中止，乃復進」，下文孟子云「有所失，復得」，即謂忘也。沈欽韓亦引《釋訓》「萲、諼，忘也」以解此文〔註518〕，其說早於許氏。

〔註517〕 賴炎元《韓詩外傳校勘記》，（香港）《聯合書院學報》第 1 期，1962 年版，第 93 頁。

〔註518〕 沈欽韓《漢書疏證》卷 6，收入《續修四庫全書》第 266 冊，上海古籍出版

《說文》:「藼,令人忘憂艸也。萱,或從宣。」忘憂草為萱,忘言為諼,語源相同。

（2）為人子不可不孝也

按:屈守元曰:「句上《御覽》引有『為人臣不忠是』六字,疑今本有脫文,當據補。」屈說是也,《記纂淵海》卷 189 引亦作「為人臣不忠,是為人子不可不孝」〔註519〕。《列女傳》卷 1 作「夫為人臣不忠,是為人子不孝也」。

（3）田子愧慙走出

按:屈守元曰:「《白帖》卷 2 引作『子慙而出』。《御覽》引亦無『愧』字。」《御覽》卷 811 引作「曰(田)子慙愧走出」,《記纂淵海》卷 189 引同,屈氏失檢。

（4）造朝還金

按:屈守元曰:「《御覽》引『造朝』作『自歸於王』。《列女傳》亦作『自歸罪於宣王』。」〔註520〕《記纂淵海》卷 189 引亦作「自歸於王」

（5）退請就獄

按:退請,《御覽》卷 811、《記纂淵海》卷 189 引作「請退」,宜據乙正。《列女傳》卷 1 作「請就誅焉」。

（6）王賢其母說其義,即舍田子罪

按:「王賢其母說其義」七字一句讀,謂王賢田子之母說田子以義也。屈守元以「說其義」三字為句,非是。《列女傳》卷 1 作「大賞其母之義」。

（7）被褐擁鎌,哭於道傍

按:賴炎元曰:「鎌,疑當從《文選·長笛賦》注引作『劍』。」屈守元曰:「《文選·長笛賦》注引『鎌』作『斂』,『道傍』作『路左』。《合璧事類》前集卷 24 引同,蓋即據《選》注轉引耳。」《選》注引「鎌」作「劍」,屈氏誤

社 2002 年版,第 208 頁。今《爾雅·釋言》「護」作「諼」。

〔註519〕四庫本《記纂淵海》在卷 81,下同。

〔註520〕屈氏引脫「罪」字,據《列女傳》卷 1 補。

記。「劍」字誤。《御覽》卷 487、《孔子集語》卷上引同今本，《冊府元龜》卷 751、953 亦同。《說苑·敬慎》、《家語·致思》作「擁鐮帶索」。

（8）以後吾親，失之一也

按：許維遹曰：「《孔子集語》卷 4 引『後』作『歿』，今據正。《文選·長笛賦》注引『親』下有『死』字，《說苑·敬慎篇》作『還後吾親亡』，《家語·致思篇》作『後還喪吾親』。」屈守元曰：「《集語》引作『以歿吾親』。《選》注引『親』下有『死』字，無『以後』二字。此非『後』字作『歿』，即句尾脫『死』、『亡』等字。」《後漢書·桓榮傳》李賢注引作「以沒吾親」，《合璧事類備要》前集卷 24 引作「而吾親死」，《御覽》卷 458 引《家語》作「還後吾親亡」。今本「以後吾親」不誤，《御覽》卷 487 引同，《冊府元龜》卷 751、953 亦同。後吾親者，不及吾親也。許、屈說非是。

（9）高尚吾志，間吾事君，失之二也

按：許維遹曰：「此有脫文，當作『高尚吾志，簡吾事，不事庸君，而晚事無成』。《文選·長笛賦》注引作『高尚其志，不事庸君，而晚事無成』，《御覽》卷 487 引作『高吾志，簡吾事，不事庸君』，今據補正。」屈守元曰：「《選》注引上『吾』作『其』，『間吾事君』作『不事庸君』，下又有『而事無成』四字。《御覽》卷 487 引作『高吾志，簡吾事，不事庸君』，《集語》引作『簡於事君』。」四庫本《選》注引有「而晚事無成」五字，非「而事無成」四字，屈氏承趙懷玉之誤而未覆核原書；重刻宋淳熙本、宋刊六臣注本、奎章閣本、嘉靖元年金臺汪諒刊本「事」作「仕」。許維遹引作「晚事」，所據乃誤本。《冊府元龜》卷 751 同今本，又卷 953 同《御覽》卷 487。《合璧事類備要》前集卷 24 引作「高尚其志，不事庸君，而晚無成」。《御覽》卷 764 引《說苑》作「素尚高節，不事庸君，臣節不遂」。間，讀為簡，輕慢也。

（10）樹欲靜而風不止

按：屈守元曰：「《集語》引『樹』作『木』。」止，《說苑·敬慎》作「定」，《家語·致思》作「停」。

（11）子欲養而親不待也

按：待，《孔子集語》卷上引誤作「逮」。

（12）往而不可得見者親也

按：趙懷玉據《御覽》卷 487 所引補作「往而〔不可追者年也，去而〕不可得見者親也」，云：「《文選》注作『往而不可反者年也，逝而不可追者親也』，《後漢書‧桓榮傳》注所引亦略同。」許維遹曰：「趙校是也。《說苑‧敬慎篇》作『往而不來者年也，不可得再見者親也』，《家語‧致思篇》略同。」今本《家語》脫「得」字，當據《御覽》卷 458 引補，《說苑》亦其證。《孔子集語》卷上引同《選》注，《後漢書‧桓榮傳》注引作「往而不可追者年也，去而不見者親也」，《合璧事類備要》前集卷 24 引作「往而不可返者年也，逝而不可追者親也」。本書卷 7 作「往而不可還者親也，至而不可加者年也」，「至」當作「去」。《後漢書‧張衡傳》李賢注引《琴操》：「往而不反者年也，不可得而再事者親也。」《金樓子‧后妃篇》：「往而不還者年也，逝而不見者親也。」此文「見」上當補「再」字

（13）立槁而死

按：屈守元曰：「《御覽》卷 487 引及《冊府元龜》卷 951 皆無『槁』字……立而死者，即當時自盡之意。」宋本《御覽》引有「槁」字，《冊府元龜》卷 751、953（非卷 951）同，屈氏誤記。《孔子集語》卷上引亦有「槁」字。《文選‧長笛賦》李善注、《合璧事類備要》前集卷 24 引作「立哭而死」。疑作「哭」字是，與上文「哭聲甚悲」相應。「立」疑乃「泣」借字。

（14）鍾子期曰：「善哉鼓琴，洋洋乎若江河。」

按：周廷寀曰：「《呂覽‧孝行》、《說苑‧尊賢》並作『湯湯乎若流水』。」《列子‧湯問》作「洋洋兮若江河」，《風俗通義‧聲音》作「湯湯若江河」，《世說新語‧傷逝》劉孝標注引此文、《類聚》卷 44、《記纂淵海》卷 78 引《呂氏》並作「洋洋乎若流水」，《御覽》卷 579 引《呂氏》作「茫茫乎若流水」，《文選‧舞賦》李善注引《列子》作「湯湯然若江河」，《御覽》卷 577 引《家語》作「湯湯乎若流水」，《事類賦注》卷 11 引《家語》作「蕩蕩乎若流水」。「蕩蕩」即「湯湯」，古音與「洋洋」同。

（15）伯牙擗琴絕絃，終身不復鼓琴

按：周廷寀曰：「擗，呂、劉作『破』。」擗，《世說新語‧傷逝》劉孝標注引同，《淮南子‧修務篇》、《漢書‧揚雄傳》、《說苑‧談叢》、《風俗通義‧

聲音》、《御覽》卷 577 引《家語》亦作「破」，《類聚》卷 44、《御覽》卷 579、《記纂淵海》卷 78、《四分律行事鈔批》卷 2、《事文類聚》續集卷 22 引《呂氏》作「擗」，《後漢書・尹敏傳》李賢注、《御覽》卷 409、《記纂淵海》卷 49 引《說苑》作「屏」。朱季海讀擗為擘，剖裂，是也。

（16）景公色媿，離席而謝曰：「寡人不仁，無良左右淫湎寡人以至於此。」

按：朱季海曰：「覆元本『淫湎』作『陰陽』，形之誤也，《新序》正作『淫湎』。」屈守元曰：「陰陽過矣，諸明本皆作『淫湎寡人』，此從元本。《晏子春秋》作『淫蠱寡人』，《新序》作『淫湎寡人』，疑諸明本從《新序》改。」朱說是也。屈氏從誤本，非是。寶曆本斷其句作：「寡人不仁無良，左右淫湎寡人以至於此。」以「無良」屬上句，亦非。不仁，《晏子春秋・外篇》作「不敏」。仁，讀為佞，音轉亦作敏。「寡人不佞（敏）」是古人成語。另詳本書卷 3 校補。

（17）堂衣若曰：「子何年少言之絞？」子貢曰：「大車不絞，則不成其任；琴瑟不絞，則不成其音。子之言絞，是以絞之也。」

按：絞，絞緊，絞急。《史記・田敬仲完世家》：「大車不較，不能載其常任；琴瑟不較，不能成其五音。」《古文苑》卷 21 蔡邕《東巡頌》：「翮六龍，較五路（輅）。」較車，則是加固義。《索隱》：「較者，校量也。」中井積德曰：「較，比也，是調勻之義。兩輪一大一小，不可謂較。」〔註 521〕朱駿聲曰：「較，叚借為覈。」〔註 522〕諸說皆誤。

（18）齊景公出弋昭華之池

按：屈守元曰：「《白帖》卷 2 引作『齊白公出弋照華之地』，『白』乃訛字。」《白帖》卷 2 引作「照華之池」，屈氏誤引作「地」字。《類聚》卷 9、《御覽》卷 67、832、《玉海》卷 171 引同今本，《初學記》卷 7 云「齊景公有昭華池」，當即據此文。

（19）寡人將立西河之守

〔註 521〕 中井說轉引自瀧川資言《史記會注考證》卷 46，上海古籍出版社 1986 年版，第 1131 頁。

〔註 522〕 朱駿聲《說文通訓定聲》，武漢市古籍書店 1983 年版，第 301 頁。

按：趙懷玉曰：「立，《御覽》卷 482 引作『定』。」屈守元曰：「《御覽》卷 429 引仍作『立』。」《記纂淵海》卷 97 引亦作「定」〔註 523〕。

（20）篤謹畏令
　　按：周廷寀曰：「篤，《呂氏春秋》作『純』。」《新序・雜事五》作「篤」，《渚宮舊事》卷 1 作「純」。

（21）如此者家必日益，而身日安
　　按：周廷寀、趙懷玉並指出《呂氏春秋》「安」作「榮」。屈守元曰：「而身日安，《類說》卷 38 引作『身必日脩』，《說郛》引作『身必日安』。」《呂氏春秋・貴當》作「身必日榮」，《新序・雜事五》、《渚宮舊事》卷 1 作「身必日安」。此文「身」下脫「必」字。

（22）如此者措事日益，官職日進
　　按：周廷寀曰：「措事，呂、劉皆作『事君』。」許維遹曰：「元本『措』作『指』，誤。」《渚宮舊事》卷 1 作「則在官日益，功業日修」。

（23）鄉者刈蓍薪，亡我蓍簪
　　按：《文選・拜中軍記室辭隋王牋》李善注、《類聚》卷 6、《御覽》卷 487、688 引無下「蓍」字。又《選》注引「亡」作「失」。郝懿行曰：「《毛詩疏》（《大雅・旱麓篇》）：『欲買赭，不謂竈下有黃土；欲買釵，不謂山中自有楛。』（赭叶音杜，釵叶音楚。陸璣《艸木疏》：『楛，其形似荊而赤莖，似蓍。上黨人織以為斗筥箱器，又屈以為釵。故上黨人調曰：『問婦人欲買赭，不謂竈下自有黃土；問買釵，不謂山中自有楛。』夫以楛為釵，即如以蓍為簪（見《韓詩外傳》『亡其蓍簪』）。」〔註 524〕平步青曰：「《詩・大雅》：『榛楛濟濟。』陸璣疏：『楛，木莖似荊而赤，其葉如蓍。』此語《釋文》所引，《正義》則云：『織以為斗筥箱器，篋以為筥箱，又屈以為釵也。故上黨人諺（調）曰：問婦人欲買赭，不謂竈下自有黃土；欲買釵，不謂山中自有楛。』璱耽曰：楛為荊類，古人迺以為釵。庸曰〔註 525〕：《韓詩外傳》云云，

〔註 523〕四庫本《記纂淵海》在卷 53。
〔註 524〕郝懿行《證俗文》卷 3，收入《郝懿行集》第 3 冊，齊魯書社 2010 年版，第 2267 頁。
〔註 525〕引者按：平步青別號「常庸」，此下殆平氏按語。「璱耽」不知何人。

著之簪、梠之釵，一也。《宋書・后妃傳》：『江敩《讓昏表》：「荊釵布帬，足得成禮。」』荊釵、梠釵，亦一也。」〔註526〕

（24）譬如飽食而嘔之，其不惟肌膚無益，而於志亦戾矣

按：嘔，讀為歐。《說文》：「歐，吐也。」《淮南子・脩務篇》：「據地而吐之。」《御覽》卷861引「吐」作「嘔」，《列子・說符》、《新序・節士》作「歐」。

（25）擊鐘鼓者，上聞於天，下槊於地

按：周廷寀曰：「『下槊於地』句上疑有脫漏，劉云『旌旗翩翻，下蟠於地』也。」許維遹從周校，據《說苑》補正作「旌旗翩翻，下蟠於地」，又云：「《家語・致思篇》作『旍旗繽紛，下蟠於地』，王肅注：『蟠，委也。』」趙幼文曰：「『上聞於天』句下疑有挩文，《說苑・指武》作『旌旗翩翻』，疑此有『持旌旗者』四字，方與上文『擊鐘鼓者』句相儷。」〔註527〕賴炎元曰：「槊，與『遡』通。遡，向。」屈守元曰：「《說苑》作『鍾鼓之音，上聞乎天；旌旗翩翻，下蟠於地』，《家語》作『鍾鼓之音，上震於天；旍旗繽紛，下蟠於地』。此『下槊於地』上，周疑有脫漏，是也。《廣雅》：『柵謂之柵。』〔註528〕即『槊』字也。鐘鼓之音可以上聞於天，而不能下槊於地也。依《韓傳》句式，與《說苑》、《家語》皆不相同，或當云『執旌旗者』。」「下槊於地」上確有脫文，屈守元謂《外傳》句式不同於《說苑》、《家語》，是也，故不當補「旌旗翩翻」四字，趙、屈所補，皆通。但屈氏引《廣雅》說此，則大誤；許維遹徑改「槊」作「蟠」，尤無據。賴說亦未得。「槊」當是「槃」形譌，古音「槃」、「蟠」同，並讀為般，言盤曲委地也。《禮記・樂記》：「及夫禮樂之極乎天而蟠乎地。」鄭玄注：「極，至也。蟠，猶委也。」《莊子・刻意》：「上際於天，下蟠於地。」《淮南子・道應篇》同。字亦作盤，《類聚》卷77引後魏溫子昇《寒陵山寺碑序》：「鐘鼓嘈囋，上聞於天；旌旗繽紛，下盤於地。」字或作播，馬王堆帛書《十問》：「坡（彼）生之多，尚（上）察

〔註526〕平步青《霞外攟屑》卷7，上海古籍出版社1982年版，第545～546頁。平氏引「調」誤作「誃」。
〔註527〕趙幼文《〈韓詩外傳〉識小》，《金陵學報》第8卷第1、2期合刊，1938年版，第118頁。
〔註528〕屈氏引「棚」誤作「欙」。

（際）於天，下播於地。」字或省作番，上博楚簡（七）《凡物流形》：「得而解之，上旁（賓）於天，下番於淵。」

（26）由來區區汝何攻？賜來便便汝何使？

按：賴炎元曰：「區區，得意的樣子。」屈守元曰：「《爾雅》：『便便，辯也。』」賴說無據，屈說是也。「便便」即「辯辯」音轉。《說苑·指武》作：「如此則由何憤憤而擊？賜又何僊僊而使乎？」《說苑》上文云「勇哉士乎！憤憤者乎！」又「辯哉士乎！僊僊者乎！」「僊僊」狀辯，音轉亦作「軒軒」〔註529〕，與「便便」同義；「憤憤」狀勇，「區區」當亦同義，疑讀為「驅驅」。

（27）母曰：「乃汝無禮也，非婦無禮。」

按：趙善詒曰：「《類說》引作『非婦無禮，乃汝無禮也』。」《記纂淵海》卷189引同《類說》〔註530〕。

（28）今汝往燕私之處，入戶不有聲，令人踞而視之

按：趙懷玉曰：「今，《列女傳》作『今』。」許維遹曰：「元本『往』作『獨』，此當作『獨往』，合之乃備。」《列女傳》卷1無此句，趙氏誤記。《類說》卷38引同今本。《記纂淵海》卷189引作「今汝獨無私之處」，下同今本。「無私」是「燕私」之誤。

（29）逆姑布子卿，曰：「二三子引車避。」

按：逆，《困學紀聞》卷10引同，《孔子集語》卷下引作「逢」。疑「逢」字是。《史記·魏世家》：「子擊逢文侯之師田子方於朝歌，引車避，下謁。」〔註531〕《後漢書·馮異傳》：「與諸將相逢，輒引車避道。」皆是其比也。

（30）得堯之顙，舜之目，禹之頸，皋陶之喙

按：屈守元曰：「志，諸明本皆作『顙』，此從元本。《集語》引亦作『志』。《素問·解精微論篇》：『志者，骨之主也。』又云：『泣涕者，腦也。腦者，陰也。髓者，骨之充也。故腦滲為涕。志者，骨之主也。是以水流而涕從之

〔註529〕參見方以智《通雅》卷10，收入《方以智全書》第1冊，上海古籍出版社1988年版，第402頁。
〔註530〕四庫本《記纂淵海》在卷81。
〔註531〕《御覽》卷698引《春秋後語》略同。

者，其行類也。」是則『志』即指腦部，其義與『顙』不殊。《史記》亦作『其顙似堯』。元本作『志』，與《集語》所引合，諸明本不解『志』字之義，皆改作『顙』矣。」屈說非是，「志」無腦部之義。《孔子集語》卷下引誤作「志」，《四庫全書考證》卷 49 已訂作「顙」〔註532〕。《史記·孔子世家》《索隱》引《家語》：「河目而隆顙，其顙似堯。」〔註533〕蘇軾《小兒致語》：「瞻舜瞳之日月，望堯顙之山河。」宋·周必大《高宗皇帝挽詞》：「音謁思堯顙，旻號泣舜瞳。」皆用此傳之典，是宋人所見，皆作「顙」字。

（31）從前視之，盎盎乎似有王（土）者

按：《孟子·盡心上》：「其生色也，睟然見於面，盎於背，施於四體。」趙岐注：「盎視其背，而可知其背盎盎然盛，流於四體。」盎盎，盛貌。水盛貌曰「泱泱」，風大貌亦曰「泱泱」，雲起貌曰「泱泱」、「英英」、「靄靄」，鈴聲曰「鉠鉠」，咽悲聲曰「咉咉」，自大之皃曰「怏怏」，其義一也。音轉亦作「洋洋」、「湯湯」。方以智曰：「昂昂、仰仰、卬卬、盎盎。《周禮·保氏》注引『軍旅之容，闞闞仰仰』，即《卜居》之『昂昂』，《韓詩外傳》用『盎盎然』，亦是『昂昂』，《卷阿》詩作『卬卬』。」〔註534〕其說非是。

（32）汙面而不惡，葭喙而不藉

按：郝懿行曰：「汙面者，黑而深也。葭喙者，長厚脣也。皋陶鳥喙，孔子得皋陶之喙，故曰有喙三尺也。見《莊子》。《家語》所載與《外傳》文異。」〔註535〕《山海經·海內經》：「人面豕喙。」郝懿行曰：「《外傳》云云，『葭』蓋與『豭』通，即豕喙也。」許維遹從郝說。賴炎元曰：「汙面，面部往內陷。葭，通『笳』，胡笳，樂器。葭喙，嘴象胡笳般突出。藉，狼藉，錯亂不整的樣子。」非是。

（33）既斂而槨，布器而祭

〔註532〕《四庫全書考證》卷 49，景印文淵閣《四庫全書》第 1499 冊，臺灣商務印書館 1986 年初版，第 28 頁。

〔註533〕今《家語·困誓》作「其頭似堯」，《御覽》卷 396 引同。

〔註534〕方以智《通雅》卷 10，收入《方以智全書》第 1 冊，上海古籍出版社 1988 年版，第 409 頁。

〔註535〕郝懿行《證俗文》卷 10，收入《郝懿行集》第 3 冊，齊魯書社 2010 年版，第 2475 頁。許維遹引有脫文，茲徑據原書引徵。

按：《困學紀聞》卷 10、《孔子集語》卷下引同。周廷寀謂「器」當從《史記‧孔子世家》《集解》所引作「席」，許維遹、屈守元從其說。《集解》引「布」形誤作「有」。

（34）夫志不得，則授履而適秦楚耳，安往而不得貧賤乎

按：趙懷玉曰：「揆，舊本作『授』，譌，今據《御覽》卷 773 改。『不得』下《御覽》有『吾』字。」劉師培曰：「《書鈔》卷 136 所引亦有『吾』字。」〔註536〕俞樾校「揆履」作「鞻履」。趙善詒曰：「鮑本《御覽》卷 773 引作『攜』，與『揆』音義相近，宋本《御覽》作『揆』。俞說云云，亦未能置信。《書鈔》卷 136、《御覽》卷 498 仍同今本作『授』。『授』字不可解，不如存疑可也。卷 2『接履而趨』，此『授』字未知是否『接』字之誤，未敢斷也。」聞一多曰：「『授』當作『扱』，《御覽》引作『揆』，《佩文韻府》引作『投』，皆字之誤也。『扱』、『插』通。『扱履』猶『接履』也。」朱季海曰：「今謂『授』當作『接』，《新序‧刺奢》：『於是接履而趨，遂適湯。』」賴炎元曰：「『授履』不辭，當從《御覽》改作『揆履』。揆，揭也。《說苑》作『納履而去』。」〔註537〕屈守元曰：「《文選‧為范尚書讓吏部封侯第一表》注引『授履』作『受履』，《御覽》卷 773 引作『揆履』。當依《御覽》引作『揆履』。《廣韻》：『揆，挾物。』挾履而去，無拖累也。《史記》作『脫躧』，實一事也。俞謂『揆履』為『鞻履』，其說極為牽強。聞一多謂與『接履』同，近是。《書鈔》及《文選》注引『得』下皆有『吾』字。」《書鈔》卷 136、《御覽》卷 498 引作「授履」。聞說是，朱說亦相合，卷 2 正作「接履」。賴、屈說誤。《說苑‧尊賢》、《長短經‧論士》、《通鑑》卷 1 作「納履」，亦「接履」之誼；亦即《文選‧為范尚書讓吏部封侯第一表》「躧屬齊楚，徒知貧賤」之「躧屬」之誼。《史記‧魏世家》作「貧賤者行不合言不用，則去之楚越，若脫躧然」，與此文不同。互詳本書卷 2 校補。

（35）戴晉生弊衣冠而往見梁王

按：《莊子‧則陽》：「惠子聞之而見戴晉人。」《釋文》：「惠子，惠施也。

〔註536〕劉師培《韓詩外傳書後》，《左盦集》卷 1，收入《劉申叔遺書》，江蘇古籍出版社 1997 年版，第 1208 頁。
〔註537〕賴炎元《韓詩外傳校勘記》，（香港）《聯合書院學報》第 1 期，1962 年版，第 98 頁。

戴晉人，梁國賢人，惠施薦之於魏王。」當即此人。

（36）戴晉生欣然而笑，仰而永嘆曰

按：本書卷 10：「王欣然大笑曰。」欣，讀為欤。《說文》：「欤，欤欤，戲笑貌。」《集韻》謂欤亦作咥、改，俗字作嘻、嘵（蚩）。字又作听，《說文》：「听，笑皃。」字亦作齗，音轉又作齮、懃〔註538〕。字亦音轉作唏，《說文》：「唏，笑也。」字亦音轉作誒，《楚辭・大招》：「長爪踞牙，誒笑狂只。」又音轉亦作呧。

（37）今日相，即結駟列騎，食方丈于前

按：列，《渚宮舊事》卷 1 同，《列女傳》卷 2、皇甫謐《高士傳》卷中作「連」。列，讀為連〔註539〕。結亦連也。《鹽鐵論・散不足》：「今富者連車列騎，驂貳輜軿。」亦同。

（38）以容膝之安，一肉之味，而殉楚國之憂，其可乎

按：周廷寀曰：「殉，《列女傳》作『懷』。」殉，《渚宮舊事》卷 1 作「狗」，皇甫謐《高士傳》卷中亦作「懷」。

（39）君其遺之女樂，以媱其志，亂其政

按：媱，元本、寶曆本同，程本作「婬」，唐本、毛本、四庫本作「淫」。「媱」是「婬」形譌。《韓子・十過》、《說苑・反質》無「婬其志」三字，餘同此文。《史記・秦本紀》作「君試遺其女樂，以奪其志」，《集解》引徐廣曰：「奪，一作狗。」《韓子・內儲說下》：「晉獻公〔欲〕伐虞虢，乃遺之屈產之乘、垂棘之璧、女樂六，以榮其意，而亂其政。」〔註540〕與此相類，亦足參證。榮，讀為瞢，迷惑也。

（40）於是張酒聽樂，日夜不休

按：屈守元曰：「張酒，謂供張飲酒。張，音知亮切。」屈說是也，「供張」即「供帳」。

〔註538〕 參見王念孫《廣雅疏證》，收入徐復主編《廣雅詁林》，江蘇古籍出版社 1992 年版，第 101 頁。又參見蕭旭《清華簡（七）校補》。

〔註539〕 參見蕭旭《列女傳校補》，收入《群書校補（續）》，花木蘭文化出版社 2014 年版，第 810～811 頁。

〔註540〕 「欲」字據《御覽》卷 305、478、568 引補。

《韓子·十過》作「設酒張飲，日以聽樂」，《說苑·反質》作「設酒聽樂」。《史記·高祖本紀》：「高祖復留止，張飲三日。」《漢書》同。《集解》引張晏曰：「張，帷帳。」《正義》：「張，音張亮反。」《類聚》卷39引《漢書》作「帳飲」。

（41）夫鳳凰之初起也，翾翾十步之雀，喔咿而笑之

按：周廷寀曰：「翾翾，小飛也。」屈守元曰：「《類聚》卷92、《御覽》卷922引此云：『夫鳳凰之初起也，遙遙千里。藩籬之雀，喔咿而笑之。』」屈氏所引乃《御覽》文，《類聚》引「凰」作「皇」，「藩」作「蕃」。翾翾，《類說》卷38引作「翾翾」，《記纂淵海》卷11引作「環二」〔註541〕。「二」當是重文符號之誤，本當作「環環」。《廣雅》：「翾翾，飛也。」王念孫引此文為證〔註542〕。《文選·笙賦》李善注引《字林》：「翾翾，初起也。」《記纂淵海》、《類說》卷38引「喔咿」作「喔呷」〔註543〕。字亦作「偓伊」，《抱朴子外篇·刺驕》：「徒以翕肩斂迹，偓伊側立，低眉屈膝，奉附權豪。」（據道藏本，四庫本作「優伊」）。

（42）展而雲間

按：趙懷玉曰：「《御覽》卷922作『輾轉雲間』。」許維遹據《御覽》卷922引改「而」作「羽」。屈守元曰：「展而，《御覽》卷922引作『展羽』，《類聚》卷92及《類說》引作『展轉』。」《御覽》引作「輾羽」，《類聚》引作「輾轉」，趙氏、屈氏皆誤記。《記纂淵海》卷11引作「展轉」。

（43）藩木（籬）之雀超然自知不及遠矣

按：朱季海曰：「《說文》：『惆，失意也。』韓生『惆』謂之『超』，晚出字作『怊』，《新附》：『怊，悲也。』」賴炎元曰：「超然，失意的樣子。」朱說甚確，《廣雅》：「惆，悵也。」《玉篇》：「怊，悵恨也。」《莊子·徐無鬼》：「武侯超然不對。」《釋文》引司馬彪曰：「超然，猶悵然。」鈕樹玉曰：「怊，通作惆，亦作超。後魏《兗州賈使君碑》中有『超悵』字，是亦作超。」〔註544〕

〔註541〕四庫本《記纂淵海》在卷56，下同。
〔註542〕王念孫《廣雅疏證》，收入徐復主編《廣雅詁林》，江蘇古籍出版社1992年版，第463頁。
〔註543〕四庫本《記纂淵海》卷56引仍作「喔呷」。
〔註544〕鈕樹玉《說文新附考》卷5，收入《續修四庫全書》第213冊，上海古籍出

朱駿聲曰；「超，叚借為惆。」〔註545〕賈誼《鵩鳥賦》：「超然自喪。」亦用借字。

（44）士褐衣縕著，未嘗完也

　　按：《記纂淵海》卷 11 引「完」誤作「浣」。

（45）及其出則安百議，用則延民命

　　按：屈守元曰：「百姓，諸明本皆作『百議』，此從元本。而《類說》引仍作『百議』也。」《記纂淵海》卷 11 引作「百議」〔註546〕，「民命」誤倒作「命民」。是宋人所見固作「百議」也。本書卷 2：「故動則安百姓，議則延民命。」脫「用」字，衍「姓」字，「議」字屬上。元本蓋據卷 2 誤文耳。

（46）子終死腥臭之肆而已乎

　　按：終，《初學記》卷 19、《御覽》卷 382、《錦繡萬花谷》續集卷 5 引作「孫」。

（47）何為辭之

　　按：屈守元曰：「《初學記》引『為』字作『以』。」《御覽》卷 382、《錦繡萬花谷》續集卷 5 引亦作「以」。

（48）吾肉善，〔如量〕而去，若（苦）少耳

　　按：趙懷玉、瞿中溶據元本及《初學記》卷 19、《御覽》卷 382 補「如量」二字，許維遹從瞿說。屈守元說略同二氏。《錦繡萬花谷》續集卷 5、《喻林》卷 40 引亦有「如量」二字。

（49）吾肉不善，雖以吾附益之，尚猶賈不售

　　按：許維遹據《初學記》卷 19 引改「以吾」作「以他」。屈守元曰：「《錦繡萬花谷》及《天中記》卷 21 引下『吾』字作『他』。《初學記》引無『賈』字。」《御覽》卷 382 引下「吾」亦作「他」，《御覽》、《萬花谷》、《天中記》引亦無「賈」字。

版社 2002 年版，第 137 頁。

〔註545〕朱駿聲《說文通訓定聲》，武漢市古籍書店 1983 年版，第 321 頁。

〔註546〕四庫本《記纂淵海》卷 56 引「安百議」作「定廟議」。

（50）傳曰：「目如擗杏，齒如編貝。」

按：朱亦棟曰：「齒如編貝，言其齒之美也。以比醜女，則儗之不倫矣。後讀陸佃《埤雅》，其引《外傳》，則曰『齒如編蠁』，始知『編貝』二字，乃『編蠁』之訛。」趙善詒曰：「朱說甚是。《御覽》卷 382 引作『編蟹』，『蟹』乃『蠁』之形誤。蠁，《廣雅》：『土蛹，蠁蟲也。』即《爾雅》之『國貉蟲蠁』，《義疏》：『今謂之地蛹，如蠶而大，出土中。』且『蠁』與『杏』字亦協韻。」許維遹、賴炎元從二氏說。屈守元全襲趙說，改引《義疏》為郭璞注：「今呼蛹蟲為蠁。」又云：「『擗杏』亦形容其目之醜。」趙說「蠁蟲」非是，《埤雅》卷 10 明云「《韓詩外傳》曰『齒如編蠁』，非此所謂蠁蟲也」。然「編蠁」不知所指，待考。北大漢簡（四）《妄稽》：「目若別杏。」

（51）一幸得勝，疾笑嗌嗌

按：朱季海曰：「《說文》：『嗌，咽也。』非其意。此借為咥。〔《說文》〕：『咥，大笑也。』亦可為啞之轉。」屈守元曰：「《易·震》卦辭：『笑言啞啞。』《釋文》：『烏客反。馬云笑聲。鄭云樂也。』此『嗌嗌』即『啞啞』之意也。或『嗌嗌』即『啞啞』形誤。」「嗌嗌」狀大笑聲，音轉則作「啞啞」（非形誤），《說文》：「啞，笑也。」朱氏後說是也。《說文繫傳》引《易》作「唲唲」。本字作「謚謚」，《說文》：「謚，笑貌。」《玉燭寶典》卷 2 引《呂氏春秋》：「（燕）之鳴若嗌嗌。」《文選·齊故安陸昭王碑文》李善注引《呂氏》作「隘隘」，今本《音初篇》作「謚隘」，當作「謚謚」或「隘隘」。又音轉作「嘻嘻」，《抱朴子外篇·酒誡》「或啞啞獨笑」，舊鈔本《治要》卷 50 引作「嘻嘻」（天明刊本引同今本）。燕鳴字本當作「乞乞」，《說文》：「乞，燕燕，玄鳥也，齊魯謂之乞，取其鳴自謼，象形也。鳦，乞或從鳥。」字亦作「乙乙（音軋軋）」，又作「札札」、「軋軋」，俗作「吃吃」，《集韻》：「吃，吃吃，聲也。」鳴聲嗌嗌，笑聲嗌嗌，其義一也。今語「啞啞」則轉作「呵呵」。

卷第十校補

（1）使吾君固壽

按：屈守元曰：「《御覽》卷 736 引『固』字誤作『罔』，《初學記》引無『固』字。」《御覽》卷 906、《合璧事類備要》別集卷 78 引亦無「固」字。《新序·雜事四》作「使主君甚壽」，《太平寰宇記》卷 12 引桓譚《新論》同。《晏子春秋·內篇諫上》作「使君之年長於胡。」固，猶甚也，久也。《小爾

雅》：「固，久也。」音轉則為胡，「胡」亦久壽、老壽之誼。《逸周書・諡法》：
「彌年壽考曰胡。」石光瑛曰：「『固』即『胡』之誤文，音相近。一曰：固猶
甚也，久也，亦通。」〔註547〕石氏分作二義，猶隔。本字作遐，遠也。

（2）人民是寶

按：屈守元曰：「《初學記》卷29引『人民』作『百姓』。」《合璧事類備
要》別集卷78引亦作「百姓」。《新序・雜事四》作「人為寶」，《太平寰宇記》
卷12引桓譚《新論》作「以人為寶」。為猶是也，不當補「以」字。

（3）桓公曰：「善哉祝乎！寡人聞之矣。至德不孤，善言必再，叟盍優之！」

按：周廷寀謂「優」當從《新序・雜事四》作「復」。趙善詒曰：「周校
是也。《御覽》卷736引作『叟盍復祝乎』，《晏子》作『子其復之』，可證。」
許維遹從二氏說。趙幼文亦從周校，並指出「復，重也」〔註548〕。石光瑛
曰：「『優』乃『復』字形近之譌。」〔註549〕賴炎元說同周、趙二氏〔註550〕。
屈守元曰：「《御覽》作『復』，《晏子春秋》亦作『復』。然『優』訓為饒、為
多，用之於此，比『復』義更為切合。其與《晏子》、《新序》不同，《韓傳》
故自有理，周議改字，殊為武斷。」《御覽》卷736引作「叟盍復祝乎」。周
說是，屈說殊陋。復，再也。《新序・雜事四》作「吾子其復之」。上文「盍
以叟之壽祝寡人矣」，《晏子》、《新序》「盍」亦作「其」。其，猶盍也，命令
副詞〔註551〕。

（4）使吾君好學士而不惡問，賢者在側，諫者得入

按：屈守元曰：「《御覽》卷736引無『士』字。此『士』字似可刪去，
『賢者』即可包括學士矣。」「士」字衍文，《新序・雜事四》作「祝主君使
主君無羞學，無惡下問，賢者在傍，諫者得人（入）」。「好學」即「無羞學」
也。此文「問」上脫「下」字，《御覽》引已脫。

〔註547〕石光瑛《新序校釋》，中華書局2001年版，第574頁。
〔註548〕趙幼文《〈韓詩外傳〉識小》，《金陵學報》第8卷第1、2期合刊，1938年版，
　　　　 第118頁。
〔註549〕石光瑛《新序校釋》，中華書局2001年版，第575頁。
〔註550〕賴炎元《韓詩外傳校勘記》，（香港）《聯合書院學報》第1期，1962年版，
　　　　 第100頁。
〔註551〕參見蕭旭《古書虛詞旁釋》，廣陵書社2007年版，第178頁。

（5）叟其革之矣

按：朱季海曰：「《新序》作『子更之』。韓生所據蓋出齊人所記，其方語猶有存焉者矣。劉書『革』謂之『更』也。」革、更、改並一聲之轉，另詳本書卷 2 校補。

（6）邦人潛然而涕下曰

按：瞿中溶曰：「元本『潸』作『瀾』，與《御覽》同。」趙善詒、許維遹、屈守元據元本及《御覽》卷 736 引改作「瀾」。朱季海曰：「今謂故書當作『瀾』。瀾然猶漣而也。」毛本作「潛」，唐本、程本作「潛」，寶曆本作「潜」，皆「潸」形譌。諸家校作「瀾」是也，朱氏說其義亦是，然猶未盡。「瀾」同「漣」。《說文》：「瀾，大波為瀾。漣，瀾或從連。」並讀為慄，《說文》：「慄，泣下也。《易》曰：『泣涕慄如。』」今本《易·屯》作「泣血漣如」，《釋文》：「漣，音連。《說文》云：『泣下也。』」《玉篇》：「漣，《詩》曰：『泣涕漣漣。』淚下皃。」字亦省作連，《淮南子·繆稱篇》引《易》作「泣血連如」。「連」字古讀瀾音。

（7）薦之於廟，而斷政焉

按：《新序·雜事四》作「禮之於朝，封之以麥丘，而斷政焉」。石光瑛曰：「『廟』疑『朝』之誤。」〔註 552〕

（8）故君子之於道也，猶農夫之耕，雖不獲年之優，無以易也

按：許維遹曰：「之優，諸本皆同，元本作『優之』，今據乙。優，讀為檴，或誤字。與《論語》『檴而不輟』之『檴』同義。」屈守元曰：「《說文》：『年，穀孰也。』〔註 553〕優之，諸明本作『之優』，此從元本。優，饒也，渥也。易，輕也。此謂雖不護（獲）年，其耕耘仍饒渥而不輕易。」寶曆本讀作「雖不獲年之優，無以易也」，是也，許氏、屈氏誤以「之優無以易也」為句，因從元本乙作「優之」。元本誤倒，不可據也。年之優，猶《左傳·桓公六年》之言「年豐」，指收成豐厚。易，改變。謂猶如農夫耕種，即使年成不好，亦無法改行。《孟子·滕文公下》：「士之仕也，猶農夫之耕也，農夫豈為出疆舍其耒耜哉？」取譬相同。

〔註 552〕 石光瑛《新序校釋》，中華書局 2001 年版，第 581 頁。
〔註 553〕 屈氏原文誤作「禾，穀熟也」，逕正。

（9）齊宣王與魏惠王會田於郊

按：周廷寀、趙懷玉並指出《史記‧田完世家》作「齊威王」。屈守元曰：「《史記索隱》：『韓嬰《詩外傳》以為齊宣王，其說異也。』是唐人所見《韓詩》，已同今本矣。」考《史記‧六國年表》亦云「齊威王二十四年與魏會田於郊」。此文所述之事，《後漢書‧李膺傳》應奉上疏：「梁惠王瑋其照乘之珠，齊威王答以四臣。」《說郛》卷57引陶潛《群輔錄》以「檀子、盼（盼）子、黔夫、種首」為「齊威王疆場四臣」，云據《史記》及《春秋後語》。皆以為是齊威王。又考《說苑‧臣術》成侯卿忌說齊威王曰：「忌舉田居子為西河而秦梁弱，忌舉田解子為南城而楚人抱羅綺而朝，忌舉黔涿子為冥州而燕人給牲、趙人給盛，忌舉田種首子為即墨而於齊足究，忌舉北郭刁勃子為大士而九族益親、民益富。」其所舉「黔涿子」、「田種首子」，向宗魯指出當即此文之「黔夫」、「種首」，「田」其氏也，屈守元已引。然則當作「齊威王」無疑矣。「種首」是其名，王應麟《姓氏急就篇》卷上以「種」為姓，非是。

（10）齊王曰：「寡人之所以為寶與王異。」

按：屈守元曰：「為，猶謂也。」屈說非是，「以為」成詞，「為」讀如字。

（11）遇神淵

按：趙懷玉據《御覽》卷12（引者按：當是卷13）、70引改「遇」作「過」。劉師培曰：「《書鈔》卷153（引者按：當是卷152）所引亦作『過』。」〔註554〕許維遹曰：「趙校是也。《類聚》卷96、《御覽》卷740、《事類賦注》卷3引亦作『過』。」屈守元曰：「《類聚》卷96、《書鈔》卷152引『遇』作『過』，《天中記》卷2引同，《御覽》卷13、70亦引作『過』。」《博物志》卷7亦作「過」。「遇」是「過」形譌，趙校是也。《論衡‧龍虛》作「出過神淵」，《吳越春秋‧闔閭內傳》作「過淮津」，《太平廣記》卷191引《獨異志》作「過神泉」。《冊府元龜》卷847已誤作「遇」〔註555〕。《類聚》引「淵」作「泉」，蓋避諱所改。

〔註554〕劉師培《韓詩外傳書後》，《左盦集》卷1，收入《劉申叔遺書》，江蘇古籍出版社1997年版，第1208頁。

〔註555〕《冊府元龜》據宋本，四庫本作「過」不誤。

（12）雷神隨而擊之

按：神，《書鈔》卷 152、《類聚》卷 96、《御覽》卷 13、740、《事類賦注》卷 3 引同，《太平廣記》卷 191 引《獨異志》亦作「神」；《御覽》卷 70 引作「電」，《御覽》卷 930 引《博物志》亦作「電」（今本《博物志》卷 7 無此字）。「神」字是。「神」脫作「申」，古文「電」字。

（13）送有喪者

按：許維遹曰：「『有』與『友』同。《吳越春秋·闔閭內傳》云：『會於友人之喪。』」許說非是。「有」讀如字，與「者」相應。《吳越春秋》其文不同。

（14）夫天怒不全日，人怒不旋踵

按：許維遹曰：「元本『日』作『目』，誤。」屈守元曰：「《冊府元龜》作『天怒不旋目』。元本『日』亦作『目』。《獨異志》『全』亦作『旋』。『旋目』、『旋踵』相對為文。」屈說非是，「目」是「日」形譌。《論衡·龍虛》、《太平廣記》卷 191 引《獨異志》並作「天怒不旋日，人怒不旋踵」，「日」字不誤，上「旋」則當據此作「全」。旋踵，亦作「還踵」〔註 556〕，一聲之轉耳。不全日者，不整天也，言其時之短。《吳越春秋·闔閭內傳》作「與日戰不移表，與神鬼戰者不旋踵，與人戰者不達聲」。

（15）薈丘訴引劍而去

按：引劍而去，《吳越春秋·闔閭內傳》作「投劍而嘆」，《太平廣記》卷 191 引《獨異志》作「收劍而去」。

（16）鴻渴，使者道飲鴻，玃笞潰失

按：周廷寀曰：「『玃笞』蓋籠名。」趙懷玉曰：「玃笞，《說苑》作『空籠』，此『笞』當亦謂籠也。『玃』疑是『攫』字。」郝懿行曰：「其字本作『攫』，搏也。」俞樾曰：「『笞』疑『答』之誤，《玉篇》：『答，籠答也。』其云『玃答』者，玃與答本疊韻字，急言之曰答，長言之則曰玃答也。『玃答』二字合音即為『籠』字。」賴炎元從俞說〔註 557〕。趙善詒曰：「俞說以

〔註 556〕銀雀山漢簡《孫臏兵法·善者》、《奇正》並有「蹈白刃而不還踵」之語。
〔註 557〕賴炎元《韓詩外傳校勘記》，（香港）《聯合書院學報》第 1 期，1962 年版，第 102 頁。

『笤』為『答』之形譌，甚是，而『玃答』合音為『籠』解之，疑非。玃，趙校作『攫』，是也。《集韻》：『攫，搏也。』『鴻』字屬下句讀。蓋謂鴻奪籠而逸也。」賴炎元說同趙善詒。許維遹曰：「『玃』當從趙、郝校作『攫』，『笤』當作『筥』，皆字之誤也。《修文御覽》殘卷引作『攫筥』，『筥』即『筥』字。」朱季海曰：「趙懷玉校近之。今謂『笤』讀若『柤』，〔《說文》〕：『臿也，一曰徙土輂也，齊人語也。梩，或從里。』徙土輂，蓋即土籠之類。韓生引傳，齊語猶存。」屈守元曰：「趙懷玉校是也。《修文殿御覽》引此正作『攫』字。足取曰攫。周云『玃答蓋籠名』，其語稍誤。『玃』非籠名，『笤』則謂籠也。答蓋借為筊。《說文》：『筊，竹萌也。』以竹萌所編之籠，故名之筊。竹萌故易攫取而潰失。其字又可作筶。俞疑『笤』為『答』之誤，臆說，不足取。」俞、屈皆臆說不足取。「筊（筶）」為竹萌，即竹筍，不可編籠。敦煌寫卷 P.2526《修文殿御覽》引作「鴻渴，使者飲鴻，鴻攫筥潰，失鴻」。今本此文當據敦煌本補二「鴻」字，「失鴻」為句，非「潰失」成文。許氏校「笤」作「筥」，是也。「筥」指竹製圓籠，本用以盛飯，此文用於裝鳥。玃，讀為攫，不必視為誤字。《集韻》：「玃，《說文》：『爪持也。』或作攫。」又「攫、玃，搏也，或從犬。」《呂氏春秋·本味》：「肉玃者臊。」《御覽》卷 849 引作「攫」。

（17）欲拔劍而死，人將以吾君賤士貴鴻也

按：許維遹曰：「《說苑·奉使篇》作『拔劍刎頭』，《修文御覽》殘卷、《御覽》卷 916 引『拔劍』作『拔頸』，《類聚》卷 90 引作『絞頸』。『拔頸』不辭，『拔』即『絞』之誤。《史記·滑稽傳》云『吾欲刺腹絞頸而死』。」屈守元曰：「《類聚》引作『欲絞頸而死』。《御覽》卷 916 引『劍』作『頸』。」《記纂淵海》卷 97 引亦作「欲拔頸而死」。許說非是，此文「劍」必是「頸」字之誤。拔，讀為刜，實為拂。《方言》卷 3：「拂，拔也。」此是聲訓。《說文》：「刜，擊也。」又「拂，過擊也。」「刜」是以刀拂擊的專字，言以刀擊也。《廣雅》：「刜，斷也。」又「刜，斫也。」甲骨文即有「刜」字，正是拂擊義。《甲骨文合集》21021：「大風自西刜云，率雨。」饒宗頤曰：「刜云，應讀作拂雲。」〔註558〕《漢書·王莽傳》：「方今天下聞崇之反也，咸欲褰衣

〔註558〕參見于省吾主編《甲骨文字詁林》，中華書局 1999 年版，第 3 冊，第 2455 頁。

手劍而叱之，其先至者則拂其頸、衝其匈、刃其軀、切其肌。」王念孫曰：「師古訓拂為戾，望文生義，非其本指也。拂，讀為刜。刜，斫也。謂以劍斫其頸也。『拂其頸、衝其匈、刃其軀、切其肌』皆承上文『手劍』而言。《說文》曰：『刜，擊也。』《廣雅》曰：『刜，斫也。』《說苑·雜言篇》曰：『干將、鏌鋣拂鐘不錚。』亦借拂為刜也。」〔註559〕「拔頸」即「拂頸」，不得謂之不辭。音轉則作「刎頸」。《廣雅》：「刎，斷也。」《漢書·酷吏傳》顏師古注：「刎，謂斷頸也。」黃侃曰：「刜，此即刎字。」〔註560〕「刎」字《說文》未收，其語源即是「刜」，實是「拂」，言拂擊。鄭珍曰：「《集韻》、《韻會》皆云：『刎，或作歾。』歾者，《說文》『歿』字也。蓋古止借『歾』。《荀子·彊國篇》『欲壽而歾頸』，正是古字。楊倞注云：『歾，當作刎。』依俗用言之。」〔註561〕鄭氏以「歾」為其古字，非也。「歾」乃借字耳。後人不得「拔」字之誼，因改作「拔劍」。《類聚》卷90引作「絞頸」者，依《史記》改耳。絞頸謂上吊。

（18）故使者必矜文辭，喻誠信，明氣志，解結申屈，然後可使也

　　按：本書卷8：「夫使非直敝車罷馬而已，亦將喻誠信，通氣志，明好惡，然後可使也。」此文「明氣志」當是「明好惡，通氣志」之脫文。

（19）入言鄭醫秦越人能治之

　　按：趙懷玉曰：「《說苑》作『能活太子』，此『治』字疑亦是『活』。」許維遹從趙說。

　　賴炎元曰：「《史記·扁鵲傳》作『臣能生之』。疑『治』當作『活』，以形近致譌。下『先生幸而治之』，『治』亦當作『活』。《說苑》作『能活太子』。」〔註562〕趙說是也，下文「若此者皆可活也」，正作「活」字。

〔註559〕王念孫《漢書雜志》，收入《讀書雜志》卷7，中國書店1985年版，本卷第16～17頁。
〔註560〕黃侃《說文同文》、《字通》，並收入《說文箋識》，中華書局2006年版，第28、120頁。
〔註561〕鄭珍《說文新附考》卷2，收入《續修四庫全書》第223冊，上海古籍出版社2002年版，第286頁。
〔註562〕賴炎元《韓詩外傳校勘記》，（香港）《聯合書院學報》第1期，1962年版，第102頁。

（20）豈足以變童子哉

按：趙幼文曰：「變讀為辯，《說文》：『辯，治也。』」〔註563〕屈守元曰：「《史記》作『曾不可以告咳嬰之兒』，《說苑》作『豈足以變駭童子哉』。疑『駭』字乃『咳』字之誤而衍者也。」變，讀為謞，今作「騙」。《說文》：「咳，小兒笑也。古文孩從子。」「咳」、「孩」一字，「駭」則借字。「咳嬰之兒」、「駭童子」猶言孩嬰、孩童，指小兒。

（21）事故有昧投而中蟲頭，掩目而別白黑者

按：朱季海曰：「覆元本『投』作『提』，是也。提、揥語轉耳。」屈守元曰：「昧提，諸明本作『昧投』，此從元本。提者，擲也。明人不知『提』字之義，而妄改作『投』。《說苑》作『揥』，即『提』之通假字也。」《說苑·辨物》作「物故有昧揥而中蛟頭，掩目而別黑白者」。方以智曰：「昧揥，猶言未審也。」〔註564〕盧文弨校「蛟」作「蚊」，《四庫全書考證》說同〔註565〕，《喻林》卷14引正作「蚊」。盧氏云：「『揥』當為『擿』，與『擿』同。昧揥，暗投也。『蟲』、『蚊』同。」向宗魯、許維遹從盧說〔註566〕，是也。提訓擲，亦擿借字，屈氏未達訓詁。《列女傳》卷3：「揜目而別黑白也。」《淮南子·主術篇》：「掩目而視青黃也。」《意林》卷1引《范子》：「掩目別白黑，雖時時一中，猶不知天道，論陰陽，有時誤中耳。」〔註567〕蓋當時俗諺，二句比喻偶然而中也。「蟲頭」喻細小之物，《淮南子·主術篇》：「夫權輕重不差蟲首，扶撥枉橈不失鍼鋒。」高誘注：「蟲首，猶微細也。」

（22）耳焦焦如有啼者聲

按：《說苑·辨物》作「耳中焦焦如有嘯者聲」，《史記·扁鵲傳》作「當聞其耳鳴而鼻張」。「焦焦」是「噍噍」之省文，音轉則作「啾啾」，亦省作「秋秋」。從秋從焦之字古通用，多有小而急促之義〔註568〕。啾之言擊、蹙

〔註563〕趙幼文《〈韓詩外傳〉識小》，《金陵學報》第8卷第1、2期合刊，1938年版，第118～119頁。

〔註564〕方以智《通雅》卷5，收入《方以智全書》第1冊，上海古籍出版社1988年版，第218頁。

〔註565〕《四庫全書考證》卷48，景印文淵閣《四庫全書》第1499冊，臺灣商務印書館1986年初版，第15頁。

〔註566〕向宗魯《說苑校證》，中華書局1987年版，第472頁。

〔註567〕《御覽》卷366引作「掩目別黑白，雖一時中，猶不知天道也」。

〔註568〕參見蕭旭《古國名「渠搜」命名考》，收入《群書校補（續）》，花木蘭文化出

也。「啾啾」狀急促細小的眾聲。又作「喞嘈」、「喞啾」,「喞」、「嘈(啾)」音之轉耳。音轉亦作「嘈嘈」,《文選‧魯靈光殿賦》:「耳嘈嘈以失聽。」李善注引《埤蒼》:「嘈嘈,聲眾也。」字亦音轉作「𠴫𠴫」、「譟譟」、「璅璅」〔註569〕,敦煌寫卷 P.3906《碎金》:「聲𠴫𠴫:友(支)咬反。」《集韻》:「𠴫,莊交切,𠴫𠴫,聲擾耳,或從言。」《顏氏家訓‧書證篇》:「《道經》云:『合口誦經聲璅璅,眼中淚出珠子碟。』」耳鳴之專字作「𦗖」、「聹」,《玉篇》:「𦗖,耳鳴。」又引《埤蒼》:「聹,耳鳴也。」《集韻》:「聹,聹聹,耳鳴,或作𦗖。」

(23)若此者皆可活也

按:活,《史記‧扁鵲傳》、《說苑‧辨物》皆誤作「治」。

(24)虢侯聞之,足跣而起,至門曰

按:《說苑‧辨物》作「趙王跣而趨,出門曰」。「起」當作「趨」。

(25)則糞土之息,得蒙天地載,長為人

按:趙懷玉曰:「《說苑》作『得蒙天履地而長為人矣』。」許維遹乙作「得蒙天載地長為人」。向宗魯校作「得蒙天覆地載」〔註570〕,是也。屈守元斷作「得蒙天地,載長為人」,不成文句。

(26)將使我投石超距乎

按:許維遹曰:「諸本皆同,元本『超』作『斤』。超距,《新序‧雜事五》同,《管子‧輕重丁篇》有『戲笑超距』語,《類聚》卷 18 引『超距』作『拔距』。」朱季海曰:「覆元本『超』作『斤』,蓋即『超』之壞字,《新序》作『超距』。」元本作「斥」,不作「斤」字,許、朱二氏誤記。屈守元曰:「《類聚》卷 18 引『超距』作『拔距』。《史記索隱》:『超距,猶跳躍也。』」王念孫云:「『石,擿也。拔距,超距也。距亦超也。』」《白氏六帖事類集》卷 17 引作「拔距」〔註571〕。《記纂淵海》卷 68 引作「斥距」〔註572〕。疑本書作「斥

版社 2014 年版,第 2159～2166 頁。

〔註569〕《漢書‧陳勝傳》:「獨守丞與戰譙門中。」顏注:「譙,亦呼為巢。譙、巢聲相近。」是其證也。

〔註570〕 向宗魯《說苑校證》,中華書局 1987 年版,第 472 頁。

〔註571〕《白帖》在卷 60,下同。

〔註572〕 四庫本《記纂淵海》在卷 49,下同。

距」，後人依《史記》、《漢書》改作「拔距」。「斥」是「趈」省借，《說文》：
「趈，距也。《漢令》曰：『趈張百人。』」《繫傳》：「趈張，蓋謂以足蹋張弩
也。」趈訓距者，跳躍義〔註573〕。

（27）追車赴馬乎

按：《御覽》卷383引同，《新序·雜事五》亦同，道藏本《意林》卷3
引《新序》「赴」作「趈」（別本作「趁」），「赴」是「趈（趁）」形誤，趈亦
追也。元刊本挩「赴」字。《風俗通·怪神》「忽出往赴叔高」，《御覽》卷952
引同，《搜神記》卷18亦同，宋本《法苑珠林》卷42引《搜神記》「赴」作
「趈」。

（28）逐麋鹿、搏豹虎乎

按：搏，元本、唐本形誤作「搏」。

（29）吾則死矣，何暇老哉

按：則，《新序·雜事五》作「已」。裴學海曰：「假，猶但也，字或作
『暇』。」又「則，猶已也。『暇』與『假』同，但也。」〔註574〕

（30）將使我深計遠謀乎

按：深計遠謀，《御覽》卷383、《記纂淵海》卷68引作「探計謀」〔註575〕。
「探」是「深」形誤。《類聚》卷18、《冊府元龜》卷833引皆作「深」，《白氏
六帖事類集》卷17同。

（31）定猶豫而決嫌疑乎

按：趙善詒曰：「定猶豫，《類聚》卷18引作『設精神』，《白帖》卷60、
《御覽》卷383同，惟『設』作『役』。疑作『役精神而決嫌疑乎』為是。」
許維遹曰：「諸本皆作『定猶豫』，元本作『設精神』，與《類聚》卷18、《御
覽》卷383引合。惟鮑刻本《御覽》、《白帖》卷60引『設』作『役』，於義
為長，今據正。《新序·雜事五》作『決嫌疑而定猶豫乎』，然則明本蓋據《新
序》妄改。」屈守元曰：「『設精神』三字，諸明本皆作『定猶豫』，此從元

〔註573〕參見蕭旭《上博簡（二）〈容成氏〉「酥庅」臆解》。
〔註574〕裴學海《古書虛字集釋》，中華書局1954年版，第332、599頁。
〔註575〕四庫本《記纂淵海》卷49又誤作「操計謀」。

本。《類聚》卷 18 引、《冊府元龜》卷 833 用此文皆作『設精神』，與元本合。」趙、許說是也，《白氏六帖事類集》在卷 17，《鼠璞》卷上亦作「役精神」。《記纂淵海》卷 68 引作「殺精神」，「殺」亦「役」形譌。《禮記·曲禮上》亦有「決嫌疑，定猶與」之文，同《新序》，故明人據以改耳。

（32）出正辭而當諸侯乎

按：屈守元曰：「當，元甲本作『嘗』，此從元乙本，諸明本皆同。《冊府》作『尚』。」《御覽》卷 383、《記纂淵海》卷 68 引作「尚」。《新序·雜事五》作「當」。當，對也。

（33）孟嘗君赧然汗出至踵

按：朱季海曰：「覆元本『赧』作『赦』。」赧、赦，正、俗字耳。屈守元曰：「《御覽》卷 383 引『赧』作『勃』。」《記纂淵海》卷 68 引亦作「勃然」，《冊府元龜》卷 833 同。是宋人所見，皆作「勃然」，後人不得其誼而妄改作「赧（赦）然」。「勃然」同「浡然」，汗出貌。

（34）駑馬柴車，可得而乘也

按：屈守元曰：「《後漢書·趙壹傳》章懷注：『柴車，弊惡之車也。』《列子》作『怒（駑）馬棧車』，《釋文》云：『棧當作棧，《晏子春秋》及諸書皆作棧。棧車，謂編木為之。棧，士限反。』今《晏子春秋》無此語，唯《韓傳》有之，而字作『柴車』。《韓非子·外儲說左下》舊注：『棧車，柴車也。』章炳麟亦謂『棧』與『柴』通，見《太炎文錄》卷 1《「賓柴」說》。」《御覽》卷 428 引《新序》作「駑馬棧車」，今本《新序》無此文，蓋誤記出處。章說是也，章氏又舉《賈子·淮難》「通棧奇之徒」，《漢書·賈誼傳》作「柴奇」為證〔註 576〕。盧文弨亦曰：「棧奇，即『柴奇』，說見《五美篇》。」《五美篇》說云：「柴之與棧，音義得兩通。《韓詩外傳》有『柴車』，《晏子春秋》作『棧車』，此其證也。」〔註 577〕李貽德曰：「案《公羊傳》『亡國之社，揜其上而柴其下』，《周禮·喪祝》注作『奄其上而棧其下』。柴、棧古

〔註 576〕章太炎《太炎文錄》卷 1《「賓柴」說》，收入《章太炎全集》（4），上海人民出版社 1985 年版，第 34 頁。

〔註 577〕盧文弨《賈誼新書》校本卷 2、4，收入《諸子百家叢書》，上海古籍出版社1989 年影印浙江書局本，第 17、34 頁。

字通，柴車即棧車。」〔註578〕《公羊傳》見《哀公四年》，《周禮·媒氏》鄭玄注引「柴」亦作「棧」。《論衡·別通》：「亡國之社，屋其上柴其下。」《類聚》卷39引「柴」作「棧」。「棧車」指不飾之車，即不革鞔不加漆的簡易之車〔註579〕。《晏子春秋·內篇雜下》：「晏子衣緇布之衣，麋鹿之裘，棧軫之車，而駕駑馬已朝。」《說苑·臣術》同。「棧軫之車」即「俴收之車」，與不飾之車謂之「棧（柴）車」不同〔註580〕。

（35）吾君方今將被蓑苙而立乎畎畝之中

按：許維遹曰：「《御覽》卷160引『蓑苙』作『萊笠』。」屈守元說同。《太平寰宇記》卷18引作「萊豆」。二書引文並誤，《列子·力命》、《御覽》卷428引《新序》並作「蓑笠」。

（36）景公憖，而舉觴自罰

按：屈守元曰：「《御覽》卷160引『而舉』作『乃引』。」《太平寰宇記》卷18引亦作「乃引」，《列子·力命》作「焉舉」（「焉」不屬上句）。

（37）晉之左格右者，圍繆公而擊之

按：周廷寀曰：「『左格右』三字皆譌。《呂》云『晉惠公之右路石』也。當改從《呂》。」賴炎元、屈守元從周說。賴氏又曰：「右，車右。路石，人名。」趙懷玉曰：「《呂氏春秋》作『晉之右路石奮』。」趙幼文曰：「《呂氏春秋·愛士》『石』下有『奮』字。石姓，奮其名。本書『石奮』作『石者』，『者』為『奮』字殘挩之誤。下文『還擊晉之左格右』，『右』下挩『奮』字，當補。」〔註581〕賴炎元全襲趙說〔註582〕。北大漢簡（三）《周馴》作「晉惠公之右路石奮投擊繆公之左袂，其甲陷者已六札矣」，《呂氏》作「晉惠公之右路石奮投（投）而擊繆公之甲」。此文「左格右」當作「右路石」。王念孫

〔註578〕李貽德《春秋賈服注輯述》卷16，《皇清經解續編》卷772，第3冊，上海書店1988年版，第1022頁。

〔註579〕參見蕭旭《韓非子校補》，花木蘭文化出版社2015年版，第177~179頁。

〔註580〕參見蕭旭《晏子春秋校補》。

〔註581〕趙幼文《〈韓詩外傳〉識小》，《金陵學報》第8卷第1、2期合刊，1938年版，第119頁。

〔註582〕賴炎元《韓詩外傳校勘記》，（香港）《聯合書院學報》第1期，1962年版，第104頁。

校《呂氏》以「奮投」連文，謂「投」當作「殳（殳）」〔註583〕，與漢簡合，甚確。

（38）桃之為言亡也

按：桃，讀為逃，故猶言亡也。

（39）後者飲一經程

按：屈守元曰：「許維遹引郝懿行、張雲璈之說，據《侯鯖錄》以酒經為酒器，然亦未說明經程『程』字之義也。竊意此即指罰飲。」屈說非是。朱謀㙔曰：「經程，飲器也。」〔註584〕《正字通》引《韓詩外傳》注：「酒器之大者曰經程。」朱季海曰：「經程，酒器。」「經程」亦作「桱桯」、「桱桯」、「檠程」，指徑直而長的盛酒器具〔註585〕。

（40）管仲曰：「臣聞之，酒入口者舌出，舌出者〔言失，言失者〕棄身。與其棄身，不寧棄酒乎？」

按：《說苑・敬慎》作「臣聞酒入舌出，舌出者言失，言失者身棄，臣計棄身，不如棄酒」。許維遹據補「言失言失者」五字，賴炎元說同〔註586〕，是也。《御覽》卷844引管子曰：「臣聞酒入舌出，舌出言失，言失身棄，臣〔以為〕棄身不如棄酒。」〔註587〕亦其證。《書鈔》卷148、《冊府元龜》卷740引已脫同今本。

（41）王曰：「何為者也？」有司對曰：「是齊人善盜，束而詣吏。」

按：《晏子春秋・內篇雜下》作：「王曰：『縛者曷為者也？』對曰：『齊人也，坐盜。』」《說苑・奉使》亦作「坐盜」。此文「善」當作「坐」，涉上下文「善盜」而誤。《冊府元龜》卷745已誤作「善」。

〔註583〕 王念孫《呂氏春秋雜志》，收入《讀書雜志》卷16《餘編》上卷，中國書店1985年版，本卷第33頁。

〔註584〕 朱謀㙔《駢雅》卷4，收入《叢書集成新編》第38冊，新文豐出版公司1985年版，第342頁。

〔註585〕 參見蕭旭《〈說文〉「桱，桱桯也」補疏》，收入《群書校補（續）》，花木蘭文化出版社2014年版，第1865～1870頁。

〔註586〕 賴炎元《韓詩外傳校勘記》，（香港）《聯合書院學報》第1期，1962年版，第105頁。

〔註587〕 「以為」二字據《事類賦注》卷17引補，屈守元誤作卷19，又謂是《管子》佚文，亦未必然也。

（42）再舉再窮，王默然無以續語

按：屈守元曰：「《冊府元龜》『續』作『瀆』，無『語』字。『續語』無義，當從《冊府》作『瀆』。瀆即辱也。」屈說非也，「默然無以瀆」不辭。宋本《冊府元龜》卷 745 仍作「續語」，屈氏所據乃誤本。「續語」猶今言接話，並非無義。古籍習言「默然無以應」、「默然無以對」，是其誼也。

（43）〔何〕子居之高，視之下

按：周廷寀據《論衡》及《高士傳》於「子」下補「何」字。趙善詒曰：「『何』字當補於『子』字上。《御覽》卷 811 引與《論衡》同，皆在『子』上，可證。」賴炎元說同趙氏〔註 588〕。許維遹於「子」上補「何」字，曰：「周校是也。《御覽》卷 811、《事類賦注》卷 9 引並有『何』字，今據補。」屈守元補於「子」下，云：「『何』字諸明本皆無，此從元本補。周校本與元本合也。《御覽》卷 811 引『何』字在『子』字上。《冊府元龜》卷 809 與《御覽》全同。」《記纂淵海》卷 1 引亦同《御覽》。《高士傳》卷上作「何子處之高而視人之卑」。《御覽》卷 491 引《吳越春秋》作「君舉止何高，視何下也？」「舉止」當作「居」，指季札在車上也。

（44）貌之君子，而言之野也

按：趙善詒曰：「《御覽》卷 811 引作『類君子而言野也』。」屈守元說同。《事類賦注》卷 9、《記纂淵海》卷 1 引亦同《御覽》。「類」是「貌」形譌，《冊府元龜》卷 809 同今本作「貌」不誤。《論衡‧書虛》作「儀貌之壯，語言之野也」。

（45）吾有君不君，有友不友

按：許維遹據《御覽》卷 811 引改作「有君不臣」。屈守元曰：「《御覽》卷 811 引作『有君不臣』，《冊府》作『有君不臣，有侯不友』。」《事類賦注》卷 9、《記纂淵海》卷 1 引亦同作「有君不臣」。王邁謂作「不君」是〔註 589〕。

（46）君疑取金者乎

〔註 588〕賴炎元《韓詩外傳校勘記》，（香港）《聯合書院學報》第 1 期，1962 年版，第 105 頁。

〔註 589〕王邁《許著〈韓詩外傳集釋〉補證舉例》，《蘇州大學學報》1983 年第 2 期，第 12 頁。

按：許維遹曰：「『君疑』當作『吾豈』。元本『疑』作『宜』，『宜』即『豈』之形誤，《御覽》卷811引作『吾豈』，今據正。《論衡・書虛》、《高士傳》作『豈取金者哉』。」屈守元說略同許氏，又云：「《冊府》『君疑』作『吾豈』。明本貌似暢通，而去『吾豈』二字形跡愈遠矣。《論衡》作『豈』，《書鈔》及《類聚》引《吳越春秋》亦皆作『豈』。」《事類賦注》卷9、《記纂淵海》卷1引「君疑」亦作「吾豈」，是宋人所見並如此。《書鈔》卷129引《吳越春秋》作「豈取遺金者哉」（屈氏誤作卷192），《類聚》卷83引《吳越春秋》作「豈取金者哉」，《御覽》卷491引《吳越春秋》作「寧是拾金者乎」。

（47）禽獸厭深山而下於都澤，故得於田獵

按：朱季海曰：「《說文》：『泿，水都也。』」《廣雅》：「都、澤、沼，池也。」王念孫曰：「卷三云：『都，聚也。』《韓詩外傳》云云。都，猶豬也。《禹貢》：『大野既豬。』馬融注云：『水所停止深者曰豬。』《史記・夏紀》作『都』。《周官・稻人》：『以豬畜水。』鄭眾注引《左傳》『規偃豬』，後鄭云：『偃豬者，畜流水之陂也。』《檀弓》：『洿其宮而豬焉。』鄭注云：『豬，都也。南方謂都為豬。』」〔註590〕

（48）令四肢無心，十有七日不死乎

按：屈守元曰：「令，元乙本原鈔作『今』，黃依毛鈔本朱改作『令』。元甲本『死』誤作『反』。」《晏子春秋・內篇諫上》作「可得令四支無心，十有八日不亦久乎」。「令」字是，「死」當作「久」。「不」下脫「亦」字。

（49）遂援晏子之手，與驂乘而歸

按：屈守元曰：「『授』字，元乙本原鈔作『援』，蘇、沈、薛、程、唐諸本皆同，而胡刻本作『授』，與元甲本同。今定從元甲本。授晏子之手，即授手于晏子，任晏子載歸也。」毛本、寶曆本、四庫本皆作「援」。屈說殊不合文法，此當作「援晏子之手」，言引晏子之手，與之同乘而歸也。

（50）不知螳螂之在後

按：屈守元曰：「《御覽》卷303引『螳』作『螗』。『螗』為蟬之別稱

〔註590〕 王念孫《廣雅疏證》，收入徐復主編《廣雅詁林》，江蘇古籍出版社1992年版，第756頁。

（《方言》卷 11），不與『螗』相通，《御覽》乃誤字。」屈說非是。「螗」、「螳」同音通借，與《方言》卷 11 訓蟬的「螗蜩」之「螗」是同形異字。《爾雅》：「莫貈，螳蜋，蛑。」郭璞注：「螳蜋，有斧蟲，江東呼石蜋。」《釋文》：「螳，音唐，本今作螗。」《爾雅翼》卷 25：「螳蜋，有斧蟲，有不過、蟷蠰、莫貈、蛑、石蜋、巨斧等名。」「螳蜋」的語源是「郎當」，謂此蟲怒臂當轍，狂狼放宕失性〔註 591〕。

（51）不知童〔子〕挾彈丸在〔榆〕下，迎而欲彈之

按：賴炎元曰：「視上文義，『迎』疑當從《御覽》卷 350 引作『仰』。」〔註 592〕是也，《冊府元龜》卷 741 亦誤作「迎」。

（52）此皆言前之利，而不顧後害者也

按：周廷寀曰：「『言』當為『見』。」趙善詒曰：「周校非是。《書鈔》卷 124、《類聚》卷 60 引『言』下有『貪』字，當據增入。」趙幼文曰：「『言』字不誤，細繹文義，『言』下當有『見』字，義方足。『見』與『顧』對文。」〔註 593〕許維遹曰：「《書鈔》卷 124、《類聚》卷 60、《御覽》卷 350 引『言』作『貪』，今據正。」賴炎元曰：「『言』當從《御覽》改作『貪』。」〔註 594〕尋《書鈔》卷 124 引作「此言貪前之利，而不顧後害」，《類聚》卷 60 引作「皆貪前之利，不顧後害者也」，趙善詒失檢。趙善詒謂此文今本「言」下脫「貪」字，是也。諸書引脫「言」字，非「言」作「貪」也。余舊說「言，欲也」〔註 595〕，亦非是。《史記·春申君列傳》「沒利於前而易患於後也」，沒亦貪也。

（53）公子晏子獨束帛而賀曰

按：趙懷玉本於「獨」下補「奉」字，云：「《御覽》卷 627 引作『公子

〔註 591〕 參見蕭旭「郎當」考，收入《群書校補（續）》，花木蘭文化出版社 2014 年版，第 2371～2372 頁。

〔註 592〕 賴炎元《韓詩外傳校勘記》，（香港）《聯合書院學報》第 1 期，1962 年版，第 106 頁。

〔註 593〕 趙幼文《〈韓詩外傳〉識小》，《金陵學報》第 8 卷第 1、2 期合刊，1938 年版，第 119 頁。

〔註 594〕 賴炎元《韓詩外傳校勘記》，（香港）《聯合書院學報》第 1 期，1962 年版，第 106 頁。

〔註 595〕 蕭旭《韓詩外傳補箋》，收入《群書校補》，廣陵書社 2011 年版，第 465～466 頁。

晏』，下『子』字無。舊本無『奉』字，亦據增。」許維遹曰：「『晏』下舊有
『子』字，『獨』下脫『奉』字。《初學記》卷24、《事類賦》卷8引亦無『子』
字，今據刪補。」賴炎元說同二氏〔註596〕。趙善詒曰：「趙校疑非。『束帛而
賀』文義已足，不必補『奉』字也。《書鈔》卷85、《類聚》卷80引俱無『奉』
字，同今本。」屈守元曰：「《御覽》卷627、868引皆作『獨奉』，多一『奉』
字。」趙善詒說是，「奉」字不必補。《書鈔》卷85引作「公子晏子束帛而賀
曰」，無「獨」字，餘同今本。《初學記》卷24、《白氏六帖事類集》卷3、《記
纂淵海》卷5引作「公子晏賀曰」〔註597〕，《類聚》卷80、《御覽》卷868、
《事類賦注》卷8、《事文類聚》續集卷18、《合璧事類備要》外集卷55、《資
治通鑑外紀》卷7引作「公子晏束帛而賀曰」。《御覽》卷868引無「奉」字，
屈氏失檢。

（54）農夫藏於困庾

按：此句舊脫，趙懷玉補之，云：「《御覽》凡三引，皆有此句，又一引
作『困倉』。」趙善詒曰：「趙校是也。《類聚》卷80、《白帖》卷11、《初學
記》卷24諸引俱有此句。」許維遹說同趙善詒，又指出《事類賦》卷8引亦
有此句。賴炎元說同〔註598〕。《御覽》卷190、191、627、868凡四引，其中
卷191引作「困倉」。《初學記》卷24凡二引，並有此句。諸家說稍疏。《記
纂淵海》卷5、8、《事文類聚》續集卷18、《合璧事類備要》外集卷55、《資
治通鑑》卷263胡三省注引亦有此句。唐·崔融《請不稅關市疏》：「古人有
言，帝王藏於天下，諸侯藏於百姓，農夫藏於庾，商賈藏於篋。」即出此文。

（55）商賈藏於篋匱

按：趙懷玉曰：「匱，《御覽》卷190引作『笥』。」許維遹曰：「《白帖》
卷11、《御覽》卷190引『匱』作『笥』，又卷627引作『簣』。」許說稍疏，
《白氏六帖事類集》卷3（即《白帖》卷11）二引並作「篋笥」。《御覽》卷
627引作「筐簣」，誤「篋」作「筐」，許氏失校。《說苑·反質》：「士庶人藏
於篋櫝。」「篋櫝」同「篋匱」。

〔註596〕賴炎元《韓詩外傳校勘記》，（香港）《聯合書院學報》第1期，1962年版，
　　　　第106頁。
〔註597〕《白帖》在卷11。
〔註598〕賴炎元《韓詩外傳校勘記》，（香港）《聯合書院學報》第1期，1962年版，
　　　　第106～107頁。

（56）短褐不蔽形，糟糠不充口，虛而賦斂無已

按：屈守元曰：「『虛』下，程本、胡本、唐本有『耗』字，周、趙校本亦然。周云：『文疑有脫。』此從元本，蘇、沈、毛本皆同。若此文有脫，恐所脫者不止一『耗』字，今姑從元本，闕疑可也。」賴炎元曰：「有『耗』字是。」〔註599〕賴氏又曰：「虛耗，消損。」寶曆本亦有「耗」字，四庫本則無。趙懷玉本作「虛耗」。考《列女傳》卷2：「食不充口，衣不蓋形。」《文選》曹子建《雜詩》、張景陽《雜詩》、劉孝標《辯命論》李善注三引，並作「食不充虛」。《淮南子‧主術篇》：「故貧民糟糠不接於口，而虎狼熊羆獒猋孽；百姓短褐不完，而宮室衣繡。」此文蓋一本作「充口」，一本作「充虛」，後人誤合之，因作「充口虛」，程本等見其不通，復於「虛」下補「耗」字，周、屈二氏因疑「虛」字下有脫文，皆未得。《尉繚子‧治本》：「今短褐不蔽形，糟糠不充腹，失其治也。」

（57）今皇天降災于藏臺，是君之福君也

按：災，各書引同，《書鈔》卷85引作「央」。孔廣陶曰：「『央』當作『殃』，各本及《外傳》作『災』。」〔註600〕

《韓詩外傳》佚文校正

清人姚東升、王仁俊各輯《韓詩外傳》佚文一卷。盧文弨輯《韓詩外傳》佚文30餘條，趙懷玉《韓詩外傳補逸》據以收錄。陳喬樅《韓詩遺說考》於盧、趙所輯有所辨正。趙善詒《韓詩外傳佚文攷》復據盧、趙所輯略有增益。屈守元在諸家基礎上重輯佚文，並作箋疏，是目前所見最完備者。茲據屈箋作校正。

（1）伯瑜有過，其母笞之（《蒙求集註》卷中舊注引）

按：《蒙求集註》卷下宋徐子光注引出處作《說苑》，諸書所引此事亦作《說苑》，無作《外傳》者。

（2）東郭書知宋之將亡，故褰褐而過禹其朝，曰：「宋將有棘荊，故褰

〔註599〕賴炎元《韓詩外傳校勘記》，（香港）《聯合書院學報》第1期，1962年版，第107頁。

〔註600〕《書鈔》（孔廣陶校注本），收入《續修四庫全書》第1212冊，上海古籍出版社2002年版，第402頁。

　　裳而避之也。」居三年，宋果亡（《御覽》卷 693 引）

　　屈守元曰：宋亡在周赧王二十九年。「鬲」與「隔」古通用。過鬲其朝，即過其朝而不入也。

　　按：《御覽》引「褰裳」作「褰褐」，屈氏誤記。《類說》卷 38 引《外傳》：「東郭先生書知宋將亡，故褰褐而過其朝，曰：『宋將荊棘之患，縈吾褐，故索而避之。』宋王以為妖言而殺之。居三年，而宋果亡。」「過隔」不辭，「鬲」當是「過」脫誤而衍者。趙善詒以「鬲其朝」為人名〔註 601〕，亦非是。《左傳・定公九年》、《哀公十一年》有齊大夫東郭書，與周赧王二十九年相隔 200 年左右，當是同名者。

　　（3）士為知己者死，馬為知御者良（《冊府元龜》卷 881 引）

　　屈守元曰：馬為知御者良，《初學記》卷 18 作「馬為知己者用」。

　　按：《初學記》引「用」作「良」，《合璧事類備要》續集卷 50 引同，屈氏誤記。

　　（4）簡子自為二書牘，親自表之（《御覽》卷 146 引）

　　屈守元曰：二書牘，《御覽》卷 606 引作「二牘」，《文選・古詩十九首》注引作「書牘」。

　　按：北大漢簡（三）《周馴》作「昔趙閒（簡）子身書二牘，而親自繇（籀）之」。

　　（5）節用聽聰，敬賢勿慢，使能勿賤（《御覽》卷 146 引）

　　屈守元曰：《御覽》卷 606 引同。《說苑・談叢篇》云：「夫節欲而聽諫，敬賢而勿慢，使能而勿賤。」向先生《校證》云：「『聰』疑『諫』之誤。」

　　按：向說是也。用，讀為欲〔註 602〕。《說苑》上文云：「故君子節嗜欲，各守其足，乃能長久。」北大漢簡（三）《周馴》：「節欲而聽諫，敬賢勿曼（慢），使能勿賤。」

　　（6）不占聞君有難，將往赴之（《文選・長笛賦》李善注引）

　　按：赴，《御覽》卷 418、499 引作「死」，《冊府元龜》卷 927 同。

〔註 601〕趙善詒《韓詩外傳佚文攷》卷上，附於《韓詩外傳補正》，商務印書館 1938
　　　　年版，第 257 頁。
〔註 602〕參見蕭旭《荀子校補》，花木蘭文化出版社 2016 年版，第 413～414 頁。

（7）食則失哺，上事失軾（《文選·長笛賦》李善注引）

　　按：《選》注「事」作「車」，屈氏誤記。

（8）精藏於腎，神藏於心，魂藏於肝，魄藏於肺，志藏於脾，此之謂五
　　藏也。（《後漢書·馬融傳》注引）

　　按：屈氏引脫「精藏於腎」四字。《御覽》卷 363 引作「情藏於腎」，「情」
是「精」形譌。

（9）喉咽者，量腸之府也。胃者，五穀之府也。大腸者，轉輸之府也。
　　小腸者，受成之府也。膽者，積精之府也。旁光者，湊液之府也
　　（《後漢書·馬融傳》注引）

　　按：《御覽》卷 363 引「喉咽」作「咽喉」，「量腸」作「量入」，「胃」作
「膽」，「旁光」作「膀胱」，「湊液」作「精液」。考《靈樞經·本輸》：「肺合
大腸，大腸者，傳道（導）之府。心合小腸，小腸者，受盛之府。肝合膽，膽
者，中精之府。脾合胃，胃者，五穀之府。腎合膀胱，膀胱者，津液之府也。」
《鍼灸甲乙經》卷 1、9 亦云：「膽者，中精之府也。」受盛，讀為受成。「腸」
當作「入」，「湊液」、「精液」當作「津液」，《小學紺珠》卷 3 引誤同。

（10）有人向而悲泣（《文選·笙賦》李善注引）

　　按：《選》注「而」作「隅」，屈氏誤記。

（11）子曰：「終日言，不遺己憂；終日行，不遺己患。唯智者有之。故
　　恐懼所以除患也，恭敬所以越難也。終日為之，一言敗之，可以
　　不謹乎？」（《孔子集語·子觀篇》引）

　　屈守元曰：《說苑·雜言篇》有此文，惟「謹」字作「慎」。向先生《校證》
云：「《家語·六本篇》以此隸齊高廷節。」

　　按：越，《說苑·雜言》同，《家語·六本》作「避」。越，猶言遠離。《小
爾雅》：「越，遠也。」終日為之，《說苑》作「終身為之」，《家語》作「終身
為善」。「日」是「身」形譌。《家語·子路初見》：「終日言，無遺己憂；終日
行，不遺己患。惟智者有之。」

（12）子曰：「堯舜清微其身，以聽天下，務來賢人。夫舉賢，百福之宗
　　也，神明之主也。」（《孔子集語·持盈篇》引）

屈守元曰：《說苑・政理篇》有此語。

按：《說苑》「聽」下有「觀」字。《家語・辨政》：「昔堯舜聽天下，務求賢以自輔。夫賢者，百福之宗也，神明之主也。」「務來賢人」當作「務求賢以自輔」，「來」是「求」形譌，此及《說苑》皆有脫誤。《外傳》卷8：「聖人求賢者以〔自〕輔。」〔註603〕

（13）皮并以征（《公羊傳・成公二年》徐彥疏引）

按：徐疏引「并」作「弁」，屈氏誤記。

（14）太公使南宮适至義渠，得駃雞犀，以獻紂（《類聚》卷95引）

屈守元曰：又見《御覽》卷890引，适，宋本《御覽》作「括」。南宮括、散宜生等獻寶於紂，以贖西伯，《書》、《詩》《正義》多引《尚書大傳》。疑《類聚》、《御覽》所引，乃《大傳》之誤。

按：《白氏六帖事類集》卷28〔註604〕、《北戶錄》卷1龜圖註、《古文苑》卷6章樵註、《記纂淵海》卷98、《合璧事類備要》別集卷76引皆作《外傳》。龜圖註、《淵海》並作「括」字，《白氏六帖》引「渠」形誤作「梁」。似非《大傳》之誤。

（15）拔除不祥（《御覽》卷886引）

按：《御覽》引「拔」作「祓」，屈氏誤記。祓，《後漢書・禮儀志》劉昭注、《書鈔》卷155、《初學記》卷3、4、《白氏六帖事類集》卷1〔註605〕、《通典》卷55、《事類賦注》卷4、《野客叢書》卷16、《樂府詩集》卷80、《事物紀原》卷8、《海錄碎事》卷2、《錦繡萬花谷》後集卷4、《事文類聚》前集卷8、後集卷20引同，《文選》王元長《三月三日曲水詩序》、顏延年《三月三日曲水詩序》李善注二引亦同，《御覽》卷18引作「祅」，《類聚》卷4、《後漢書・袁紹傳》李賢注、《御覽》卷59、983引作「拂」。「祅」是「祓」形譌。「拂」、「祓」則同音假借，《說文》：「祓，除惡祭也。」《淮南子・齊俗篇》：「帝顓頊之法，婦人不辟男子於路者，拂之於四達之衢。」《御覽》卷79引作「祓」，有注：「祓，音拂，除其不祥。」字亦省作弗，《詩・生民》：「克

〔註603〕「自」字據《類聚》卷20、97引補。
〔註604〕《白帖》在卷97。
〔註605〕《白帖》在卷4。

禋克祀，以弗無子。」毛傳：「弗，去也。」鄭箋：「弗之言祓也，以祓除其無子之疾而得其福也。」《御覽》卷 524 引作「拂」，又卷 529 引《五經異義》引《鄭記》作「祓」。

（16）凡草木華多五出，雪花獨六出。雪花曰霙，雪雲曰同雲（《類聚》卷 2 引）

屈守元曰：又見《初學記》卷 2 引。

按：《類聚》引「華」作「花」，屈氏誤記。亦見《御覽》卷 12、《事類賦注》卷 3 引，未引「雪雲曰同雲」五字，餘同。《埤雅》卷 19 引作「雪華曰霙。凡草木華多五出，雪華獨六出」。《白氏六帖事類集》卷 1 僅引「凡草木花多五出，雪花獨六出」〔註 606〕。

（17）飲之禮，跣而上坐者謂之宴。能飲者飲之，不能飲者已，謂之醧。齊顏色，均眾寡，謂之沉。閉門不出者謂之湎。故君子可以宴，可以醧，不可以沉，不可以湎（《說郛》卷 66《酒譜》引）

屈守元曰：《初學記》卷 14、《類聚》卷 39、《御覽》卷 845 引（《事類賦注》卷 17 亦引）零星，不如《酒譜》所引完整，今據《酒譜》輯錄。

按：①《酒譜》所引亦不完整，《初學記》卷 14 引「跣而上坐」誤作「下跣而止」〔註 607〕，其上尚有「不脫屨而即席謂之禮」一句，《初學記》卷 26、《御覽》卷 845、《事類賦注》卷 17、《事文類聚》續集卷 14 引「席」作「序」，《類聚》卷 39 引「屨」作「履」，「席」作「度」〔註 608〕，餘同。趙善詒曰：「序，疑『席』之誤。」〔註 609〕「度」亦「席」形譌。當據補此句。屈氏既見《初學記》卷 14 等書，不知何以失校？②段玉裁指出「謂之禮」當作「謂之飫」〔註 610〕，是也。「飫」、「宴」對舉成文。《詩·常棣》毛傳：「不脫屨升堂謂之飫。」《爾雅》：「飫，私也。」郭璞注：「宴飫之私。」是其證也。本字

〔註 606〕　《白帖》在卷 4。
〔註 607〕　「止」是「上」形譌，趙善詒疑「止」為「坐」之誤，非是。趙善詒《韓詩外傳佚文攷》卷下，附於《韓詩外傳補正》，商務印書館 1938 年版，第 265 頁。
〔註 608〕　《類聚》據南宋刻本，四庫本作「不脫屨而即席謂之禮」。
〔註 609〕　趙善詒《韓詩外傳佚文攷》卷下，附於《韓詩外傳補正》，商務印書館 1938 年版，第 265 頁。
〔註 610〕　段玉裁《說文解字注》，上海古籍出版社 1981 年版，第 749 頁。

作「醹」，《說文》：「醹，私宴飲也。」③《事類賦注》卷17引「沉」作「沈」，古今字也。《文選·魏都賦》、《七命》李善注二引「沉」作「流」，一聲之轉耳。石光瑛曰：「古流、沈字通用……本字當作湛。」〔註611〕《荀子·君子》：「則士大夫無流淫之行。」《治要》卷38引作「沈淫」。《荀子·勸學》：「昔者瓠巴鼓瑟，而流魚出聽。」《大戴禮記·勸學》作「沈魚」。此文「流湎」是「沈湎」音轉，《淮南子·要略篇》：「紂為天子，賦斂無度，戮殺無止，康梁沉湎，宮中成市。」許慎注：「沉湎，淫酒也。」《御覽》卷84引「沉湎」作「流湎」。《列女傳》卷6：「飲酒沈湎。」《文選·景福殿賦》注、《後漢書·楊賜傳》李賢注、《御覽》卷382引作「流湎」。又音轉作「淫湎」、「湛湎」。④「閉門不出者」之「者」，《初學記》卷26、《御覽》卷845、《事類賦注》卷17引同，《詩·蕩》《釋文》、《類聚》卷39〔註612〕、《初學記》卷14、《文選·七命》李善注引作「客」，《文選·魏都賦》李善注引作「容」〔註613〕。段玉裁據《詩》《釋文》校作「客」〔註614〕，是也。「容」是「客」形誤。⑤《文選·魏都賦》劉淵林注引《韓詩》：「賓爾籩豆，飲酒之醹。能者飲不能者已，謂之醹。」又引許氏曰：「醹，酒美也。」許說非是。考敦煌寫卷P.2011王仁昫《刊謬補缺切韻》：「醹，能者飲，不能者止。」《玉篇》：「醹，能飲者飲，不能飲者止。」「醹」即「醹」後出字。醹之言饇，飽也，屬足也。言能飲者則飲之，不能飲者則已，使其飽足而已，故謂之醹也。

本稿卷1部分條目以《韓詩外傳校補（卷一）》為題發於《文獻語言學》第3輯，中華書局2016年出版，第281～290頁；其餘主要內容以《韓詩外傳解詁》為題發表於《文史》2017年第4輯，第5～28頁。

〔註611〕石光瑛《新序校釋》，中華書局2001年版，第292頁。
〔註612〕《類聚》據南宋刻本，四庫本脫「客」字。
〔註613〕《文選》據宋淳熙八年刻本，宋刊六臣注本脫「容」字。
〔註614〕段玉裁《說文解字注》，上海古籍出版社1981年版，第749頁。